Henning Schluß

Religiöse Bildung im öffentlichen Interesse

Henning Schluß

Religiöse Bildung im öffentlichen Interesse

Analysen zum Verhältnis
von Pädagogik und Religion

VS VERLAG FÜR SOZIALWISSENSCHAFTEN

Bibliografische Information der Deutschen Nationalbibliothek
Die Deutsche Nationalbibliothek verzeichnet diese Publikation in der
Deutschen Nationalbibliografie; detaillierte bibliografische Daten sind im Internet über
<http://dnb.d-nb.de> abrufbar.

1. Auflage 2010

Alle Rechte vorbehalten
© VS Verlag für Sozialwissenschaften | GWV Fachverlage GmbH, Wiesbaden 2010

Lektorat: Katrin Emmerich

VS Verlag für Sozialwissenschaften ist Teil der Fachverlagsgruppe
Springer Science+Business Media.
www.vs-verlag.de

Umschlaggestaltung: KünkelLopka Medienentwicklung, Heidelberg
Satz: Anke Vogel, Ober-Olm
Umschlagfoto: Henning Schluß
Druck und buchbinderische Verarbeitung: Rosch-Buch, Scheßlitz
Gedruckt auf säurefreiem und chlorfrei gebleichtem Papier
Printed in Germany

ISBN 978-3-531-16325-3

Inhalt

A Einleitung

1 Vorwort

„Was ich selbst bereitwillig eingestanden habe als tief im Charakter der Religion
liegend, das Bestreben, Proselyten machen zu wollen aus den Ungläubigen, das ist
es doch nicht, was mich jetzt antreibt, auch über die Bildung der Menschen zu dieser
erhabenen Anlage und über ihre Bedingungen zu Euch zu reden"
(Schleiermacher 1799/1983, S. 121).

Daniel Friedrich Ernst Schleiermacher beschreibt zu Beginn seiner dritten Rede
über die Religion, die er an die „Gebildeten unter ihren Verächtern" richtet und
die die Bildung zur Religion zum Thema hat, ein Problem, das für die Thematisierung der Religion im säkularen Zusammenhang charakteristisch ist. Beim
Thema der Bildung zur Religion ist aus der religiösen Binnenperspektive einzu-
gestehen, dass es im „Charakter der Religion" liegt, Proselyten machen zu wollen. Eine solche Perspektive, die aus einer Religion heraus eingenommen wird,
kann jedoch kaum allgemeingültige Gründe hervorbringen – so die implizite
Befürchtung. Vielmehr wird sie unter dem Vorbehalt stehen, Predigt zu sein, die
der Erbauung der Gläubigen dient oder aber der Mission, die die Ungläubigen
auf ihre Seite zu ziehen sucht.
   Schleiermacher sucht deshalb einen anderen Ausgangspunkt, den er sich für
seine Reden wählt. Er nimmt selbst einen säkularen, nämlich bildungstheoretischen Standpunkt ein, von dem aus er für die Bildung zur Religion argumentiert.
Allerdings ist die Scheidung in den Theologen und den Bildungstheoretiker
Schleiermacher in dieser Rede längst nicht so eindeutig, wie es der einleitend
zitierte Satz nahelegen könnte. Immer wieder treten Argumentationslinien hervor, die eine deutlich religiöse Einfärbung aufweisen.[1]
   Die Schwierigkeit, die hier an Schleiermachers dritter Rede dargestellt wurde, im öffentlichen Diskurs das Thema der religiösen Bildung zu diskutieren,
während diese säkulare Öffentlichkeit der Konsens einigt, dass Religion zu einer
freiwilligen Angelegenheit des Individuums geworden ist und eine große Zahl
von Menschen selbst keiner Konfession angehört, besteht für gegenwärtige Aus-

---

1   Wie dialektisch Schleiermacher das Verhältnis von Vernunft und Religion zu interpretieren in
    der Lage ist, kann hier nicht ausgeführt werden. Aufschlussreich ist jedoch, dass Schleierma-
    cher in einem Brief an Jacobi über eben dies Problem des Verhältnisses von Vernunft und Re-
    ligion das Bild des Dolmetschens gebraucht – ein Bild, das in etwas anderer Wendung im Ar-
    gument der Buchpreisrede von Jürgen Habermas aus dem Jahr 2001 wieder aufscheint und das
    im Folgenden erörtert werden soll (vgl. Erhardt 2005, bes. S. 158ff.).

einandersetzungen mit dem Thema religiöser Bildung nicht minder. Die Vielzahl
der Standpunkte aus der systematischen Erziehungswissenschaft zum Thema der
Religion in der Allgemeinen Pädagogik, die Ziebertz/Schmidt (2006) zusam-
mengetragen haben, zeigt deutlich, dass auch das systematisch erziehungswissenschaftliche Argument von der religiösen Gestimmtheit des Autors oder der
Autorin nicht gänzlich unbeeinflusst ist.[2] Ist unter dieser Voraussetzung Schleiermachers Unterscheidung überhaupt sinnvoll, von dem religiösen Missionsan-
liegen absehen zu wollen und stattdessen bildungstheoretisch zu argumentieren?

In seiner *Frankfurter Buchpreisrede* stellte Jürgen Habermas zum argumentativen Verhältnis von Öffentlichkeit und Religion eine Alternative zu der eingangs mit Schleiermacher skizzierten Gegenüberstellung von säkularem und
religiösem Argument vor. Habermas bestimmt unsere Gegenwart als eine der
„postsäkularen Gesellschaften", die darauf abheben, dass weder Vernunft noch
Glaube für sich eine Exklusivität als Kommunikationsprinzip der Moderne beanspruchen können (vgl. Habermas 2001, S. 12f; Ratzinger 2005; Ziebertz 2006).
Habermas verweist auf den Commonsense als die Sphäre der Öffentlichkeit, in
der sich Argumente zu bewähren hätten. Dabei ist der Commonsense nicht an
eine objektive Vernunft gebunden, vielmehr ist er „mit dem Bewusstsein von
Personen verschränkt, die Initiativen ergreifen, Fehler machen und Fehler korrigieren können" (Habermas 2001, S. 20). Er ist weder identisch mit den Wissenschaften noch mit den Religionen, aber mit seiner „Forderung nach rationaler
Begründung scheint die wissenschaftliche Aufklärung einen Commonsense, der
im vernunftrechtlich konstruierten Gebäude des demokratischen Verfassungs-
staates Platz genommen hat, doch noch auf ihre Seite zu ziehen" (Habermas
2001, S. 21). Wie schon für Schleiermacher deutlich war, ist der Religion im
Diskurs wegen der Herkunft des Vernunftrechtes aus religiösen Wurzeln kein
Bonus im Diskurs einzuräumen,[3] denn „der Religion gegenüber beharrt der demokratisch aufgeklärte Commonsense auf Gründen, die nicht nur für Angehörige
einer Glaubensgemeinschaft akzeptabel sind" (Habermas 2001, S. 21). Damit
aber zeigt Habermas einen Weg für das religiös inspirierte Argument in der säkularen Öffentlichkeit auf. Es muss sich in säkulare Sinnzusammenhänge übersetzen lassen, um auch über den binnenreligiösen Raum hinaus Geltung beanspruchen zu können. Geltung in der säkularen Gesellschaft kann das religiös inspirierte Argument nicht kraft der religiösen Überzeugungen gewinnen, die ihm
zugrunde liegt (soweit stimmen Schleiermacher und Habermas überein), sondern

---

2   Der Sammelband „Religion in der Allgemeinen Pädagogik" von Ziebertz/Schmidt 2006 heißt
    deshalb im Untertitel treffend „Von der Religion als Grundlegung bis zu ihrer Bestreitung".
3   „Gewiss, auch das egalitäre Vernunftrecht hat religiöse Wurzeln. Aber diese vernunftrechtliche
    Legitimation von Recht und Politik speist sich aus längst profanisierten Quellen" (Habermas
    2001, S. 21).

Geltung kann das religiös inspirierte Argument nur insofern beanspruchen, als es sich in die säkulare Sprache übertragen lässt und dort seine argumentative Ausstrahlung nicht einbüßt.[4] Der Gewinn dieser von Habermas vorgetragenen Perspektive ist, dass es in der postsäkularen Gesellschaft prinzipiell keine Gesprächsteilnehmer gibt, die anders als vor dem Hintergrund ihrer Überzeugungen argumentieren könnten. Alle Gesprächsteilnehmer seien aber darauf verpflichtet, um ihre Argumente miteinander abwägen zu können, diese auf eine gemeinsame kommunikative Basis hin zu kalibrieren. Basis dieses Gesprächs ist der Commonsense, in dem die Nachvollziehbarkeit eines Arguments seine Chance auf Geltung erhöht.[5] Prinzipiell gilt das für alle Gesprächsteilnehmer, denn alle kommen von einem eigenen Erfahrungshintergrund her, der nicht schon für sich Anspruch auf Plausibilität erheben kann.[6] Faktisch jedoch ist die Herausforderung für die Gläubigen besonders groß, weil bei ihnen die Übersetzungsleistung offensichtlich ist, während sie für die säkular argumentierenden oft noch unsichtbar bleibt. „Deshalb weckt der liberale Staat auf Seiten der Gläubigen wiederum auch den Argwohn, dass die abendländische Säkularisierung eine Einbahnstraße sein könnte, die die Religion am Rande liegen lässt. [...] Die Kehrseite der Religionsfreiheit ist tatsächlich eine Pazifizierung des weltanschaulichen Pluralismus, der ungleiche Folgelasten hatte" (Habermas 2001, S. 21).

Auch wenn Habermas sieht, dass das religiöse Argument es in gewisser Weise schwerer hat als das säkulare, im Commonsense Geltung zu erlangen, so ist dies doch keineswegs ausgeschlossen. Die Wahrscheinlichkeit dafür wird umso größer, je gelungener die Übersetzungsleistung in eine Argumentationsstruktur ist, die der säkularen Vernunft zugänglich ist.[7] Religion ist deshalb auch für Habermas zumindest insofern ein gleichberechtigter Gesprächspartner, als sie in der Lage ist, ihre Argumente auch in der säkularen Übersetzung für den

---

4   „Bisher mutet ja der liberale Staat nur den Gläubigen unter seinen Bürgern zu, ihre Identität gleichsam in öffentliche und private Anteile aufzuspalten. Sie sind es, die ihre religiösen Überzeugungen in eine säkulare Sprache übersetzen müssen, bevor ihre Argumente Aussicht haben, die Zustimmung von Mehrheiten zu finden" (Habermas 2001, S. 21).
5   Zu wenig berücksichtigt Habermas dabei, dass diese Durchsetzung des besseren Arguments zwischen symmetrischen Kommunikationspartnern lediglich idealtypisch gilt. Unter den Bedingungen politischen Handelns unter Zeitdruck, mit eingeschränkter Kenntnis wird es letztlich häufig „weniger die Autorität des besseren Arguments als die Autorität der praktischen Entschlossenheit sein [...], die für einen Entscheid oder die Gewinnung einer Mehrheit den Ausschlag gibt" (Reichenbach 2000, S. 122).
6   Vgl. dazu ähnlich Dressler, wenn er beschreibt, dass Bildungstheorien „nicht außerhalb des weltanschaulich-religiösen Pluralismus zu haben sind" (Dressler 2006, S. 60).
7   Vgl. z.B.: „Moralische Empfindungen, die bisher nur in religiöser Sprache einen hinreichend differenzierten Ausdruck besitzen, können allgemeine Resonanz finden, sobald sich für ein fast schon Vergessenes, aber implizit Vermisstes eine rettende Formulierung einstellt" (Habermas 2001, S. 29).

Commonsense bedeutsam erscheinen zu lassen.[8] Dass Religion ein Partikularinteresse widerspiegelt, disqualifiziert sie nicht mehr als gleichberechtigten Diskussionspartner im öffentlichen Gespräch, da in den postsäkularen Gesellschaften deutlich geworden sei, dass diese Partikularinteressen nicht zum Verschwinden gebracht werden könnten. Insofern ist das Bestehenbleiben der Religion für Habermas ein empirischer Fakt. Inwiefern sie sich in den öffentlichen Diskurs einzubringen vermag, hinge davon ab, wie gut es ihr gelingt, ihre religiös motivierten Anliegen säkular umzuformulieren.[9]

Die vorliegende Arbeit beschreitet beide hier vorgestellten Wege der Argumentation in Bezug auf das Thema der Bildung im Bereich der Religion. In Teilen argumentiert sie im Sinne des mit Schleiermachers Einlassung vorgestellten Konzepts von bildungstheoretischen Prämissen her. In anderen Teilen beruft sie sich auf die mit Habermas vorgestellte Struktur, wenn sie den Anspruch erhebt, religiös inspirierte Argumente für Bildung auch auf dem Gebiet der Religion so zu formulieren, dass die vorgebrachten Argumente auch im säkularen bildungstheoretischen Kontext verstanden werden und sie im Diskursraum dieser Öffentlichkeit Anspruch auf Gehör und Geltung erheben können. Sie tut dies nicht so, dass sie von religiösen Hintergründen und Herkünften ganz zu abstrahieren suchte.[10] Bildungstheorie ist deshalb hier nicht als das diametrale Gegen-

---

8   Ein weiteres Beispiel: „In der Kontroverse über den Umgang mit menschlichen Embryonen
     berufen sich heute immer noch viele Stimmen auf Moses 1,27: Gott schuf den Menschen ihm
     zum Bilde, zum Bilde Gottes schuf er ihn. Dass der Gott, der die Liebe ist, in Adam und Eva
     freie Wesen schafft, die ihm gleichen, muss man nicht glauben, um zu verstehen, was mit E-
     benbildlichkeit gemeint ist. Liebe kann es ohne Erkenntnis in einem anderen, Freiheit ohne ge-
     genseitige Anerkennung nicht geben. Deshalb muss das Gegenüber in Menschengestalt seiner-
     seits frei sein, um die Zuwendung Gottes erwidern zu können. Trotz seiner Ebenbildlichkeit
     wird freilich auch dieser Andere noch als Geschöpf Gottes vorgestellt. Diese Geschöpflichkeit
     des Ebenbildes drückt eine Intuition aus, die in unserem Zusammenhang auch dem religiös
     Unmusikalischen etwas sagen kann. Gott bleibt nur so lange ein »Gott freier Menschen«, wie
     wir die absolute Differenz zwischen Schöpfer und Geschöpf nicht einebnen. Nur so lange be-
     deutet nämlich die göttliche Formgebung keine Determinierung, die der Selbstbestimmung des
     Menschen in den Arm fällt" (Habermas 2001, S. 30).
9   Dabei postuliert Habermas keine eindeutige Grenze zwischen säkularem und religiösem Ar-
     gument. „Die Grenze zwischen säkularen und religiösen Gründen ist ohnehin fließend. Deshalb
     sollte die Festlegung dieser umstrittenen Grenze als eine kooperative Aufgabe verstanden wer-
     den, die von beiden Seiten fordert, auch die Perspektive der jeweils anderen einzunehmen"
     (Habermas 2001 S. 22).
10   Sie tut es aber auch nicht so, dass sie in aufklärerischer Manier von einer allgemeinen Ver-
     nunftreligion handelte etwa wie Rousseau in den Glaubensbekenntnissen des savoyischen Vi-
     kars: „Verwechseln wir nun nicht das Zeremoniell der Religion mit der Religion selbst. Der
     Kult, den Gott verlangt, ist der des Herzens; der aber ist, wenn er aufrichtig ist, immer einheit-
     lich" (Rousseau 1762/1995, S. 312). Auch die Kantsche Variante, die Vernunftreligion aus ei-
     ner Positiven Religion gleichsam herauszuschälen, indem ihre vernünftigen Anteile eruiert
     werden (vgl. Kant 1987), wird hier nicht verfolgt.

über von Religion und Theologie verstanden, sondern sie ist das Diskursfeld, auf dem sich unterschiedlich motivierte Argumentationen als prinzipiell gleichberechtigte treffen und in der Lage sind, Geltungsansprüche gegeneinander abzuwägen. So soll sich in der Arbeit der Frage nach dem öffentlichen Interesse an religiöser Bildung diskursiv angenähert werden können.

Zu diskutieren bleibt, inwiefern die unterschiedlichen Weisen menschlichen (kommunikativen) Handelns als voneinander klar abgrenzbare Bereiche aufgefasst werden können oder ob sie nicht besser als eine menschliche Gesamtpraxis interpretiert werden sollten, die unter verschiedenen Gesichtspunkten thematisiert werden kann. Jürgen Rekus plädiert für die zweite Variante: „Den vorliegenden Überlegungen liegt ein Verständnis von Pädagogik zugrunde, dass das pädagogische Handeln nicht als eine bereichsspezifische, von anderen Praxisbereichen abgetrennte Praxis betrachtet, sondern davon ausgeht, dass jedes Einzelhandeln immer schon selbst eine ganzheitliche Praxis ist, die nicht in Einzelpraxen aufgelöst, gleichwohl aber unter verschiedenen Praxisaspekten betrachtet werden kann" (Rekus 2006, S. 111-112).[11] Der Charme einer solchen Interpretation besteht darin, dass in jeder (kommunikativen) Handlung alle Praxisbereiche mitschwingen.[12] Der Nachteil dieser Bestimmung menschlicher Praxis liegt allerdings darin, dass die Autoren menschlicher Praxis der Möglichkeit einer Selbstverortung in einer Teilpraxis quasi enthoben sind, da die Zuschreibung zu einer Teilpraxis nur rekonstruktiv und interpretativ aus einer übergeordneten Ebene erfolgen kann. Nur von dieser nächsthöheren Ebene aus kann etwas unter religionswissenschaftlichen oder theologischen Gesichtspunkten als religiös oder unter erziehungswissenschaftlichen Gesichtspunkten als pädagogisch thematisiert werden. Die von Habermas angesprochene Übersetzungsleistung, die Autoren von Sprechakten selbst vornehmen müssen, wenn sie sich auf andere Sprachspiele einlassen, ist somit nicht darstellbar, da „jedes Einzelhandeln immer schon selbst ganzheitliche Praxis" (Rekus 2006, S. 111) sei. Insofern scheint mir dies Modell für die hier vorgestellte Argumentation weniger hilfreich, da die Arbeit sich eben um solche Übertragungsleistungen zwischen unterscheidbaren Bereichen dieser Gesamtpraxis im Spektrum menschlichen Handelns bemüht. Inwiefern das in dieser Arbeit gelungen ist, bleibt der Beurteilung der Leserin und des Lesers überlassen.

---

11   Rekus hier in Auseinandersetzung mit Benner 1987.

12   Insofern kann Rekus auch Heitger zustimmen „Religion ist in diesem Verständnis kein zufälliger Zusatz zur Bildung, sondern ihre Voraussetzung" (Heitger 1991, S. 100, zitiert nach Rekus 2006, S. 111).

2 Der Fragehorizont der Arbeit

Seit der Wiedervereinigung Deutschlands gibt es im Bereich der Religionspolitik kein Feld, das so kontinuierlich für Diskussionen sorgt, wie das des schulischen Religionsunterrichts und seiner möglichen Äquivalente. Andere Themen wie das Kruzifixurteil, der Kopftuchstreit oder die Frage der Regelung der Militärseelsorge in Ost- und Westdeutschland konnten zwar kurzfristig für Aufmerksamkeit sorgen, wurden jedoch nie zu solchem Themen mit Dauerpräsenz, wie es die Diskussion um den konfessionellen Religionsunterricht ist. Die Gründe für den Dauerkonflikt um den konfessionellen Religionsunterricht liegen freilich auf der Hand.

Die Kritiker wie die Befürworter des Religionsunterrichtes sind sich darin einig, dass die Kirchen durch den schulischen Religionsunterricht die Möglichkeit des Zugangs zu Schülerinnen und Schülern erhalten, zu denen sie sonst kaum in Kontakt kämen. Neben dem Interesse an einer Stärkung der Allgemeinbildung auf religiösem Gebiet und speziell im christlichen Horizont gelangt so auch die eigene Bestandssicherung der Kirchen zumindest mit in Blickweite. Neben theologischen, bildungstheoretischen und rechtlichen Gründen macht auch dies vorderhand pragmatisch-egoistisch scheinende Argument verständlich, dass die Kirchen ein vitales Interesse an konfessionellem Religionsunterricht als mehr oder weniger ordentlichem Schulfach im Rahmen des Fächerkanons der staatlichen Schule haben.[13] Die Analyse der Probleme, die mit diesem Konzept des Religionsunterrichts unter aktuellen Bedingungen verbunden sind, ist ein wesentlicher Bestandteil der vorlie-

---

13 Die Evangelische Kirche in Deutschland (EKD) hat ihre Prämissen für den Religionsunterricht 1994 in der Denkschrift „Identität und Verständigung" noch einmal formuliert, jedoch keinesfalls neu erfunden. Schon 1971 stellte die EKD klar, „daß der in der Verfassung der Bundesrepublik vorgesehene konfessionelle Religionsunterricht im Lichte von Artikel 4 GG, des Rechts auf Religionsfreiheit, auszulegen ist. Er hat der »Sicherung der Grundrechtsübung durch den einzelnen« zu dienen, dem einzelnen Kind und Jugendlichen. Sie sollen sich frei und selbständig religiös orientieren können. Der Religionsunterricht ist kein Instrument kirchlicher Bestandssicherung. [...] Er ist juristisch grundrechtlich verankert und muß wie jedes Fach aus demselben Mittelpunkt begründet werden, der alle Unterrichtsfächer zusammenschließt, dem Bildungsauftrag der Schule. Dieser Auftrag ist vor allem in *pädagogischen* Kategorien zu entfalten" (EKD 1994, S. 11f.). Allerdings kann hier kritisch eingewendet werden: „Zwar wird kirchlicherseits beteuert, der schulische Religionsunterricht sei „kein Instrument kirchlicher Bestandssicherung" (EKD 1994, S. 11), sondern kirchliche Diakonie für die Gesamtgesellschaft. Mindestens als Wirkung fällt jedoch auch eine kirchliche Bestandssicherung ab" (Schmid 2006, S. 137).

genden Arbeit. Zwei Probleme stehen dabei im Vordergrund. Zum einen nimmt die religiöse Pluralität der bundesdeutschen Gesellschaft zu. Zum anderen, und vor allen Dingen, nimmt zumindest die konfessionelle Bindung, wohl aber auch das, was gemeinhin „Religiosität" genannt wird, in der gesamtdeutschen Bevölkerung – besonders aber im Osten Deutschlands – kontinuierlich ab (vgl. EKD 2003, Doyé/Keßler 2002, Steinhäuser 2006, Pollack 2009).

Zugleich jedoch finanziert der Staat erhebliche Teile der (religions-)pädagogischen Bemühungen der Kirchen an den Schulen. Die doppelte Frage stellt sich deshalb, welches Interesse könnte die Öffentlichkeit an schulischer religiöser Bildung haben, die sie (mit-)finanzieren muss, wenn erstens eben diese Öffentlichkeit in steigender Zahl nicht mehr religiös – zumindest konfessionell gebunden (vgl. EKD 2003) – ist und zweitens immer mehr Religionen auch im schulischen Unterricht berücksichtigt werden wollen.[14] Immer häufiger wird diese Frage verneinend beantwortet.[15] Religiöse Bildung an der Schule sei ein Relikt, das schleunigst abgeschafft gehöre, um sich den entscheidenden Nachteilen des deutschen Bildungswesens, die vor allem die PISA-Untersuchungen aufgedeckt hätten, verstärkt zuwenden zu können. Dabei wird übersehen, dass selbst im dem PISA-Konzept zugrunde liegenden Literacy-Ansatz zwischen „kognitiver, moralisch-evaluativer, ästhetisch-expressiver und religiös-konstitutiver Rationalität" (Baumert/Stanat/Demmrich 2001, S. 21) unterschieden wird, dass also die religiöse Bildung Teil der Grundbildung nach PISA ist. Zwar wird diese im Rahmen der PISA-Studien nicht erfragt, in den DFG-Forschungsprojekten RU-Bi-Qua (Qualitätssicherung im schulischen Religionsunterricht am Beispiel des Evangelischen Religionsunterrichts) und KERK (Konstruktion und Erhebung von Religiösen Kompetenzniveaus im Religionsunterricht am Beispiel des Evangelischen Religionsunterrichts) geht jedoch ein Team von Allgemeinen Erziehungswissenschaftlern, Religionspädagogen und Empirikern diesen von PISA offengelassenen Fragen nach.[16]

---

14 Eine besonders große Vielfalt von an der staatlichen Schule präsenten Religionsgemeinschaften gibt es – aufgrund der besonderen religionspolitischen Situation – im Bundesland Berlin (in dieser Arbeit dazu ausführlicher in Kap. 3).

15 Laut der repräsentativen Umfrage des Zentrum für empirisch-pädagogische Forschung (zepf) der Universität Koblenz-Landau würden 48% der Befragten den Religionsunterricht zugunsten von mehr Mathematik abschaffen (vgl. DIE ZEIT 10/2000 oder http://zeus.zeit.de/bilder/2005/09/chancen/barometer.pdf). Eine Umfrage die Forsa in Bezug auf das Berliner Unterrichtsfach „Ethik" erhob und die eine 84 %-ige Zustimmung zu diesem Fach erbrachte, musste allerdings aufgrund der suggestiven Fragestellung zurückgezogen werden (vgl. Ulrich Zawatka-Gerlach: Eine wertvolle Debatte. In: Tagesspiegel 30.5.2008, S. 5). Dieter Lenzen hat im Auftrag der Vereinigung der Bayrischen Wirtschaft e. V. eine Studie zur Zukunft der Bildung erstellt, in der sich der Religionsunterricht erübrigt (vgl. Lenzen 2003).

16 Vgl. Benner 2004c, Schieder 2004, Benner/Krause/Nikolova et al. 2007, Nikolova/Schluß/Weiß/Willems 2007, Schieder 2007, Krause/Nikolova/Schluß/Weiß/Willems 2008, Schluß 2008a, Schluß 2009b.

Religiöse Bildung wird nur dann als im öffentlichen Interesse liegend verstanden werden können, wenn es sich dabei nicht *nur* um ein Partikularinteresse handelt, sondern wenn sie als Teil der Allgemeinbildung verstanden wird, die zu vermitteln Auftrag der öffentlichen Schule ist.[17] Wenn religiöse Bildung als im öffentlichen Interesse liegend begründet werden kann, dann ergibt sich daraus die zweite Teilfrage, der doppelten Leitfrage der vorliegenden Untersuchung: Welche Gestalt muss eine religiöse Bildung haben, die im öffentlichen Interesse liegt? Einerseits wird das Interesse der Religionen, „Proselyten zu machen" (vgl. Schleiermacher 1799/1983, S. 121), nicht zwangsläufig mit dem öffentlichen Interesse an religiöser Bildung identisch sein. Andererseits müssen sich beide auch nicht antagonistisch gegenüberstehen, sondern können durchaus gemeinsame Schnittmengen bilden.

Insofern ist der Gegenstand der Untersuchung nicht mit „Bildung zur Religion" (vgl. Schleiermacher ebd.) angemessen umschrieben, sondern vielmehr geht es um die vielfältigen Relationen zwischen Pädagogik und Religion. Pädagogik und Religion als zwei voneinander abgegrenzte und in Beziehung miteinander stehende Bereiche menschlichen Handelns zu begreifen und zu analysieren (vgl. Benner 2001, bes. S. 29-44) soll der in dieser Arbeit verfolgte Weg zur Aufklärung von Möglichkeiten und Grenzen von Ansprüchen sein, die aus einem Bereich an den jeweils anderen gestellt werden (können). Diese wechselseitigen Beziehungen und Verweiszusammenhänge stellen sich im historischen Rückblick keineswegs als konstant oder auch nur sich linear entwickelnd dar. Vielmehr müssen die Verhältnisse zwischen Religion und Pädagogik, wie auch zwischen den anderen Bereichen menschlichen Handelns, ständig neu ausgehandelt werden.[18]

Für die aktuellen Aushandlungsprozesse ist freilich der Blick zurück auf das Gewordensein der gegenwärtigen Verhältnisse ein bedeutsamer Bestandteil, damit im Blick bleibt, was an Erfahrungen und Konzepten in diese gegenwärtigen Aushandlungsprozesse bereits eingegangen ist. Einige dieser geschichtlichen Voraussetzungen sollen im Folgenden erörtert werden. Die notwendige Eingrenzung des Themas wird durch die Einschränkung auf einige im Bezug auf dieses Verhältnis von Bildung und Religion im protestantischen deutschsprachigen Raum besonders bedeutsame Stationen gewählt.

Unter der Überschrift „Voraussetzungen" (Teil B) wird diesbezüglich ein doppelter Zugang markiert. Zum einen werden die pädagogischen Aussagen des zumindest für den mitteldeutschen Raum maßgeblichen Reformators Luther

---

17 Allgemeinbildung kann hier durchaus doppelsinnig als Grundbildung und als erweiterte Allgemeinbildung verstanden werden. Zwei Aspekte, die sich keineswegs ausschließen, sondern bedingen (vgl. Benner 2005).

18 Für Aushandlungsprozesse auf theoretischer Ebene z.B. Böckenförde 1976, Zieberts/Schmidt 2006, Dressler 2006, Schweitzer/Schlag 2004, Benner 2008a.

rekonstruiert (Kapitel B1). Dabei interessiert die Frage, inwiefern es überhaupt legitim ist, in Luther einen maßgeblichen Wegbereiter für moderne Beziehungen von Pädagogik und Religion zu sehen, oder ob sich seine Positionen nicht eher mittelalterlichen Denkmustern zuordnen lassen. Voraussetzung jedes pädagogischen Denkens, das als neuzeitlich bezeichnet werden kann, ist ein Begriff des Menschen, der ihn als handlungsfähiges und handlungsbedürftiges Individuum versteht. Die große Rolle, die die „Gnade" in manchen älteren Konzepten spielt, scheint einer solchen Anthropologie im Wege zu stehen. Zur Klärung dieser Voraussetzung wird Luthers Freiheitsverständnis untersucht. Die so herausgearbeiteten komplexen Wechselbeziehungen zwischen Welt und Gott, in denen Luther den Menschen verortet, schließen ‚neuzeitliche' Ansätze der Pädagogik zumindest nicht grundsätzlich aus. Um zu prüfen, ob diese Möglichkeiten neuzeitlichen pädagogischen Denkens auch realisiert werden, werden die pädagogischen Schriften Luthers in erziehungstheoretischer, institutionstheoretischer und bildungstheoretischer Hinsicht analysiert. Dabei zeigt sich, dass in allen drei Bereichen Aufforderungen, Überlegungen und Begründungen vorkommen, die weithin in der Pädagogik erst ca. zweihundert Jahre später verortet werden.[19]

Zum anderen wird in einem zweiten Zugang, der historisch nicht soweit zurückgreift, die Karriere des Religionsbegriffes untersucht (Kapitel B2, B2.1). Wenn Grundlinien religiöser Bildung im öffentlichen Interesse entwickelt werden sollen, dann ist es notwendig, mögliche Verständnisse und Missverständnisse, die der Religionsbegriff bereithält, zu klären, zu präzisieren und wo möglich auszuräumen. Bei aller Vielfalt der Deutungen des Religionsbegriffs, lassen sich doch zwei Hauptlinien seiner Verwendung charakterisieren, deren Klarstellung die Arbeit weniger missverständlich macht. Auch nach dieser Begriffsarbeit wird jedoch daran festgehalten werden, Religion als diskursiven Tatbestand zu begreifen, dessen Begriff nicht abschließend festgestellt werden kann.[20] Vielmehr wird herauszuarbeiten sein, dass es zur Bildung in Bezug auf Religion gehört, den Religionsbegriff selbst problematisieren zu können und insofern die unterschiedlichen Fassungen dieses Begriffs zur religiösen Bildung selbst hinzugehören.[21]

In den daran anschließenden Unterkapiteln B2.2, B2.3 und B2.4 wird untersucht, welche Bedeutung die Religionslosigkeit für die religiöse Bildung hat, zumal wenn religiöse Kompetenz die Zielbeschreibung des Religionsunterrichtes ist.[22]

---

19 Der diesem Kapitel zugrundeliegende Text erschien als Schluß 2000b.
20 Vgl. Matthes 1992. Anders Asbrand 2007, die eine eindeutige Definition präferiert. Vgl. auch Grethlein 2004.
21 Diese Abschnitte wurden noch nicht anderweitig publiziert.
22 Diesem Abschnitt liegt ein Vortrag in Greifswald zugrunde, der in überarbeiteter Form als Schluß 2008a erschien.

Im darauffolgenden Teil C der Arbeit wird ein anderer Aspekt der Bildung im Bereich der Religion thematisiert, der in letzter Zeit an Einfluss gewinnt. Es geht um die juristische Komponente in Bezug auf schulischen Unterricht in dem Bereich, den Achim Leschinsky „moralisch-evaluativ" (Leschinsky/Schnabel 1996) genannt hat. Anhand konkreter Fallbeispiele wird gezeigt, dass die juristische Entscheidungsfindung über pädagogische Sachverhalte problematische intendierte und nicht-intendierte Folgen hat. Deutlich wird darüber hinaus, dass die Transformation eines pädagogischen Problems in einen außerpädagogischen Diskurszusammenhang – in dem Fall den juristischen – mit Übertragungsverlusten rechnen muss, die zu einer unangemessenen Verkürzung des pädagogischen Problemzusammenhanges führen.[23]

In einem Teil D werden sodann „Konzepte und Probleme religiöser Bildung" vorgestellt und diskutiert. Nach einer Reflexion (D1) zum Problem des öffentlichen Interesses an religiöser Bildung[24] werden verschiedene wegweisende religionspädagogische Konzepte vor dem Hintergrund ihres historischen Kontextes dargestellt und so erläutert, auf welche Herausforderungen diese Konzepte jeweils Antworten entwickelten (D2). Die gegenwärtigen Probleme der Pädagogik im Bereich der Religion sollen auf der so entwickelten historischen Folie konturiert werden, mit der deutlich wird, welche der alten Fragen gegenwärtig noch aktuell sind und wo möglicherweise neue Fragen hinzugekommen sind, auf die die alten Konzepte keine Antworten zu geben vermögen, auf welche Fragen also gegenwärtige Konzepte religiöser Bildung Antworten finden müssen.[25] Noch einmal wird mit Luther der Anfang einer Entwicklung gezeichnet. Hier liegt der Fokus jedoch nicht mehr auf seinen allgemeinpädagogischen Positionen, sondern vielmehr soll geklärt werden, welche religionspädagogischen Herausforderungen nach der Reformation virulent waren und mit welchen Konzepten Luther darauf antwortete. Nach einer Darstellung des Schleiermacherschen Problemhorizontes wird unter Berücksichtigung der Ansätze von Ernst Wolfgang Böckenförde und des Konzepts einer pluralismusfähigen Religionspädagogik, für das Karl Ernst Nipkow steht, der religionspädagogische Problemhorizont in der Geschichte der Bundesrepublik an diesen beiden Beispielen charakterisiert. In

---

23   Der diesem Teil zugrundeliegende Text wurde als Schluß 2004 publiziert.
24   Nicht andernorts veröffentlicht.
25   Dabei wird manches Mal an die leicht wehmütige Einsicht Habermas' aus seiner Rede zur Verleihung des Buchpreises zu erinnern sein, die er auf die moralischen Grundlagen des Staates münzt, die aber auch für zeitgenössische Herausforderungen religiöser Bildung gilt: „In Anbetracht der religiösen Herkunft seiner moralischen Grundlagen sollte der liberale Staat mit der Möglichkeit rechnen, dass die »Kultur des gemeinen Menschenverstandes« (Hegel) angesichts ganz neuer Herausforderungen das Artikulationsniveau der eigenen Entstehungsgeschichte nicht einholt" (Habermas 2001 S. 23).

der Konsequenz werden fünf Kriterien formuliert, die an eine religiöse Bildung im öffentlichen Interesse anzulegen wären.[26]

In einem letzten Teil E schließlich sollen in der Konsequenz drei exemplarische Praxisfelder vorgestellt und analysiert werden, die den Anspruch erheben, diesen Kriterien einer Bildung im Bereich der Religion(en) unter der Maßgabe des öffentlichen Interesses zu entsprechen. In einem ersten Kapitel wird das Projekt vorgestellt, das in der Diskussion um alternative Formen von schulischem Unterricht mit Bezug auf Religion in den letzten Jahren wohl am meisten für kontroverse Debatten bis hin zum Verfassungsstreit sorgte. In Brandenburg wurde seit 1989 an einem Unterrichtskonzept gearbeitet, das in einem gemeinsamen Fach für alle Schülerinnen und Schüler neben Fragen der Lebensgestaltung und der Ethik auch solche der Religion(en) behandeln sollte. Anfangs war zumindest die Evangelische Landeskirche in das Projekt eingebunden, noch vor Ablauf des Schulversuches aber war das Zerwürfnis unüberbrückbar. Die Rekonstruktion des Zerwürfnisses soll an dieser Stelle nicht betrieben werden. Vielmehr sollen aus gegenwärtiger Perspektive konstruktive Entwicklungen und bestehende Probleme des LER-Projekts thematisiert werden (E1).[27]

Ein weniger bekanntes, dafür aber mehrere und vielleicht entscheidende Probleme des Unterrichtsfaches LER vermeidendes Projekt der Allgemeinen Bildung im Bereich der Religion ist das der Religionsphilosophischen Schulprojektwochen, das im Kapitel E2 vorgestellt und diskutiert wird. Sie sind zuerst ein religionskundliches Angebot, mit dem versucht wird, Religionen als gelebte religiöse Praxis für Schülerinnen und Schüler erfahrbar und anschaulich werden zu lassen. Das Konzept der Religionsphilosophischen Schulprojektwochen setzt daher weder ein Bekenntnis oder eine Religionszugehörigkeit noch eigene Erfahrungen mit Religion voraus. Im Unterschied zum Religionsunterricht ist die Teilnahme an der Religionsphilosophischen Schulprojektwoche für alle Schülerinnen und Schüler verpflichtend – ungeachtet ihrer Konfession oder weltanschaulichen Einstellung. Es werden die Weltreligionen, die in Deutschland zahlenmäßig oder historisch-kulturell das größte Gewicht haben, vorgestellt. Konstitutiv ist hierbei, dass die einzelnen Religionen durch Vertreterinnen und Vertreter der jeweiligen Religionsgemeinschaften vorgestellt werden. Hinzu treten Exkursionen zu religiösen Orten der jeweiligen Glaubensgemeinschaft, an welchen ein konkreter Einblick in deren religiöses und soziales Leben möglich ist. Im Zusammenhang mit der Vorstellung dieses Projektes wird der Begriff der „Religiösen Kommunikation" als ein Konzept entwickelt, das den Kriterien für ein öffentliches Interesse an Bildung im Bereich der Religion entspricht, ohne

---

26 Diesem Kapitel liegt die Veröffentlichung Schluß 2006b zugrunde, die ebenfalls deutlich überarbeitet wurde.

27 Nicht andernorts publiziert.

jedoch ein rein staatliches Fach mit zum Teil religionskundlichem Gegenstand wie LER in Brandenburg zur Konsequenz zu haben.[28] Diese Auseinandersetzung mit dem Begriff der religiösen Kommunikation wurde an dieser Stelle gegenüber der ursprünglichen Veröffentlichung deutlich erweitert (vgl. Kapitel E2.2). Er wird hier verstanden als ein Begriff, der dem theologischen Begriff der Mission nicht strikt gegenübersteht, sondern in der Lage ist, zentrale Momente dieses aus dem religiösen Kontext stammenden Begriffes so zu übersetzen, dass sie auch im säkularen Zusammenhang plausibel erscheinen können. Zugleich gewichtet der Begriff der religiösen Kommunikation gegen den Missionsbegriff stärker die Wechselseitigkeit der mit diesen Begriffen beschriebenen Beziehung.

Im dritten Beispiel (Kapitel E3) geht es weniger um eine konkrete Organisationsform von pädagogischen Bemühungen um Religion(en), als eher um ein verhältnismäßig neues inhaltliches Konzept, das sowohl im herkömmlichen Religionsunterricht als auch in anderen Bereichen der Religionspädagogik in und außerhalb der Schule Anwendung finden kann. Das Konzept der Kindertheologie ist an das des Philosophierens mit Kindern angelehnt. Noch versammelt sich aber unter diesem Begriff eine große Vielzahl höchst heterogener religionspädagogischer Aktivitäten. In diesem dritten Beispiel aus möglichen Praxisfeldern geht es deshalb darum, einen systematischen Leitgedanken dafür vorzuschlagen, was Kindertheologie sein könnte.[29] Ein solches Konzept von Kindertheologie würde sich dann in unterschiedlichen Organisationsformen von Bildung im Gebiet der Religion so umsetzen lassen, dass es den entwickelten Kriterien des öffentlichen Interesses an Bildung im Gebiet der Religion entspricht.

Die vorliegende Arbeit ist über einen längeren Zeitraum entstanden. Zum großen Teil gehen die einzelnen Kapitel dabei auf Aufsätze zurück, die schon in einschlägigen Zeitschriften und Publikationen veröffentlicht wurden. Manches davon entstand auf dem Hintergrund von Erfahrungen, die ich bei der Mit-Beantragung, Mit-Leitung und Mitarbeit an den DFG-Projekten RU-Bi-Qua und KERK machen durfte. Andere Anregungen rühren von einem Forschungsprojekt zur religiösen Kompetenz im Konfirmandenunterricht (Kon-Qua) her, das Dietrich Benner und ich gemeinsam mit dem Superintendenten des Berliner Kirchenkreis Wilmersdorf, Pfr. Roland Herpich, ins Leben gerufen haben und von dem erste belastbare Ergebnisse vorliegen (vgl. Schluß 2007d, Krause/Kusch/Schluß/ Wahren 2009). Allen denen, mit denen ich in den letzten Jahren gemeinsam in diesen Projekten arbeiten konnte, sei an dieser Stelle für diese Erfahrung aus ganzer Überzeugung gedankt! Ein besonderer Dank gilt dabei Dietrich Benner,

---

28   Diesem Kapitel liegt ein gemeinsamer Text mit Marcus Götz-Guerlin zugrunde, für den der Autor als Erstautor zeichnet und der im Lichte späterer Erfahrungen mit diesem Projekt erweitert und überarbeitet wurde: Schluß/Götz-Guerlin 2003.

29   Erweiterte Fassung von Schluß 2005.

der diese und weitere Arbeiten und Forschungsprojekte, besonders zur Aufarbeitung der DDR-Pädagogik,[30] vorbehaltlos und tatkräftig unterstützt hat und dem diese Arbeit in hohem Maße ihr Entstehen verdankt.

Neben den bereits veröffentlichten Teilen der Arbeit ist anderes neu hinzugekommen, erweitert und aktualisiert. Die Arbeit ist gleichwohl mehr als die Summe dieser Teile, soll sie doch einen komplexeren Diskussionsbeitrag liefern, der die Probleme von Bildung im Bereich der Religion, wie sie sich im öffentlichen Interesse darstellen, aus verschiedenen Perspektiven anzugehen vermag. Ein Anspruch auf Vollständigkeit kann und soll nicht erhoben werden. Wohl aber war die Überlegung leitend, zentrale Probleme in diesem Bereich herauszugreifen.

---

30   Zu nennen sind hier das von der DFG geförderte Projekt „Rettung, Erschließung und Veröffentlichung im Internet von aufgezeichnetem Unterricht aus der DDR" – www.fachportal-paedagogik.de/filme (2005-2007) die von der Bundesstiftung zur Aufarbeitung der SED-Diktatur geförderten Projekte „Überspielung, Transkription und Auswertung von Videomitschnitten des DDR-Geschichtsunterrichts" (2003-2004), „Der Mauerbau im DDR-Unterricht" (2004-2005), „Staatsbürgerkunde in der DDR" (2006) und „Mödlareuth, eine didaktische CD" (2006).

B   Voraussetzungen

1 Die Pädagogik Martin Luthers – Versuch einer Rekonstruktion

„Ich acht auch, das unter den eusserlichen sunden die wellt fur Gott von keyner so hoch beschweret ist und so grewliche strafe verdienet, alls eben von diser, die wyr an den kindern thun, das wyr sie nicht zihen"
(Martin Luther 1524: An die Ratherren aller Städte deutsches Lands, daß sie christliche Schulen aufrichten und erhalten sollen. S. 33).

1.1 Luthers Pädagogik – neuzeitlich oder mittelalterlich?

Immer wieder ist umstritten, inwiefern Martin Luther noch ein Mensch des Mittelalters oder schon ein Vertreter der Neuzeit war.[31] Für beide Positionen sprechen gute Argumente.[32] Das pädagogische Denken Luthers bleibt in dieser Debatte jedoch weitgehend unbeachtet, vielmehr bezieht sie sich, auch unter Pädagogen, zumeist auf Luthers theologische Leistungen. Dort jedoch, wo einzelne Thematiken des pädagogischen Denkens Luthers untersucht werden, weisen die Autorinnen und Autoren häufig auf die modern wirkenden Ansichten Luthers hin. So Friedrich Schweitzer, der Luthers Beiträge zur Schulreform, zur Reform der religiösen Bildung und seinen Beitrag zur Erfindung der Kindheit untersucht: „Vieles, was gemeinhin erst in späterer Zeit erwartet wird, findet sich hier in Form erster, aber doch zukunftsweisender Perspektiven für Schule und Bildung" (Schweitzer 1996). Aber auch das Gegenteil ist zu hören, nicht nur in Kampfschriften wie der von Carl-Heinz Mallet mit dem programmatischen Titel: „Untertan Kind", die das Kapitel über Luther dennoch mit „Die Geburt der bürgerlichen Erziehung" überschreibt (vgl. Mallet 1990, bes. S. 31-51), sondern zurückhaltender auch in seriö-

---

31 So z.B. in dem Disput zwischen Klaus Prange und Käte Meyer-Drawe auf dem Berliner Symposion zum Thema „Ästhetik und Bildung" 1997 (vgl. Prange 1998, bes. S. 159, sowie Meyer-Drawe 1998).

32 Thomas Nipperdey lehnt diese Fragestellung, ob Luther der Vater der Moderne war, in der Form ab, weil sie Luther nicht gerecht würde und über weite Teile nur zu verneinen sei. Stattdessen kehrt er sie um und fragt, was denn die Wurzeln unserer Moderne seien und stößt so verschiedentlich auf Luther. Allerdings thematisiert auch er keine pädagogischen Fragestellungen (vgl. Nipperdey 1985). Die Problematik des Konzepts von Moderne und Neuzeit in der Pädagogik wird angesprochen in: Tenorth 1988, S. 39ff.

sen Quellen, wie Heinz-Elmar Tenorths „Geschichte der Erziehung", der Luthers
Bedeutung für die Bildungsgeschichte zwar zu würdigen weiß, ihn jedoch nur kurz
erwähnt. Neben sinnvollen Unterscheidungen wie der zwischen der Volksschule zu
Luthers Zeit und der späteren Volksschule finden sich auch sehr skeptische Aussagen zu Luthers Modernität, die sich darauf beziehen, dass Luther noch „keine allgemeine Laienbildung im weltlichen Geist" (Tenorth 1988, besonders S. 57ff.)
gekannt habe.[33] Verantwortlich dafür mag eine unter Pädagogen selbst zur Zeit
seines 500 jährigen Jubiläums 1983 zu beobachtende „Luthervergessenheit" sein
(vgl. Wiersing 1985).[34] Sehr viel euphorischer sind dagegen ältere Darstellungen.[35]
Aber auch in jüngster Zeit findet sich eine emphatische und kritikarme Lutherrezeption, in der Luther zum Wegweiser alles Progressiven in der Erziehung gekürt
wird. Z.B. H. H. Karg kann ihn in seiner Monographie als „Vater der Volksschule"
und „rechtlichen Begründer des Schulwesens" bezeichnen. In der Verurteilung der
Elternschaft ob ihrer allgemeinen Unfähigkeit und Unwilligkeit Kinder zu gebären
und zu erziehen, bringe er Argumente hervor, die „an Gültigkeit und Aktualität
nichts eingebüßt haben" (Karg 1986, S. 59 und 66). Ein besonderes Feld ist die
Lutherrezeption in der DDR, die, aus Gründen die hier nicht ausgeführt werden
können, tief greifende Wandlungen erfahren hat. Ein interessantes Produkt der
Wende hin zu einer positiven Rezeption des vormaligen „Verräters der Bauern" im
Bereich der Pädagogik ist der Aufsatz von Friedrich Zimmermann (vgl. Zimmermann 1987). Neben der Anerkennung von Luthers Leistungen auf dem Gebiet der
Überlegungen zur Schulreform werden hier auch die Auswirkungen auf die kon-
krete Schulentwicklung untersucht.

Dass die Debatte um die Modernität Luthers so selten mit systematischen
pädagogischen Argumenten geführt wird, ist deshalb umso erstaunlicher, weil es
auf pädagogischem Gebiet so etwas wie einen Konsens darüber zu gibt, was
denn neuzeitliches pädagogisches Denken ausmacht. Dass die neuzeitliche Bil-
dungsproblematik systematisch erst im späten 17. Jh. mit Locke und im 18. Jh.
mit Rousseau, den Philanthropen, Kant, Herbart, Humboldt und Schleiermacher

---

33   In der überarbeiteten Ausgabe von 2000 wurde auch dies Kapitel insofern korrigiert, als Luther
       nunmehr etwas mehr Raum gegeben wird. Zugleich hält Tenorth jedoch daran fest, dass Luther
       noch im mittelalterlichen und kirchlichen Bildungsdenken befangen bleibt: „Luther hat als
       Schulart offenkundig noch eher Lateinschulen als deutschsprachige Anstalten im Auge; er
       schwankt zudem in der Zielsetzung unentschieden zwischen den Erwartungen der Kirche und
       den Notwendigkeiten einer Qualifizierung für den Stand. Aber weder kann er schon eine all-
       gemeine Laienbildung im weltlichen Geist denken noch eine Elementarbildung ohne berufs-
       vorbereitende Funktion" (Tenorth 2000, S. 69). Für die Mädchenbildung sieht Tenorth bei Lu-
       ther Ansätze, wenn auch keine Auflösung der geschlechtsspezifischen Bildungsanforderungen
       (vgl. Tenorth 2008a, S. 71).
34   Manche ‚Geschichten der Erziehung' erwähnen Luther gar nicht (vgl. z.B. Menck 1999).
35   Zur älteren Rezeption von Luthers pädagogischem Denken siehe: Golz 1996 und Schweitzer
       1996, S. 9f.

mit je einer spezifischen Pointe etabliert wurde, ist ein Allgemeinplatz der Erziehungswissenschaft.

Über die hier angegebenen Rezeptionen hinausgehend, zielt der vorliegende Versuch einer Rekonstruktion von Luthers pädagogischem Denken darauf ab, diesen Allgemeinplatz kritisch zu hinterfragen. Eine solche Rekonstruktion muss notwendig immer auch eine Konstruktion sein, da Luther selbst keine ausgearbeitete pädagogische Theorie entwickelt hat. Um diese Konstruktion nicht beliebig werden zu lassen, wird hier versucht, mit hermeneutischen Methoden Umrisse einer pädagogischen Theorie aus Luthers Schriften herauszuschälen.[36]

Die Untersuchung selbst ist in drei grundlegende Fragestellungen der wissenschaftlichen Pädagogik gegliedert: einer Theorie der Erziehung, einer Theorie der Bildung und einer Theorie pädagogischer Institutionen. Um jedoch von Pädagogik in einem neuzeitlichen Sinn in ihren drei Hinsichten überhaupt sprechen zu können, ist zunächst ihre elementare Voraussetzung zu erörtern, die den Hintergrund des pädagogischen Denkens Luthers allererst erhellt. Wie zu zeigen sein wird, ist ein Begriff der Freiheit des Menschen eine fundamentale Voraussetzung der Möglichkeit dessen, was neuzeitliche Pädagogik genannt wird.[37] Luthers keineswegs einfache, sondern vielmehr in einem komplexen Wechselverhältnis stehende Vorstellung von der Freiheit oder Unfreiheit des Menschen hat vielfach schon zu seinen Lebzeiten und auch danach noch zu Missverständnissen und Zerwürfnissen geführt.[38]

---

36   Die meisten vorhandenen Rekonstruktionsversuche beziehen sich auf Teilbereiche des pädagogischen Denkens Luthers. Einen sehr breiten Raum nehmen Untersuchungen zu volksbildungs- und schultheoretischen Überlegungen ein. Es gibt auch Spezialuntersuchungen zu einzelnen Themen, wie zum Beispiel der Rolle der Frau. Oder Einzeluntersuchungen zu speziellen Texten. Die Gebiete der Bildungs- und der Erziehungstheorie sind dagegen dürftig bearbeitet. Etwas anders schätzt Hein Retter die Literaturlage ein, wenn er schreibt: „Der Neuformulierung der Bildungsaufgabe und der Neueinrichtung des Schulwesens im Zuge der Reformation widmen die einschlägigen Werke zur Geschichte des Bildungswesens zumeist ein eigenes Kapitel. Über das reformatorische Erziehungsverständnis wird dagegen sehr viel seltener gesprochen." (Retter 1996, S. 34.) Es hat jedoch den Anschein, dass sich Retters Bildungsbegriff vor allen Dingen auf die schulische Bildung bezieht, ein Bereich der im Folgenden hier institutionstheoretisch verortet werden soll.

37   Zur Notwendigkeit der Interpretation Luthers Pädagogik vor dem Hintergrund seiner Theologie vgl. Ledl 2006.

38   So geht auch der Bruch mit Erasmus oder Erasmus' Bruch mit Luther (und so großer Teile des Humanismus mit der Reformation) bekanntlich auf den Dissens über den freien Willen zurück oder zumindest bildete dieser Dissens den Anlass zum Bruch. Luthers Argumentation gegen den freien Willen (in der Beziehung auf das Heil) im Streit mit Erasmus ist gut verständlich von Eilert Herms nachgezeichnet (vgl. Herms 1987, bes. 282-292). Die Gegenposition des Erasmus ist prägnant zusammengefasst und mit reicher Literatur belegt von Manfred Hofmann (vgl. Hofmann 1985). Beide Positionen zu verstehen und auch andere Dimensionen des Streits zu erhellen, sucht im selben Band Martin Brecht (vgl. Brecht 1985).

Eine weitere Voraussetzung für das Vorhandensein einer pädagogischen Theorie ist die Deutung der Kindheit als eigener Lebensphase. Die von Philippe Ariès vertretene These, der zufolge von der Anerkennung der Kindheit als einer eigenständigen Phase des menschlichen Lebens erst im Ausgang des 18. Jh. gesprochen werden könne (vgl. Ariès 1975), ist auch ansonsten nicht unproblematisch, für die Lutherforschung jedoch kann sie als nicht zutreffend bezeichnet werden.[39] Ob aber die von Luther beschriebene Kindheit schon Züge einer Kindheit im modernen Sinne trägt, ist damit noch nicht gesagt. Dieser spezifisch moderne Begriff der Kindheit ist nach Dietrich Benner durch Rousseaus Entdeckung konstituiert: „nicht um die künftige Bestimmung von Kindern und Heranwachsenden wissen [zu (H.S.)] können" (Benner 1999, S. 5). Im Durchgang durch die drei genannten Bereiche der pädagogischen Theorie wird gleichzeitig die Frage beantwortet, ob sich zumindest Elemente dieses modernen Kindheitsbegriffs schon im Werk Luthers aufspüren lassen.

Falls diese Frage bejaht werden könnte, ließen sich daraus zwei Schlussfolgerungen ziehen. Die eine wäre die These zu vertreten, dass das Aufscheinen der Moderne im Bereich der Pädagogik um mindestens zweihundert Jahre nach vorn datiert werden müsste. Eine andere Folgerung wäre, den Begriff, der anscheinend so trennscharf modernes von vormodernem scheidet, selbst zu hinterfragen. Eventuell ließe sich zeigen, dass das Aufbauen einer solchen Scheidewand eine Scheinplausibilität bei sich führt, die die Sicht auf historische Entwicklungen eher verstellt als befördert. Diese Fragestellung erklärt die Methode dieser Untersuchung, gezielt nach denjenigen Elementen im pädagogischen Werk Luthers zu suchen, die als ‚neuzeitlich' erscheinen können und die traditional argumentierenden Passagen nicht mit gleichem Gewicht zu behandeln.

1.2 Voraussetzung einer Konstruktion der pädagogischen Theorie Luthers

1.2.1 *Die Möglichkeit des Lernens und die Präsenz des Heils*

„Wo das Heil präsent ist oder wo es als präsent erlebt wird, hat das Lernen keinen Ort", schreibt Klaus Prange in seinem Essay: „Lernen ohne Gnade. Zum Verhältnis von Religion und Erziehung" (Prange 1996, S. 319) und untermauert diese These mit einer bemerkenswerten Breite an Beispielen. Um es mit anderen Worten zu sagen, wo der Mensch vollkommen ist, bedarf es der ständigen, sich selbst negierenden und überholenden Vervollkommnung nicht mehr. Bildsamkeit, als Vor-

---

39   „Luther ist der erste Theologe, der dem Kind einen *prinzipiell* anderen Status als dem Erwachsenen zubilligt" (Retter 1996, S. 51, vgl. auch S. 51-54). Ein eigenes Kapitel widmet Carstens dieser Frage und weist nach, dass Luther, freilich theologisch motiviert, sogar zwischen drei Phasen früher, später Kindheit und Jugend unterscheidet (vgl. Carstens 1999, S. 161-172).

aussetzung des Lernens, ist nur dort von Nöten, wo der Mensch nicht vollkommen gebildet *ist*. Prange findet die Beispiele einer solchen präsentischen Eschatologie besonders in der ersten Christenheit, aber auch im Mittelalter. Erst dort, wo das Heil wieder weiter aus dem Erfahrungshorizont der Menschen weg rückt, kommt dem Lehren und Lernen eine neue Bedeutung zu. Pranges Beispiel sind die aufkommenden Lehrorden, welche die kontemplativen Orden zurücktreten lassen.

Vor dem Hintergrund dieser These Pranges ist die Auseinandersetzung mit Luther besonders aufschlussreich, denn in der Kirchengeschichte ist Luther einer der Theologen, der diese Ferne des Heils umkehrt. Mit der Reformation ist das Heil, das zuvor in scholastischen Lehrgebäuden wohl verwahrt war, wieder aufgebrochen und präsent. Keineswegs nur im Schwärmertum, sondern als Kern lutherischer Theologie. Auf die für ihn zentrale Frage: „Wie bekomme ich einen gnädigen Gott?" fand Luther die Antwort; nicht eigenes gerechtes Handeln lässt den Menschen Gott recht sein, sondern gerechtfertigt ist der Mensch allein deshalb, weil Gottes Gerechtigkeit darin besteht, ihn bedingungslos anzunehmen. Das Heil *ist* also schon da und muss nicht erworben, verdient oder bezahlt werden. Dieser heilende Gott ist im Abendmahl wirklich präsent.[40] Wenn das Lernen sich aber nicht mit der Gnade verträgt, wie Prange jedoch mit Gründen feststellt, kann denn dann von Luther eine sinnvolle Aussage zum Thema der Pädagogik überhaupt erwartet werden? Diese Frage entscheidet sich daran, *wie* Luther die Präsens des Heils deutet. Versteht er sie als eine, die jegliche Entwicklung des Menschen überflüssig macht, weil das Heil ihn bereits in Vollkommenheit hüllt, oder gibt es ein anderes Verständnis des präsenten Heils, das die Freiheit des Menschen nicht überholt, sondern sie geradezu herausfordert? Die Frage also, wie Luther auf die Problematik der Freiheit des Menschen eingeht, ist entscheidend dafür, ob er überhaupt Ansätze einer Theorie der Pädagogik im neuzeitlichen Sinne haben *kann*.[41]

---

40   Im Unterschied zur reformierten Auffassung des Abendmahls als Erinnerungsmahl. Es verwundert also nicht, wenn Prange besonders auf die reformierte Tradition verweist. Prange tut dies mit Bezug auf das Leistungsprinzip, das sich in dieser Tradition besonders ausgeprägt hätte. „Leistung" und „Lernen" hätten mehr gemeinsam als die etymologischen Wurzeln, sondern Lernen sei „Leistung in Reinkultur" (a.a.O. S. 320). Allerdings berücksichtigt Prange nicht Max Webers Analyse, dass Leistung ein Epiphänomen der reformierten Theologie ist. Leistung bekam paradoxer Weise deshalb einen so hohen Stellenwert, weil die je personale Heilsfrage schon per doppelter Prädestination von allem Anbeginn *entschieden* war. Gerade weil dieses Heil da war (oder nicht da war), musste man sich dieses Heils durch Leistung und Erfolg vergewissern (Weber 1965).

41   Diese Fragestellung ist pointiert formuliert in einem Beitrag von Klaus Wagengast (Wagengast 1984). Auch Dressler diskutiert die Auseinandersetzung mit dem Freiheitsbegriff Luthers, an der Schaltstelle der Verhältnisbeschreibung von Pädagogik und Theologie (vgl. Dressler 2006, 79f.). Mit Bezug auf Vincenz Eduard Milde untersucht Sattler 2006b eine ähnliche Frage, ob nämlich Milde ein moderner Theoretiker gewesen sein könne entscheidet sich für sie an seinem Subjektbegriff.

1.2.2 Freiheit

Oftmals wird Freiheit mit Autonomie gleichgesetzt.[42] Das trifft jedoch nicht den biblischen Freiheitsbegriff, an den Luther sich anlehnt. Freiheit hat für Luther etwas mit *Be*freiung zu tun. Autor dieser Befreiung ist nicht der jeweilige Mensch, sondern Gott. Wird lediglich von Autonomie geredet, so ist das Subjekt dieser so verstandenen Freiheit im ersten Teil des Wortes enthalten, es ist das Selbst. Eine selbstbezügliche Bestimmung der Freiheit als Unabhängigkeit war für Luther jedoch unmöglich. Freiheit ist für ihn ein Wort, das die Beziehung schon in sich birgt.[43]

Die Rede von der Freiheit des Menschen lässt sich bei Luther in zweifacher Hinsicht fassen, einerseits im Hinblick auf die Beziehung zwischen Mensch und Gott und andererseits auf die Beziehungen des Menschen zur Welt.

a) Die reformatorische Erkenntnis für den Bereich des Gottesverhältnisses ist, dass der Mensch das Heil weder selbst verdienen kann noch muss, sondern dass vielmehr die Gerechtigkeit Gottes ein Geschenk an den Menschen ist. Jegliche Mitarbeit (cooperatio) an der eigenen Rechtfertigung, also am „Rechtsein des Menschen vor Gott" ist ihm unmöglich. Diese Erkenntnis scheint in Luthers Werken seit 1516 schon an, kam jedoch 1518 endgültig zum Durchbruch. Die Bibelstelle, an der sich dies entschied, findet sich im Römerbrief des Paulus 1, 17.[44] Nie war diese reformatorische Erkenntnis jedoch die bloße Bucherkenntnis eines Brotgelehrten, sondern sie fand ihren sichtbarsten Ausdruck in Luthers Stellung zum Ablass: Papst Leo X. erneuerte den Plenarablass zum Bau des Petersdoms, Albrecht von Mainz hatte als Erzbischof ein besonderes Interesse am Vertrieb der Ablassbriefe, weil er somit seine Schulden bei der Kurie bezahlen konnte. Ablasskommissar war der Magdeburger Johann Tetzel. Gegen die beiden letzteren richtete sich Luther, als er in einem Brief klarstellte, dass der Ablass nicht etwa zur Sündenvergebung führt, denn die Sünden vergibt allein Gott, sondern lediglich die auferlegten Kirchenstrafen kompensiert. Dies war eine Kritik an der *Praxis* des Ablasses, die diesen Unterschied geflissentlich verschwieg und suggerierte, dass die „Seele in den Himmel springt, sobald das

---

42   Als klassisch dafür gilt Kant, hier in der Darstellung Gerald Prauss': „Immer nur genau insoweit könne Handeln überhaupt moralisch oder sittlich sein, als die handelnde Person dabei ein Gesetz befolgt, das sie sich dafür aus sich selbst heraus auferlegt, eben aus eigenster Freiheit als Autonomie" (Prauss 1983, S. 89).

43   Dies hat Heino Falcke in seinem 1972 gehaltenen Vortrag sehr prägnant herausgearbeitet (vgl. Falcke 1986).

44   Denn darin wird offenbart die Gerechtigkeit, die vor Gott gilt, welche kommt aus Glauben in Glauben; wie geschrieben steht: „Der Gerechte wird aus Glauben leben." (Übersetzung: Die Bibel 1984).

Geld im Kasten klingt."[45] Da der Papst jedoch nicht auf Seiten Luthers Stellung bezog, eskalierte der Streit. In der Folge kam es zur Reformation.

Geht es also um das Verhältnis zwischen Mensch und Gott, so ist der Mensch frei. „Eyn Christen mensch ist eyn freyer herr über alle ding und niemandt unterthan."[46] Luther selbst demonstrierte das auf dem Reichstag zu Worms, als er vor dem Kaiser seine Lehre widerrufen sollte, was er unter Berufung auf sein Gewissen nicht tat.[47] Sein Gewissen jedoch verstand er nicht als letzte Instanz, sondern fügte hinzu: „Wenn ich nicht durch Zeugnisse der Schrift und klare Vernunftgründe überzeugt werde [....], so bin ich durch die Stellen der Heiligen Schrift, die ich angeführt habe, überwunden in meinem Gewissen und gefangen in dem Worte Gottes: Daher kann und will ich nichts widerrufen, weil wider das Gewissen etwas zu tun weder sicher noch heilsam ist."[48]

In seiner Beziehung zu Gott kann der Mensch keine Autorität über sich dulden, auch nicht die des Papstes oder von Konzilien. Auto-nom, in dem Sinne, dass er selbst sich das Gesetz[49] gibt, ist der Mensch jedoch auch nicht, denn diese Frei-

---

45   „Die predigen Menschentand, die da vorgeben, dass, sobald der Groschen, in den Kasten geworfen, klingt, die Seele aus dem Fegfeuer auffahre." 27. These der 95 Ablass-Thesen Martin Luthers (Luther 31951, S. 38).
46   Luther 1520/1897, S. 21. Alle Texte sind, wo nicht anders angegeben, der Kritischen Gesamtausgabe aus Weimar entnommen, die allgemein WA abgekürzt wird. Im Folgenden zitieret nicht wie sonst üblich; „WA, Band und Seite", sondern unter konkreter Angabe der Schrift, um den jeweiligen Bezug ersichtlich werden zu lassen.
47   Das Auftreten Luthers vor dem Reichstag bedeutete eine existentielle Bedrohung. Sein Gönner, der sächsische Kurfürst Friedrich der Weise, hatte zwar freies Geleit für Luther erwirkt, jedoch war die Festsetzung und Verbrennung des Jan Huß (1415) trotz königlichen Geleitbriefes noch in Erinnerung. Für Luther war das Festhalten an der reformatorischen Erkenntnis nicht nur ein wissenschaftlicher Disput. Er verteidigte seine Wahrheit zwar argumentativ, jedoch war es eine Wahrheit, für die er mit seinem Leben einstehen musste. Anders als später Galilei, der im Vertrauen auf den Wahrheitsgehalt seiner Entdeckung widerrufen konnte, da jeder Verständige ihn mit einem einfachen Fernglas überprüfen konnte. Luthers Entdeckung war nicht von der Art der Entdeckung eines Naturgesetzes, sondern sie stand und fiel performativ mit ihrem Entdecker. Insofern ist die Szene in Worms nicht nur die plastische Illustration einer Entdeckung, sondern ein wesentliches Element dieser Entdeckung selbst.
48   Zitiert nach Lilje 1948 S. 106f.
49   Der Gesetzes-Begriff spielt für Luther eine große Rolle. Unter dem „Gesetz" versteht er die Thora einschließlich des Dekalogs. Luther erkennt die pragmatische, das Alltagsleben ordnende, Funktion der Thora für das jüdische Volk, indem er es „Der Juden Sachsenspiegel" nennt. In dieser Beziehung wirkt es demnach wie anderes weltliches Recht, nämlich als positives Recht, das durchaus auch anders sein könnte und für die Menschen seiner Zeit ja auch anders ist. Theologisch jedoch hatte das Gesetz für Luther noch andere Bedeutungen. Zum einen hält es dem Menschen seine Sündhaftigkeit vor Augen, da er immer wieder an den Forderungen des göttlichen Gesetzes scheitern muss (theol. usus legis = cognitio peccati). Für den Menschen, der erfahren hat, dass er Gott Recht ist, allein aus dessen Gnade, dient das Gesetz zum anderen als Handlungsanleitung. Denn auch der gerechtfertigte Mensch weiß den richtigen Weg nicht von selbst (usus civilis = cohercere peccati).

heit verdankt er nicht sich selbst, sondern Gottes geschenkter Gerechtigkeit, und so bleibt er auch gebunden an das Wort Gottes, die Heilige Schrift und die Vernunft.[50] Dass der Mensch Gott Recht ist, weiß der Mensch jedoch nicht aufgrund eines Gesetzes, sondern dies ist die Gute Nachricht, die das Gesetz gerade konterkariert. Wenn also der Mensch in seinem Verhältnis zu Gott nicht autonom ist, so in erster Linie nicht deshalb, weil Gott dem Menschen das Gesetz gibt, sondern weil Gottes Gute Nachricht gerade darin besteht, vom Gesetz befreit zu werden. Diese Befreiung kann der Mensch sich nicht selbst sagen. Die Befreiung ist keine Befreiung *von* Gott sondern eher eine *durch* und *zu* ihm. Befreiung heißt demnach nicht Emanzipation von Gott, sondern die Ermöglichung einer neuen Gottesbeziehung, die jedoch keine Beziehung unter dem Damoklesschwert des unerfüllbaren Gesetzes mehr ist, sondern eine unter dem Zeichen der Freiheit.

b) Was Luther in Bezug auf das *Heil* energisch bestritt, gilt jedoch nicht für das *Wohl*, also für die weltliche Ordnung. Der Einzelne ist erfahrbar nicht frei, sondern Untertan seiner Obrigkeit.[51] Freiheit gibt es für diesen Bereich insofern, als dieser weltliche Bereich nicht durch eine direkte Gottesbeziehung geregelt ist.[52] Im Bereich des weltlichen Regiments regiert die Vernunft. Deshalb kann Luther sagen, dass die Heiden oft die besseren politischen Ordnungen hätten.

---

50   Es ist interessant, dass Luther, dem oft Vernunftfeindlichkeit unterstellt wird, die Vernunft hier explizit erwähnt (vgl. zu dieser Vernunftfreundlichen Seite Luthers Pesch 1967).

51   „Eyn Christen mensch ist eyn dienstpar knecht aller ding und yderman unterthan." (Luther 1520/1897, S. 21).

52   Das ist jedoch bei Luther noch kein dogmatisches System, wie dann in der Orthodoxie. Luther selbst argumentiert immer wieder biblisch in weltlichen Dingen. Die Bibel ist ihm oft genug Vorbild auch sozialer Ordnungen. Er kann sogar so weit gehen, den Ratsherren politisch und pädagogisch zu raten, und dies mit dem Satz bekräftigen: „das wo yhr mir hierinn gehorchet, on zweyffel nicht myr, sondern Christo gehorchet" (Luther 1524/1899, S. 27 f.). Christsein ist für Luther keineswegs eine unpolitische Angelegenheit, aber auch die Nichtchristen können in weltlichen Dingen sehr weit kommen, denn hier reicht die Vernunft hin, während das für den Bereich des Heils gerade nicht gilt. Luther kann sogar soweit gehen zu behaupten, dass die Bergpredigt zum Regieren nicht taugt. So in seiner Schrift: Von der weltlichen Obrigkeit, wie weit man ihr Gehorsam schuldig sei. (1523) Darin korrigiert er den Irrtum, als sei der Obrigkeit alles erlaubt, und die Untertanen hätten in allem zu gehorchen: „Denn Gott der Almechtig unßere fursten toll gemacht hat, das sie nit anders meynen, sie mügen thun und gepieten yhren unterthanen was sie nur wollen; (und die unterthanen auch yrren und glewben, sie seyen schuldig, dem allen zu folgen[...])" dann jedoch wieder weiter sich auf den Bereich des Heils beziehend, der eben nicht in der Macht der Fürsten steht: „[...] ßo gar und gantz, das sie nu angefangen haben, den leutten zu gepieten, bücher von sich thun, glewben und hallten was sie für geben; damit sich vermessen auch ynn Gottis stuel zu setzen und die gewissen und glawben zu meystern und nach yhrem tollen gehyrn den heiligen geyst zur schulen furen" (Luther 1523/1900, S. 246). Die weltlichen Herren haben jedoch nicht die Verantwortung für eine vernünftige, d.i. gerechte politische Regierung. Wo sie dies nicht wahrnehmen, steht in Frage, ob denn weltliche Ordnung überhaupt von Gott gewollt sei: „Auffs erst müssen wyr das weltlich recht und schwerd wol gründen, das nicht yemand dran zweyffel, es sey von Gottis willen und ordnung ynn der welt" (ebd. S. 247.), vgl. Loewenich, 1972, bes. S. 134.

Der Unterschied zwischen beiden Be-Reichen, dem weltlichen und dem geistlichen, illustriert sich am deutlichsten anhand der Ritteraufstände und des Bauernkrieges. Beide Stände meinten, sich auf Luthers Lehre politisch berufen zu können. Zwar stimmte Luther vielen Forderungen der Bauern anfänglich zu,[53] verwahrte sich jedoch – anders als Thomas Müntzer – dagegen, diese als göttliche Gebote zu verstehen.[54] Vielmehr sah er sie für Ratschläge der politischen Vernunft an, die keinesfalls gewalttätig durchzusetzen seien.

Zusammenfassend lässt sich Luthers Auffassung von Freiheit chiastisch darstellen:

	frei	(ein-)gebunden
Bereich der Welt	Für den Menschen ist allein politische Vernunft maßgebend.	Der Mensch befindet sich immer in einem Geflecht aus Obrigkeiten.
Bereich des Glaubens	Der Mensch ist selbst der Interpret seines Gottesverhältnisses.	Dem Menschen steht immer Gott als ein ihn befreiender Gott gegenüber.

Abbildung 1: Luthers Konzept der Freiheit und Abhängigkeit des Menschen

Während im Bereich des Glaubens gilt, dass der Mensch nur seinem an die Vernunft und die Heilige Schrift gebundenen Gewissen folgt und er insofern frei ist, ist der Befreier doch ein anderer, nämlich Gott, an den der Befreite sich bindet. Der Glaubende ist der letzte Interpret seines Verständnisses Gottes und keine andere Autorität, auch nicht die Kirche, hat ein Interpretationsmonopol.

Genau entgegengesetzt ist es im Bereich der weltlichen Dinge. Hier ist der Mensch insofern frei, als Gott keine expliziten Gesetze vorgibt, sondern diese Gesetze mit den Mitteln der natürlichen Vernunft erkannt und zum Besten aller formuliert werden müssen. Diese Gesetze haben durchaus positivistischen Charakter, können also verschieden und veränderbar sein, sie müssen es sogar, um die Lage der Menschen zu verbessern. Luther selbst hielt sich hier mit Ratschlägen nicht zurück. Andererseits ist der einzelne Mensch im weltlichen Bereich gerade nicht frei, denn er ist immer einer oder mehrerer Obrigkeiten Untertan.[55] Sich gegen sie gewaltsam aufzulehnen, ist für Luther nicht hinzunehmen.

---

53   Vgl. Luther (1525/1908), vgl. auch: Schröder (1996), S. 4.
54   Luther (1525/1908), S. 316: „So soll nü vnd müs ewr titel vnd namen dieβer seyn, Das yhr die leute seyt, die darumb streytten, das sie nicht vnrecht noch vbels leyden wollen noch sollen, wie das die natur gibt, Den namen sollt yhr furen und Christus namen mit friden lassen, [...]".
55   „Dieβe zwo widderstendige rede der freyheyt und dienstparkeit zuvornehmen, sollen wir gedencken, das eyn yglich Christen mensch ist zweyerlei natur, geystlicher und leyplicher. Nach der seelen wirt er eyn geystlich, new, ynnerlich mensch genennet, nach dem fleysch und blut wirt er eyn leyplich, allt und euβerlich mensch genennet. Und umb diβes vnterschidiβ willen werden von yhm gesagt yn der schrifft, die do stracks widdernander seyn, wie ich itzt gesagt, von der freyhheyt und dienstparkeit." (Luther 1520/1897), S. 21.

Der Begriff der menschlichen Freiheit ist demnach durch Luther in hohem Maße reflektiert. Keineswegs sieht er im Menschen nur ein geknechtetes Wesen in Abhängigkeitsstrukturen, genauso wenig redet er jedoch einer unabhängigen, unbegrenzten Autonomie oder einer Willkürfreiheit das Wort. Insofern ist eine Grundbefindlichkeit des modernen Menschen aufgezeigt. Er ist nie völlig frei, sondern immer auch abhängig, aber auch nie völlig abhängig, sondern immer auch frei.[56] Ein gänzlich autonomer Wille ist für Luther, wie der Streit mit Erasmus deutlich macht, undenkbar.[57]

Eine so befreite Freiheit jedoch muss verantwortlich gelebt werden. Vollständige Autonomie (Willkürfreiheit) wie vollständige Abhängigkeit (Kadavergehorsam) schließen Mündigkeit und Verantwortung aus. Absolute Autonomie wäre nicht mehr absolut, müsste sie sich vor jemandem verantworten. Absolute Abhängigkeit dagegen kann auch keine Verantwortung kennen, da verantwortlich sein bedeutet, für eigenes Handeln einzustehen. Mündige Verantwortlichkeit findet sich nur dort, wo Abhängigkeit und Freiheit zugleich bestehen.

Die Debatte, ob Luther die Pädagogik dem weltlichen Bereich zuordnet oder nicht,[58] kann mit diesen einleitenden Überlegungen noch einmal neu justiert werden und so kann eine Deutung aufscheinen, die jenseits dieser Alternative liegt. Luthers pädagogische Vorstellungen korrespondieren mit einem komplexen Bild des ganzen Menschen, der in unterschiedlichen Beziehungen zu Gott und Mensch lebt. In diesen ist er auf je spezifische Weise frei und angewiesen zugleich. Die Festlegung der Pädagogik auf den einen oder anderen Bereich greift so zu kurz (vgl. Ledl 2006).

Dass der Mensch sich seiner Verantwortung gewahr und bewusst wird, dass er sein Leben selbstverantwortet gestaltet, ist das Thema der Pädagogik in der Neuzeit.[59] Somit wäre die mit der These der Unvereinbarkeit von Lernen und

---

56   Dieses Modell führt Schleiermacher weiter, indem er die Überlegung anstellt; wenn der Mensch nie vollständig frei ist, sondern immer auch abhängig, dann ist es eben diese Abhängigkeit, die *schlechthinnige* Abhängigkeit genannt zu werden verdient (vgl. Schleiermacher, 31959, S. 23-30, in dieser Arbeit Kapitel 2.1.1).

57   Wenn man freilich die Rede von modernen Subjekt an einem starken Autonomiebegriff im Sinne von Souveränität festmacht, wie es Wimmer an Kant aufzuweisen versucht (vgl. Wimmer S. 289 ff.), so wäre Luther in der Betonung der begrenzten Souveränität des Subjekts geradezu Postmodern (vgl. Sattler 2006a, 2008).

58   Für die Verortung der Pädagogik auf Seiten des weltlichen Reiches steht z.B. Wagengast: „Nach Luther gehört sie (die Erziehung, H.S.), darüber gibt es keinen Zweifel, nicht zum Reich Gottes, sondern zum Reich der Vernunft,..." (Wagengast 1984, S. 18.) Das Gegenteil vertritt z.B.: Karg 1986 bes. S. 52-121.

59   Dietrich Benner hat an dieser Stelle mit J.F. Herbarts Anwendung der von Immanuel Kant konstatierten „Revolution der Denkungsart" auf pädagogische Zusammenhänge auf einen eklatanten Unterschied zwischen der neuzeitlichen und vorneuzeitlichen Aufgabe der Erziehung hingewiesen. Während vorneuzeitliche Pädagogik für die gelingende Inkorporation des Zöglings in das gesellschaftliche Ganze mit seinem vorgegebenen Sittenkanon zu sorgen hatte,

Gnade formulierte Eingangsfrage, ob Luther überhaupt Ansätze einer Theorie der Pädagogik im neuzeitlichen Sinne haben kann, positiv entschieden. Die Bedingung der Möglichkeit neuzeitlicher Pädagogik wäre damit für Luther gegeben. Damit ist jedoch noch nichts darüber ausgesagt, ob seine pädagogischen Auffassungen dieses Potential auch realisieren. Um diese Frage zu beantworten, ist es notwendig, sich mit mindestens drei Bereichen pädagogischer Theorie – der Theorie der Erziehung, der Institutionen und der Bildung – im einzelnen auseinanderzusetzen und der Frage nach der Neuzeitlichkeit des pädagogischen Konzepts Luthers in diesen Feldern pädagogischer Theorie nachzugehen.

1.3 Ansätze einer Theorie der Erziehung

In erziehungstheoretischer Hinsicht lassen sich zwei Positionen unterscheiden, die Theodor Litt auf die prägnante Formulierung „Führen oder Wachsenlassen" brachte (vgl. Litt 1927). Zwar entstammt die Formel dem 20. Jahrhundert, das Problem ist jedoch ein altes. Bedarf das Kind einer strengen Erziehung oder genügt es, ihm die optimalen Wachstumsbedingungen zu bieten, damit es von selbst zum vollwertigen Menschen heranreife?

Luther gebraucht die Wachstumsmetapher lediglich in abwertender Weise.[60] Demzufolge ist „Wachsenlassen" für Luther nicht nur keine Methode der Erziehung, sondern auch keine Alternative zur Erziehung. Positiv formuliert er seine Vorstellung von Erziehung in Sätzen wie: „Es ist yhe nicht müglich, das sich das tolle volck [die Kinder [H.S.)] sollt selbs *leren* und *halten*, darumb hat sie uns Gott befohlen, die wyr allt und erfaren sind was yhn gut ist,[...]" (Luther 1524/1899, S. 32, Hervorhebungen H.S.). Erziehung beinhaltet demnach ein intergenerationelles Verhältnis, das von der älteren Generation bewusst und leitend zu gestalten ist. Die Sozialisation, das Hineinnehmen in den Lebensalltag, reichen für Luther nicht aus, damit aus den Kindern eines Tages verständige und vernünftige Bürger und Christen werden, sondern es bedarf der Bildung und Erziehung. Der Erwerb von

---

ginge es nach der „Kopernikanischen Wende der Geisteswissenschaften" nun für die Pädagogik darum, den/die HeranwachsendeN zu eigenverantworteter Lebensführung in einer Gesellschaft zu befähigen, die sich der *Setzung* ihrer sittlichen Regeln bewusst ist, über die Veränderbarkeit dieser Regeln aufgeklärt ist und die weiß, dass diese Regeln nicht einer Objektivierung des absoluten Guten entsprechen, sondern auf Übereinkünften beruhen. So dass sich ein modernes Individuum keineswegs mehr gewiss sein kann, dass es, wenn es in Übereinstimmung mit Sitten und Gesetz handelt, auch moralisch gut handelt. Die Entscheidung über Handeln auf praktischem Gebiet bleibt unvertretbar beim handelnden Individuum und kann nicht mehr an Sitte und Gesetze delegiert werden (vgl. Benner 2001, S. 247ff.)

60 „Denn wes ist die schuld, das es itzt nun allen stedten so dünne sihet von geschickten leutten, on der oberkeyt, die das junge volck hatt lassen auff wachsen, wie das volck ym wald wechset, und nicht zu gesehen, wie mans lere und zihe" (Luther 1524/1899, S. 35).

Wissen (*leren*) und Haltung (*halten*) gehören für Luther zusammen. Überließe man die Kinder sich selbst, kämen sie nicht nur zu keiner Bildung, sondern auch ihre sittliche Haltung würde sich nicht von allein oder durch bloße Nachahmung der Erwachsenen ergeben.

Luther plädiert für den ‚Mut zur Erziehung'. Er erkennt und vertritt ihre Notwendigkeit und in den Mitteln, die er empfiehlt, ist er nicht kleinlich, sondern schreckt vor der Empfehlung körperlicher Züchtigungen nicht zurück.[61]

Bei aller Heftigkeit dieser Erziehungsempfehlungen bleibt dennoch die Energie bemerkenswert, mit der Luther auf die Erziehung drängt. Er redet den Eltern immer wieder eindringlich ins Gewissen, dass Kinder zu bekommen, die Übernahme von Verantwortung bedeutet.[62] Und wo das Zuckerbrot den Eltern gegenüber nicht hinreichen will, spart er auch nicht mit der Peitsche. Er droht ihnen sogar mit der Hölle, falls sie die Erziehung der Kinder vernachlässigen sollten.[63]

Ganz im Gegensatz dazu scheinen andere Aussagen über die Erziehung zu stehen, wie z.B. diese: "Weyl denn das junge volck mus lecken und springen odder yhe was zu schaffen haben, da es lust ynnen hat, und yhm darynn nicht zu weren ist, auch nicht gut were, das mans alles weret: Darumb sollt man denn yhm nicht solche schulen zurichten und solche kunst furlegen? Syntemal es itzt von Gottis gnaden alles also zugerichtet ist, das die kinder mit lust und spiel leren kunden, es seyen sprachen odder ander künst oder historien".[64] An diesem Satz lassen sich Bestandteile einer modernen Theorie der Erziehung aufzeigen, die es damit zu tun hat, wie sich die Selbsttätigkeit des Kindes zu den gesellschaftlichen Anforderungen in ihrer pädagogischen Form zueinander verhalten. Genauer, wie die gesellschaftlichen Anforderungen an das Kind einerseits, das Prinzip seiner Selbsttätigkeit andererseits miteinander so ins Verhältnis gebracht

---

61   „Aber die falsche natur liebe vorblendet die eltern, das sie das fleysch yhrer kinder mehr achten, dan die seelen. Drumb spricht der weyß man: Wer der rutten schonet, der hasset seyn eygen kindt, wer aber seyn kindt lieb hatt, der steupt es vill mall..." Luther bezieht sich hier wohl auf das apokryphe Buch „Jesus Sirach" (das in der Lutherbibel nicht enthalten ist) 30, 1: „Wer seinen Sohn liebt, hält den Stock für ihn bereit, damit er später Freude erleben kann. Wer seien Sohn in Zucht hält, wird Freude an ihm haben und kann sich bei Bekannten seiner rühmen. Wer seinen Sohn unterweist, erweckt den Neid des Feindes, bei seinen Freunden kann er auf ihn stolz sein. [...]." (Zitiert nach: Die Bibel. Einheitsübersetzung.) „...Item Salomon: schlechstu deyn kind mit rutten, ßo wirstu seyn seel von der helle erloßen" (Luther 1519/1884, S. 170).

62   „Aber das solln die eheleud wissen, das sie gott, der Christenheyt, aller welt, yhn selbs und yhren kindern keyn besser werck und nutz schaffen mugen, dan das sie yhre kinder wol auff tzyhen" (Luther 1519/1884, S.169f.).

63   „Alßo widderumb ist die helle nit leichtlicher vordient, dan an seynen eygen kindern, Mugen auch keyn schedlicher werck nit thun, dan das sie die kind vorseumen, laßen sie fluchen, schweren, schandpar wort und liedlin leren und nach yhrem willen leben, [...]"(Luther 1519/1884, S.170).

64   Luther 1524/1899, S. 46. Dieses Zitat wird auch für die Untersuchung von Ansätzen einer Institutionentheorie bei Luther von Bedeutung sein (vgl. Fußnote 79).

werden, dass dies in einer pädagogisch legitimen Form passiert (vgl. Benner 2001, S. 115ff. und Schluß/Sattler 2001).

Das Moment der Selbsttätigkeit kommt im ersten Satzteil zur Sprache, wo vom Drang nach Tätigkeit und Bewegung der Jugend die Rede ist. Diesem ungebremst freie Bahn zu lassen und davon eine wohl erzogene Jugend zu erwarten, würde das Wachstumsparadigma beinhalten, das Luther – wie gezeigt – ablehnt. Vielmehr geht es Luther um eine Vermittlung mit den gesellschaftlichen Anforderungen und zwar einer Vermittlung, die pädagogischen Einsichten folgt und nicht diese gesellschaftlichen Erfordernisse unbesehen über die Kinder hinweg stülpt. Die Erziehung muss anknüpfen an die Selbsttätigkeit der Jugend. Sogar die Organisation der Schulen soll diesem Modell der Vermittlung folgen. Es geht Luther demnach um eine Art der Erziehung, die gesellschaftliche Ansprüche so aufnimmt, dass die Selbsttätigkeit des Kindes nicht unterdrückt, sondern diese als konstitutives und konstruktives Element des Erziehungsprozesses selbst betrachtet wird.

So unterschiedliche Aussagen über Erziehung verlangen eine Erklärung. Gemeinhin wird diese Erklärung in der Chronologie der Schriften und damit in einer Entwicklung von Luthers Erziehungsdenken von der Elternzentrierung hin zur Bedeutungsverlagerung auf die öffentliche kommunale Schule gesehen.[65] Dieser, mit der Enttäuschung Luthers über das Scheitern seiner Erziehungsratschläge an die Eltern und einer daraus resultierenden Wende hin zur Obrigkeit argumentierenden Sichtweise, ist hier der Aspekt der unterschiedlichen Adressaten hinzufügen, der eine darüber hinaus gehende Interpretation erlaubt. Ermahnt Luther im „Sermon von dem ehelichen Stand" vor allem die Eltern zu einer strengen und verantwortlichen ‚Kinderaufzucht', so verändern sich die vorgeschlagenen Methoden im Schulalter erheblich. Vor allem in seiner Schrift an die Ratherren, also die Magistrate der Kommunen, wird deutlich, wie sehr für Luther im Schulalter gelungene Erziehung untrennbar mit Unterricht verbunden ist. In den verschiedenen Phasen des Kindseins muss die Erziehung demnach anders strukturiert sein. Die jeweilige Erziehung ist von der Entwicklung des Kindes abhängig. Von einem stärkeren Erziehungseinfluss im Kleinkindalter, für das vor allem die häusliche Erziehung zuständig ist, wie er die Eltern ermahnt, hin zu einer größeren Offenheit im Schulalter, für die die Organisatoren der Schulen Sorge zu tragen haben, die Kommunen. Mit der zunehmenden Kompetenz der Kinder entwickeln sich auch die Freiräume zur Betätigung ihrer Selbsttätigkeit.[66]

---

65 Zu dieser Interpretation vgl. den folgenden Abschnitt 1.4.

66 Ganz ähnlich werden später Schleiermachers Überlegungen zum Anfangs- und Endpunkt der Erziehung sein (vgl. Schleiermacher 1959, S. 44-46). Ebenso sind Analogien zu Herbarts Unterscheidung in Kinderregierung und Erziehung durch Unterricht zu sehen. Allerdings grenzt Luther nicht, wie später Herbart, die Regierung der Kinder auf den Fall ein, dass sich beim Kind noch kein echter Wille gebildet haben dürfe und die Kinderregierung auch keinen positiven Zweck im Kinde erreichen wolle (vgl. Herbart 1806/1984).

Wie dies in der Schule konkret gehandhabt wird, soll im nächsten Abschnitt erarbeitet werden.

1.4 Ansätze einer Theorie der Institutionen

Die These dieses Abschnitts ist, dass die Reformation für die institutionelle Seite des Bildungswesens zuerst einen Zusammenbruch bedeutete, der sich sowohl aus den geschwundenen Perspektiven der kirchlichen Karriere als auch aus der Schulkritik der Reformation herleitete. In der Folge jedoch führte sie zu einem Neubeginn, der nicht nur in einer Revitalisierung des Alten bestand, sondern den inhaltlichen, methodischen, didaktischen und organisatorischen Umbruch des Bildungswesens bedeutete. Für diesen auch inhaltlichen Aufbruch finden sich bei Luther erstaunliche Argumente.

Die Reformation führte zu einer erheblichen Stärkung weltlicher Institutionen. Da die Bischöfe im Gegensatz zum Volk meist nicht zum neuen Glauben übertraten, stellte sich die Frage, wer die Kirchenaufsicht übernehmen sollte. Die in ihrer Bedeutung wachsenden Landesherren boten sich für diese Funktion an; der evangelische Landesherr wurde zugleich oberste Autorität der Landeskirche. Diese Konstruktion hatte im Wesentlichen bis 1918 bestand. Besonders in den Städten gab es Veränderungen. Die Übernahme des städtischen Kirchenregiments führte zu einer Stärkung der Magistratsfamilien. Luther drängte auf die Einführung einer Sozialfürsorge (Luther 1523/1891), aber auch die bis dato von der Kirche verantwortete schulische Bildung sollte und musste von der politischen Gemeinde übernommen werden.[67] Dabei stellt sich Luther eine dreiklassige Schule vor. Immer die Geschicktesten gehen in die nächste Klasse, Luther nennt sie „Haufen", über.

Schulische Bildung gehört für Luther 1524 zu den kommunalen Aufgaben.[68] Mit dieser Zuschreibung grenzt er sich von drei anderen möglichen Trägern von Bildung und Erziehung ab:

---

67   Vgl. Stallmann 1993. Die Autorin reißt auch die Problematik der durch die Reformation ausgelösten Bildungskrise an, denn Luther, selbst ein entlaufener Mönch, entwirft von der Wartburg aus die Argumentationshilfe für andere Mönche und Nonnen, die ihre Kloster verlassen wollen. Mit der Auflösung der Klöster stirbt jedoch auch eine zentrale Bildungsinstitution des Spätmittelalters, die Klosterschule (ebd. S. 152ff.). Dies hatte für die Frauenbildung besonders verheerende Folgen (vgl. Westphal 1996, S. 149).

68   Das gilt jedoch nicht für eine basale Erziehung, für die weiter die Familie zuständig bleibt (vgl. Luther 1519/1884, besonders der 3. Teil S. 170f.). Es gilt auch nicht für die höheren Schulen und Universitäten, deren Reform er den Fürsten ans Herz legt (vgl. Luther 1520/1888, bes. S. 459ff.)

1. Der Kirche, die es aufgrund des Zusammenbrechens ihrer Hierarchie, die völlig verderbt und vom Teufel ist, nicht sein kann.[69]

2. Die Fürsten und Herren, die mit wichtigerem beschäftigt sind: „[...] sie haben auffm schlitten zufaren, zu trincken und ynn der mumerey zu lauffen und sind beladen mit hohen merrcklichen geschefften des kellers, der küchen und der kamer." Und die, die guten Willens sind, müssen sich enthalten, um nicht den anderen als „narren odder ketzer" zu gelten (Luther 1524/1899, S.45).

3. Die alleinige häusliche Erziehung schien schon Luther nicht mehr ausreichend![70] (Anders als z.B. Pestalozzi, der sie für die armen Schichten für nötig und angemessen hielt.[71]) Dafür nennt Luther mehrere Gründe:

   a) Die Eltern sind sich nicht immer ihrer Verantwortung bewusst; für sie ist es mit dem in die Welt setzen der Kinder getan.

   b) Die Eltern selbst sind zu ungeschickt und unwissend, als dass sie ihre Kinder erziehen könnten.[72]

   c) Selbst wenn sie die nötigen Kenntnisse hätten, so lässt ihnen doch die Sorge um den täglichen Lebensunterhalt keine Zeit, sich ausführlich mit Erziehung und Bildung ihrer Kinder zu beschäftigen, und eigene „Zuchtmeister" können sie sich nicht leisten. Ganz abgesehen von den Waisen, die ja auch der Erziehung bedürfen (vgl. Luther 1524/1899, S. 34).

Zusätzlich zu den drei genannten Argumenten für die Schule gibt es jedoch noch eines, das besondere Aufmerksamkeit verdient. Luther sieht, dass die Welt ist zu komplex geworden ist, als dass häuslicher Unterricht allein dieser Komplexität noch gerecht werden könnte. Was bestenfalls häuslich noch angehen mag, ist eine rudimentäre Haltungs-Erziehung,[73] die jedoch völlig unzulänglich ist, eben

---

69 „War ists, ehe ich wollt, das hohe schulen und klöster blieben so, wie sie bis her gewesen sind, das keyn ander weyse zu leren und leben sollt fur die jugent gebraucht werden, wöllt ich ehe, das keyn knabe nymer nichts lernte und stum were" (Luther 1524/1899, S. 46).

70 Das bedeutet jedoch nicht, dass Luther nicht gerade um die Wichtigkeit der häuslichen Erziehung wusste. Im 3. Teil des „Sermons von dem ehelichen Stand" handelt Luther von der Kindererziehung. Sie hat nach seinen Worten das größte Gewicht. Sie soll sorgfältig geschehen. Wenn die Eltern nicht in der Lage sind, die eigenen Kinder zu erziehen, sollen sie es Leuten überlassen, die es verstehen. Der eheliche Stand ist nur dann ein gelungener, wenn auch die Kindererziehung gelungen ist. Wird sie vernachlässigt, ist der gesamte Ehestand verfehlt. Dann hätten sie lieber jungfräulich bleiben sollen (170f.).

71 So heißt eines seiner Hauptwerke „Wie Gertrud ihre Kinder lehrt" im Untertitel: „Ein Versuch den Müttern Anleitung zu geben, ihre Kinder selbst zu unterrichten, in Briefen" (Pestalozzi 1877).

72 „der gemeyn man thut hie nichts zu, kans auch nicht, wills auch nicht, weys auch nicht" (Luther 1524/1899 S. 44).

73 „Und wenn die zucht auffs höhest getrieben wird und wol gerett, so kompts nicht ferner, denn das eyn wenig eyn eyngezwungen und erbar geberde da ist" (ebd).

weil es ihr an Unterricht mangelt.[74] Unterricht und Erziehung gehören demnach für Luther zusammen. Nicht nur das Wissen und Können leidet bei einem Ausbleiben des Unterrichts, sondern auch die Erziehung bleibt notwendig äußerlich, sie wird gezwungen. Luther reagiert somit sensibel auf die Entwicklung des Kindes. Während im ersten Stadium der häuslichen Erziehung das Primat zukommt, ist diese allein später jedoch allein unzureichend. „Die zucht aber, die man daheyme on solche schulen fur nimpt, die will uns weyse machen durch eygen erfarung. Ehe das geschicht, so sind wyr hundert mal tod und haben unser lebenlang alles unbedechtig gehandelt, denn zu eygener erfarung gehört viel zeyt" (Luther 1524/1899, S. 45). Die Schule als Institution ergänzt im späteren Kindesalter die Familie ohne diese jedoch abzulösen.[75] Die Komplexität der Welt bedarf der Schule, um in sie angemessen einführen zu können, da die Alternative des ungeschulten, häuslichen *in die Welt Hineinwachsens* schon aufgrund des großen Zeitaufwandes ganz aussichtslos ist.[76]

---

74 „sonst bleybens gleychwol eyttel holzböcke, die wider hie von noch da von wissen zu sagen, niemand wider radten noch helffen konnen" (ebd).

75 Wie im vorangegangenen Kapitel angedeutet, wird die Abfolge der Erziehungsinstitutionen in den meisten Arbeiten chronologisch mit der Entwicklung Luthers erklärt. Diese Untersuchungen berufen sich auf die maßgebende Monographie von Werner Reininghaus (vgl. Reininghaus 1969). Unter Berufung auf die „Ordnung eines gemeinen Kastens" in der sich Luther 1523 für ein gemischtverantwortetes Schulprojekt in Leisnigen aussprach, das aber aus mehreren Gründen scheiterte, wird abgeleitet, dass erstens diese Schulorganisation elterndominiert war und sich zweitens in dieser Organisationsform Luthers eigentliche Präferenz ausdrücke. Alle anderen von ihm später vorgeschlagenen Lösungen seien nur Notlösungen. So auch die Schrift an die Ratherren vom folgenden Jahr. Eigentlich sei die Schule für Luther nur die „Hilfsanstalt der Eltern" (so z.B. Retter 1996, S. 50 unter Berufung auf Reininghaus). Eine solche Interpretation übersieht jedoch zweierlei. Zum einen waren auch in Leisnigen die Eltern nicht die alleinigen Träger der Schule. Eleonore Kamp-Franke stimmt Reininghaus insofern zu, als sie die Motivation der Adressierung des Schreibens von 1524 in dem Scheitern der gemischten Verantwortung von „2 Adeligen, 2 Ratsherren, 3 städtischen Bürgern und 3 Bauern" (S. 253) für die Schule sieht. Die Eltern sind demnach keineswegs alleinige Träger der Schule (vgl. Kamp-Franke 1994). Diese vielleicht detaillierteste neuere Untersuchung zur Frage der chronologischen Reihenfolge hat den Nachteil einer stark herrschaftstheoretischen Fragestellung, die zuweilen einen Ideologieverdacht aufkommen lässt. Gerade das Kapitel 6: „Luthers Äußerungen über die Errichtung und den Besuch von christlichen Schulen sowie zur Einrichtung von Katechismusunterricht", liefert jedoch eine sehr materialreiche und sachgerechte Darstellung der Chronologie von Luthers einzelnen pädagogischen Schriften. Der zweite Einwand ist jedoch bedeutender. Selbst wenn Luthers Präferenz ursprünglich einem gemischtverantworteten Schulmodell mit starker Elternbeteiligung, gegolten hätte, so gibt es kein Anzeichen dafür, dass die „eigentliche" Position Luthers in dem früheren Text zu suchen ist. Viel mehr argumentiert er in der Schrift von 1524 erheblich differenzierter und mit systematisch stärkeren Argumenten für die öffentliche, kommunale Schule. In diesem Sinne auch Mahrenholz 1997, S. 35.

76 Zur besonderen Bedeutung der Geschichte als Unterrichtsgegenstand vgl. das dritte Kapitel der Abhandlung von Mahrenholz 1997, S. 91-106: „Die Sicherung der Neugestaltung des Schulwesens durch eine im wesentlichen auf dem Fach „Geschichte" fußende Allgemeinbildung."

Eine so anspruchsvolle Erziehung in einer Schule kommunaler Trägerschaft ist jedoch nur dann zu verwirklichen, wenn die Stadt auch ordentliche „tüchtige meyster und meysterynn" hält und nicht jeden dahergelaufenen mit der Aufgabe des Pädagogen betraut. Als positives Beispiel dienen wiederum die Heiden. Die Römer, die ihre Jugend gründlich in Sprachen und den „freien Künsten" ausbildeten, und so zu „allerley tüchtig und geschickt waren" (Luther 1524/1899, S. 35). Eben deshalb drängt Luther auf eine angemessene Entlohnung der Schulmeister. Gute Bildung kostet Geld, das verschweigt Luther nicht, aber er nimmt den Ratherren eindringlich auseinander, dass Bildung eine Investition in die Zukunft des gesamten Gemeinwesens ist, wenigstens so viel oder gar mehr als die anderen kommunalen Aufgaben, für die bereitwillig Geld ausgegeben wird.[77] Mit der schlechten Bezahlung hängt auch das geringe Sozialprestige zusammen. Luther setzt seine ganze Person ein, um das Ansehen des Lehrerberufes anzuheben und seine Bedeutung bewusst zu machen. So argumentiert Luther in der Predigt von 1530, dass er, wenn er das Predigeramt lassen müsste oder könnte, keines lieber haben würde als dieses Amt, und er erkennt ihm einen ebenso hohen Stellenwert zu wie dem Predigeramt.[78]

Auch darüber, wie in so einer Schule gelernt werden soll, macht sich Luther Gedanken. Als abschreckendes Beispiel gelten ihm seine eigenen Schulerfahrungen, die er als „Marter, Hölle und Fegefeuer" beschreibt, die jedoch ohne jeden Lern-Erfolg blieb: „da wir doch nichts denn eyttel nichts gelernt haben durch so viel steupen, zittern, angst und jamer" (Luther 1524/1899, S. 46). Stattdessen will Luther das ‚natürliche' Interesse, den Erkenntnisdrang und auch den Bewegungsdrang in seiner Vorstellung der Schule positiv aufnehmen. Statt die Kinder in die starren Schulen einzupassen, solle man doch lieber die Schulen und die Darbietung des Unterrichtsstoffs an kindliche Bedürfnisse anschlussfähig gestalten.[79] Diese neue Art der Schule kann sich Luther für die Breite des gesamten Bildungskanons vorstellen, „es seyen sprachen odder ander künst oder historien" (Luther 1524/1899, S. 46). Dies sind Überlegungen, die stark an Reformpädagogik erinnern und zumeist erst mit dem 18. Jahrhundert verortet werden.

Während prinzipiell eine neue Schule denkbar war, die sich in Inhalt, Didaktik und Methodik sehr von der alten Schule unterschied, war die tatsächliche Bildungssituation zu Luthers Zeit keineswegs diesem Ideal entsprechend. Im

---

77 „Lieben herrn, mus man jerlich so viel wenden an büchsen, wege, stege, demme und der gleichen unzelichen stucke mehr, da mit eyne stad zeyttlich fride und gemach habe, Warumb sollt man nicht viel mehr doch auch so viel wenden an die dürfftige arme jugent, das man eynen geschickten man oder zween hielte zu schulmeystern?" (Luther 1524/1899, S. 30).

78 Vgl. Luther 1530/1909, S. 579 f. Auch hier wieder ein Verweis auf Aristoteles (vgl. auch: Goebel 1985, bes. S. 20f.).

79 Beleg dafür ist der schon im Erziehungskapitel zitierte Absatz aus der Schrift an die Ratherren S. 46. Vgl. das Zitat bei Fußnote 64.

Gegenteil attestiert Luther dem Bildungswesen katastrophale Zustände. Die
Situation wird am Anfang von Luthers Schreiben an die Ratherren von 1524 sehr
deutlich. Eine Karriere in der kirchlichen Hierarchie schien mit der Reformation
hinfällig und so auch der Anreiz der Eltern, ihre Kinder studieren zu lassen.[80]
Zum gesellschaftlichen Fortkommen war institutionalisierte Bildung, nach Meinung vieler, nicht vonnöten. Anders Luther: Auch ohne das Seelenheil in Betracht zu ziehen, gibt es für Luther ein starkes, rein innerweltliches Interesse an
institutionalisierter Bildung. Allerdings nicht aus dem kurzfristigen Interesse
einer egoistischen Selbstversorgung, sondern Bildung ist nötig zugunsten des
Allgemeinwohls, des *bonum commune*.[81]

Hinzu kommen noch theologische Argumente für die schulische Bildung.
Zum einen sollte die Bildung früh einsetzen, denn das hehre Ziel eines allgemeinen
Priestertums machte es unerlässlich, dass jeder und jede lesen und schreiben kön-
nen sollte. Luther forderte auch deshalb eine allgemeine Bildung von Jungen *und*
Mädchen.[82] Zum anderen legte Luther schon früh Wert auf eine Ausbildung der
Pastoren, um den Wirren des reformatorischen Überschwanges Einhalt zu gebie-
ten. Alle evangelischen Pastoren mussten ein Studium absolvieren und sich in
Wittenberg prüfen lassen.[83] Das führte zu einem Aufschwung der Universitäten.

Keineswegs blieben dies nur akademische Forderungen des Wittenberger
Theologieprofessors. Die Buchdruckerkunst ermöglichte vielen den Erwerb von

---

80   „Ja weyl der fleyschliche hauffe sihet, das sie yhre söne, töcher und freunde nicht mehr sollen
     oder mügen ynn klöster und stifft verstossen und aus dem hause und gutt weysen und auff
     frembde gütter setzen, will niemand meher lassen kinder leren, da mit sie sich erneren" (a.a.O.
     S. 28). Vgl. auch: Luther 1538/1909: „Für dieser zeit ist man umb des bauchs willen zur schule
     gelauffen [...]" (S. 236). Vgl. weiterhin: „Eine Predigt, daß man die Kinder zur Schule halten
     solle", die sechs Jahre nach der Ratherrenschrift erschien und die Situation sich anscheinend
     noch nicht gebessert hatte: „Lieben freunde, weil ich sehe, das sich der gemeine man frembd
     stellet gegen die Schulen zu erhalten und ihre kinder gantz und gar von der lare zihen und al-
     lein auff die narunge und bauchs sorge sich geben, [...]" (Luther 1530/1909, S. 526).
81   „Wenn nu gleich (wie ich gesagt habe) keyn seele were und man der Schulen und Sprachen gar
     nichts dürffte umb der Schrifft und Gottis willen, So were doch alleyn dise ursach gnugsam,
     die aller besten schulen beyde für knaben und meydlin an allen ortten auff zu richten, das die
     wellt, auch yhren wellttlichen stand eusserlich zu halten, doch bedarff seiner geschickter men-
     ner und frawen" (Luther 1524/1899, S.44).
82   Vgl. Fietze 1996. Einerseits ginge er mit seinem Erziehungsauftrag an die Frau über andere
     Renaissance-Autoren hinaus (vgl. S. 128), andererseits merkt die Autorin jedoch an: „Indem er
     hier die mehrfach betonte Hilfe der Frau „in allen Dingen" wieder auf ihre Gebärfunktion re-
     duziert, fällt er in eine sehr alte misogyne Position zurück" (ebd.). Vgl. zur Frage der Mäd-
     chenbildung auch im folgenden Kapitel 1.5, bes. Fußnote 92.
83   Darin sich keineswegs alle Reformatoren einig, wie der Disput mit den Böhmischen
     Brüdern zeigt, die der Höheren Bildung und sogar dem Gebrauch der lateinischen Sprache sehr
     skeptisch gegenüberstanden, weil von ihr die Gefahr einer Infizierung mit dem katholischen
     Geist ausginge. Vgl. die knappe Darstellung Zum „Bildungsstreit" zwischen Martin Luther und
     dem böhmischen Bruder Lucas im Jahre 1523 bei Rydl 1996.

Katechismus und Bibel. Diese beiden Bücher waren es vornehmlich, die als Unterrichtsbücher dienten und oft die einzige Literatur der Haushalte ausmachten.[84] Auf dem Land wurde die Verbreitung der Trivialschulen gefördert, in den Städten gab es zusätzlich Lateinschulen, die auf den Besuch der Universitäten vorbereiten sollten.[85] Das albertinesche Sachsen begann, so genannte Fürstenschulen einzurichten, meist in aufgehobenen Klöstern wie Schulpforta oder Meißen (vgl. Arnhardt 1993 und Flöter/Wartenberg 2004). Andere Länder folgten nach. Mit der Thomas-Schule in Leipzig, der Kreuzschule in Dresden, dem Grauen Kloster in Berlin oder dem Joachimthalschen Gymnasium (Schluß/Lachmann 2007, Flöter 2008) entstanden sehr angesehene Gelehrtenschulen. Im Verlaufe der Reformation, vor allen Dingen in der Phase ihrer Festigung, stabilisierte sich also auch die Bildungssituation, ja es kam zu einem neuen Aufschwung, nachdem zuvor gerade die Reformation den verheerenden Einbruch des traditionellen Bildungssystems mitverschuldet hatte. Und dies durchaus mit vollster Absicht: „War ists, ehe ich wollt, das hohe schulen und klöster blieben so, wie sie bis her gewesen sind, das keyn ander weyse zu leren und leben sollt fur die jugent gebraucht werden, wöllt ich ehe, das keyn knabe nymer nichts lernte und stum were." Diese Polemik ist jedoch nicht die einzige Alternative, denn Luther weiß um die Möglichkeit neuartiger Schulen.: „Denn es ist mein ernste meynung, bitt und begirde, das dise esel stelle und teuffels schulen entweder ynn abgrund versüncken oder zu Christlichen schulen verwandelt werden" (Luther 1524/1899, S. 31).

Luther meint, dass der Stoff der Bildung in der Vergangenheit in der Tat verderblich war. Er schreckt hier nicht vor drastischen Worten zurück. Allerdings will er dies nicht als Argument gegen Bildung überhaupt verstanden wissen, sondern er möchte die neben den Lehrmethoden vor allem die Bildungsinhalte austauschen. Das gilt sowohl für die Ausbildung von Theologen, die des geistlichen Rechts nicht mehr bedürften und vor allen Dingen den Schwerpunkt ihrer Ausbildung nicht mit Interpretationen von dogmatischen Lehrtexten (besonders das Standardwerk mittelalterlicher Theologie, den „Sentenzen" des Petrus Lombardus), sondern im Studium und der Interpretation der Heiligen Schrift

---

84 W. Grünberg kann anhand der Auflagenzahlen nachweisen, dass der Katechismus sogar noch weiter verbreitet war als die Bibel (vgl. Grünberg 1994). Genau anders herum beschreibt die Reihenfolge Klaus Goebel, der aber immerhin 85 Auflagen und Ausgaben nachweist (vgl. Goebel 1985, S. 9). Entscheidend war jedoch, dass quasi alle bürgerlichen Haushalte durch Gutenbergs Erfindung der Druckmaschine mit beweglichen Lettern in den Besitz gedruckter Bücher kommen konnten.

85 Aus der Fülle der Literatur vgl. dazu: Mit Vorbehalt, da er nicht zwischen den Appellen an Fürsten und Städte und deren je spezifische Aufgaben unterscheidet: Vogel 1996, knapp und materialreich: Arnhardt 1993. Eine detailreiche Studie am albertineschen Sachsen durchgeführt von Wartenberg 1985. Dagegen Tenorth 1988, S. 67, der meint, dass Luther unter Schulen keine Laienschulen, sondern offenkundig eher Lateinschulen verstünde.

setzen sollten, aber auch für die Juristen, denen er vorschlägt, die regionalen Landesrechte stärker zu berücksichtigen und kaiserliches (also reichseinheitliches) Recht nur für den Notfall aufzusparen. Allerdings gesteht Luther bei diesem Punkt ein, kein Experte zu sein (vgl. Luther 1520/1888, S. 460).

Besonders intensiv widmet er sich jedoch den Bildungsinhalten in der Elementarbildung der Kinder. „Ach lieber so leret uns doch eyne ander weyse, die Gott gefellig und unsern kindern seliglich sey, Denn wyr wöllten jha gerne unsern lieben kindern nicht alleyn den bauch, sondern auch die seel versorgen" (Luther 1524/1899, S. 29). Die Gottgefälligkeit und Seligkeit, von der hier die Rede ist, bedeutet keineswegs das naheliegende Mißverständnis, dass Luther die heidnischen Autoren aus der Schule verbannen möchte und allein auf die Bibel setzte. Das Gegenteil ist der Fall. Sieht man sich Luthers Textkanon an, den er den Visitatoren anempfiehlt, so zeigt sich, dass die Bibel anfangs gar nicht auftaucht, sondern klassische Autoren wie Äsop, Terenz, Plautus etc., desgleichen Lehrbücher von Erasmus und die Pädologie des Mosellanus. Luther legte also Wert auf eine durchaus kindgerechte Auswahl der Lehrstoffe.[86] Die Stellung zur Bibel als Unterrichtsbuch bringt er selbst deutlich zum Ausdruck: „Denn etliche lernen gar nichts aus der heiligen schrift. Etliche lernen die kinder gar nichts denn die heilige schrift, Welche beide nicht zu leiden sind" (Luther 1538/1909. S. 238).

Die Bildungsinhalte wachsen von Haufen zu Haufen. Geht es beim ersten Haufen nur um eine Grundbildung, die allen zukommt, die Lesen und Schreiben

---

86 Anders sieht dies Dieter Fauth, der behauptet: „Auch im allgemeinen Schulwesen wollte Luther die Bibel im Zentrum wissen. Jeder Christ sollte mit neun oder zehn Lebensjahren das Evangelium auswendig wissen." (Fauth 1994, S. 487). Luther äußert dies in der Schrift an den Adel, jedoch mit dem Nachsatz, dass dies heute nicht einmal die Prälaten könnten. Das allgemeine Bildungswesen ist aber nicht das eigentliche Thema des Aufsatzes von Fauth. Ihm geht es vielmehr um das Phänomen der „Schule Gottes" (bes. S. 484-488). So zeigt sich allgemein, dass die aus einem religionspädagogischen Kontext argumentierenden Autoren die religiöse Dimension der Schule für Luther signifikant überbetonen, so z.B. Martin Schwab: „Die Schule besitzt – so Luther – *auch* eine Funktion für die Welt und in der Welt" (Schwab 1983, S. 105, Hervorhebung, H.S.). Anders Mahrenholz, wenn er gegen die religionspädagogischen Interpreten schreibt: „Luther entfaltete ein schulpolitisches Konzept mit einem breit gefächerten Bildungsangebot – das weder einen Religions- und Philosophieunterricht enthält noch eine „kirchliche Pädagogik" postuliert" (Mahrenholz 1997, S. 33, bes. Fußnote 104 und der Exkurs II, der in Gänze diesem Problem gewidmet ist, S. 75-89.) Nichts desto weniger verspricht die Dissertation von Carstens (1999) in der Einleitung in einem ganzen Kapitel „Luthers Vorstellungen zum Religionsunterricht mit den Zielen des Religionsunterrichts am Ende des 20. Jahrhunderts zu konfrontieren." (S. 10) In diesem Kapitel selbst jedoch wird dies Versprechen nicht eingelöst (S. 316-341). Der Beleg, dass Luther den Religionsunterricht gewollt habe, wird über weitere Sekundärliteratur erbracht (S. 341, Fußnote 2), ansonsten verweist und zitiert der Autor nur Melanchthon (S. 342-369). Die Dissertation von Edgar Reimers „Recht und Grenzen einer Berufung auf Luther in den neuen Bemühungen um eine evangelische Erziehung" hat diese Problematik zum Thema (vgl. Reimers 1958.) Allerdings argumentiert der Autor unter Absehung von Luthers pädagogischen Schriften lediglich mit der Auslegung des Galaterbriefes.

und einiges Latein aber auch Musik beinhaltet, beschäftigt sich der 2. Haufen mit den Fabeldichtern des Altertums, modernen Lehrbüchern z.b. von Erasmus, aber auch ausgewählten Teilen der Bibel und dem Glaubensbekenntnis und Katechismus. Ein Schwerpunkt der Ausbildung liegt auf der Beherrschung der Grammatik. Der 3. Haufen schließlich beschäftigt sich mit anspruchsvollen antiken Autoren wie Virgil, Ovid, Cicero. Für ihn nimmt Luther eine Praxis der Philanthropen vorweg, das Erlernen der Sprache durch die ständige Benutzung im Unterricht zu beflügeln.[87] Dialektik und Rhetorik kommen als Unterrichtsfächer hinzu (vgl. Luther 1538/1909, S. 237ff.).

1.5 Bildung und Bildsamkeit

Die Verwendung des Begriffs der Bildsamkeit in der Überschrift bedarf der Erklärung. „Bildsamkeit" steht wie kaum ein anderer Begriff für eine neuzeitliche Einsicht der Pädagogik. Der Sache nach ist die den Menschen kennzeichnende Fähigkeit gemeint, Fähigkeiten zu entwickeln. Rousseau, der dies im Begriff der *perfektibilité* fasste, sah, dass das Ziel dieser Entwicklung inhaltlich nicht zu konkretisieren war, da die Natur, die für ihn als Telos in Frage kam, diese inhaltliche Füllung nicht hergab.[88] Für die Frage nach der Modernität des pädagogischen Denkens Luthers ist die Möglichkeit der Bildsamkeit von erheblicher Bedeutung. Luther verwendet den Begriff der Bildsamkeit nicht. Allerdings ist Luthers Verständnis der Freiheit, als einer immer auf andere bezogenen Freiheit offen für das, was mit dem Begriff der Bildsamkeit gemeint ist. Es kommt also darauf an zu fragen, ob Luther Elemente dessen kennt, was mit unserem Begriff der Bildsamkeit vergleichbar wäre und die so die Chancen seines Freiheitsbegriffs für eine Theorie der Bildsamkeit nutzt, oder ob diese ungenutzt hinter dem zeitgenössischen Standesdenken zurückbleiben.

Wie im vorangegangenen Abschnitt dargestellt, war für Luther die Welt so komplex geworden, dass die eigene häusliche Erfahrung nicht mehr ausreichte, um der Welt noch gewachsen zu sein. So blieb für Luther nur noch eine spezifische Art der Unterrichtung übrig, eine nämlich, wie „ynn eym spigel". In diesem Spiegel sollten ausgewählte Gegenstände dargestellt werden; „[...] die sprachen und andere künst und historien lereten, da würden sie hören die geschichte und sprüche aller wellt, wie es diser stad, disem reich, disem Fürsten, disem man, disem weybe gangen were" (a.a.O.). Diese künstliche Darstellung einer Welt, die zu komplex ist, um sie in einem einzigen Menschenleben durch eigene Erfahrung

---

87 Zur großen Bedeutung, die Luther dem Sprachunterricht beimisst, siehe das zweite Kapitel von Mahrenholz 1997, S. 41-67.
88 „Das Ziel der Erziehung? Es ist die Natur selber" (Rousseau 1762/1995, S. 11).

an dieser unvermittelt Welt selbst zu begreifen, soll nicht dazu dienen, die Interpretationen dieser Darstellung gleich mit zu liefern. Der Sinn des Weltverlaufes, der aus der komplexen Welt nicht zu entnehmen ist, ist auch nicht aus ihrer künstlichen Darstellung zu entnehmen, sondern dieser Sinn ist von den Schülerinnen und Schülern selbst zu *re-konstruieren*.[89] Durch solche Unterrichtung kommt es demnach nicht nur zu einem Wissen um die Dinge, sondern der Unterricht hat auch insofern eine erziehende Funktion, als er die Sinngebung durch die Schülerinnen und Schüler selbst anregt.

Wenn die Aufgabe einer Theorie der Bildung darin liegt, das Verhältnis der inhaltlich nicht bestimmten Bildsamkeit zu dem Verhältnis der verschiedenen Bereiche menschlicher Praxis zur Sprache zu bringen (vgl. Benner 1996, S. 165ff.), dann liegt in diesen Sätzen eine Theorie der Bildung vor. Die hier formulierte Bildungstheorie kennt kein Primat einer bestimmten Praxis, sondern überlässt es den Schülerinnen und Schülern aus der im Spiegel dargebotenen Welt sich die für sie entscheidenden Bestandteile so zusammenzusetzen, dass sie „yhren synn" daraus gewinnen.[90]

Eine so verstandene Bildung ist für Luther keine Einbahnstraße, in der die Erwachsenen die Kinder mit dem zu erwerbenden Wissen anfüllen und ihnen die jeweilige Sitte antrainieren, sondern Bildung ist etwas, das den ‚natürlichen menschlichen Bedürfnissen' entspringt. Diese Bedürfnisse müssen jedoch geschickt von den Lehrenden und Erziehenden genutzt, gelenkt und kanalisiert werden. Der Bildungsprozess ist für Luther ein Interaktionsprozess, wenn auch einer mit einem eindeutigen Gefälle; eine asymmetrische Kommunikation.[91] Der pädagogische Prozess findet zwischen selbsttätigen Individuen statt, die sich durch ein Wissens- und Erfahrungsgefälle unterscheiden. Luther weiß aus eigener leidhafter Erfahrung, dass eine Sicht des jungen Menschen als leeres nur abzufüllendes Gefäß, die Nichterkenntnis der pädagogischen Partnerschaft, für alle Beteiligten,

---

89 „Wo man sie aber leret und zöge ynn Schulen oder sonst, da gelerte und züchtige meyster und meysterynn weren, da die sprachen und andere künst und historien lereten, da würden sie hören die geschichte und sprüche aller wellt, wie es diser stad, disem reich, disem Fürsten, disem man, disem weybe gangen were, und künten also ynn kurtzer zeyt gleich der gantzen wellt von anbegynn wesen, leben, rad und anschlege, gelingen und ungelingen fur sich fassen wie ynn eym spigel, daraus sie denn *yhren* synn schicken und sich ynn der welt laufft richten künden mit Gotts furcht" (Luther 1524/1899, S. 45, Hervorhebung, H.S.). Freilich stützt sich diese Interpretation darauf, das „yhren" auf die Kinder zu beziehen. Grammatikalisch ist es jedoch nicht ausgeschlossen, dass es sich auf die dargestellten Gegenstände bezieht, die durch die Darstellung den ihnen immanenten Sinn offenbaren. Aber selbst in diesem Falle geht es um eine Sinnrekonstruktion der Schülerinnen und Schüler die durch eine künstliche Darstellung lediglich angeregt wird.

90 Erinnert sei an Herbarts Abhandlung „Über die ästhetische Darstellung der Welt" der 280 Jahre später ein vergleichbarer Kerngedanke zugrunde liegt (vgl. Herbart 1804/1982).

91 Vgl. ausführlich zur Asymmetrie als Kennzeichen pädagogischer Verhältnisse in dieser Arbeit das Kapitel zur Kindertheologie, bes. Kapitel 3.2. Dort auch Literatur.

besonders jedoch für die Kinder, kontraproduktiv ist: „Und ist itzt nicht mehr die helle und das fegfewer unser schulen, da wir ynnen gemartert sind uber den Casualibus und temporalisbus, da wir doch nichts denn eyttel nichts gelernt haben durch so viel steupen, zittern, angst und jamer" (Luther 1524/1899, S. 46).

Weiterhin, nicht nur aus institutionstheoretischer Sicht, bemerkenswert erscheint es, dass Luther Schulen nicht nur für Knaben, sondern gleicherweise auch für Mädchen forderte.[92] Bildungstheoretisch weist dies auf eine –in seiner Zeit keineswegs selbstverständliche – Position hin, nach der Mädchen und Jungen gleichermaßen bildsam sind.[93] Diese Öffnung der Bildung gilt nicht nur für beide Geschlechter, sondern sie überschreitet auch die Standesschranken. Luther selbst stellt sich rhetorisch die Frage eines möglichen Einwenders, um so seine Vorstellungen entgegnen zu können: „So sprichstu ‚Ja, wer kan seyner kinder so emperen und alle zu junckern ziehen?'" Die Antwort Luthers besteht in der Schulorganisation. Sie soll so gestaltet sein, dass die Zeit der Kinder in der Schule begrenzt ist und so den Eltern noch genügend Zeit bleibt, die Kinder im Haushalt mithelfen zu lassen oder sie ein Handwerk zu lehren.[94] Schulbildung soll demnach allen zukommen, nicht nur den gesellschaftlichen Ständen, die sich bislang den Müßiggang leisten konnten, sondern sogar Waisen und verwahrlosten Kindern, für deren Bildung die Stadt die Verantwortung übernehmen muss (vgl. Luther 1524/1899, S. 34f.). Andererseits sieht Luther die Verwirklichung dieser Forderung nicht als ein Aufruf zur Entlastung der Kinder von der Arbeit im *ganzen Haus*, die zur Lebenserhaltung des Haushaltes fest mit eingeplant ist. Die Forderung nach allgemeiner Bildung ist keine, die gesellschaftliche Strukturen der Gesellschaftsordnung des 16. Jh. notwendig sprengen würde.

Es findet sich ein weiteres über die reale Situation hinausgehendes Kriterium zur unterschiedlichen Behandlung einzelner. Nicht mehr die Standesschranken sind es, die eine je spezielle Ausbildung notwendig machen, sondern es sind

---

92   Bereits 1520 fordert Luther eigene Mädchenschulen: „Und wollte Gott, eine jegliche Stadt hätte auch eine Mädchenschule, darinnen das Tages die Mägdlein eine Stunde das Evangelium hörten, es sei zu deutsch oder lateinisch" (Luther 1520/1888, S. 461). Siegrid Westphal weist nach, dass dies der erste verbürgte Beleg der Forderung nach einer eigenen Mädchenschule ist und Luther hier weiterginge selbst als die Humanisten (vgl. Westphal 1996, S. 138f.). In der Folge werden nicht nur Frauen unterrichtet, sondern sie unterrichten selbst, werden Schulleiterinnen und Hofmeisterinnen. Vgl. Westphal 1996 S. 147f., (die als Beleg eine Autobiographie heranzieht) und Schulte 2002.

93   Vgl. Luther 1520/1888, S. 461; Luther 1524/1899 S. 44 (u.ö.). „Luthers allgemeine Grundsätze einer christlichen Erziehung kennen keine geschlechtsspezifischen Unterschiede" (Westphal 1996 S. 136).

94   „Meyn meynung ist, das man die knaben des tags eyn stund odder zwo lasse zu solcher schule gehen und nichts deste weniger die ander zeyt ym hausse schaffen, handwerck lernen und wo zu man sie haben will." (Luther 1524/1899, S. 46f.).

die Leistungen der Einzelnen.[95] Bildung ist kein Standesprivileg mehr, der Übergang zwischen den einzelnen Haufen der allgemeinen Schule soll einzig durch das Kriterium der *Leistung* bestimmt werden.[96] Und selbst für die höhere Bildung ist Leistung das einzige Zugangskriterium, das Luther nennt.[97] Das bürgerliche Prinzip der Leistung löst das vorneuzeitliche Prinzip des an den Stand gebundenen Zugangs zu höherer Bildung (zumindest in der Theorie) ab.[98]

Für Luthers Engagement zur Etablierung einer allgemeinen Bildung gibt es verschiedene Gründe. Den größten Raum nimmt die notwendige Ausbildung zum geistlichen Stand ein.[99] Darunter stellt Luther sich keineswegs eine Schmalspurausbildung vor, die eventuell noch auf seiner eigenen Übertragung der Bibel ins Deutsche beruhen sollte. Er plädiert ausdrücklich für ein Erlernen sowohl des Griechischen als auch des Hebräischen, denn nur so könnte man sich wahrhaft mit dem Text, dem Wort Gottes, auseinandersetzen und auch in Disputen bestehen.

---

95   „Wilche aber der ausbund dar unter were, der man sich verhofft, das geschickte leut sollen werden zu lerer und lereryn, zu prediger und andern geystlichen emptern, die soll man deste mehr und lengerda bey lassen odder gantz daselbs zu verordonen" (vgl. Luther 1524/1899, S. 47).

96   Vgl. die Darstellung der Übergänge von einer Schulklasse in die nächst höhere nach dem Leistungsprinzip. Dies ist nicht etwa die Ausnahme in Luthers Schriften. „Solche tüchtige knaben solt man zur lere halten, sonderlich der armen leute kinder" fordert er in der „Predigt, daß man Kinder zur Schulen halten solle" (Luther 1530/1909 S. 545.) Aber auch die weniger Begabten sollen Schulbildung erhalten. Schulbildung ist in Luthers Denken nicht etwas, das vom Privileg der oberen Stände nun zum Privileg der Leistungsstarken wird, sondern eher denkt er im Sinne einer „kompensatorischen Bildung" an eine besondere Bevorzugung der ansonst in der Gesellschaft besonders benachteiligten, um so die Chancengleichheit zu befördern. „Wie wol daneben dennoch auch die anderen knaben, ob sie nicht so wol geschickt weren, auch sollten lernen, zum wenigsten latein verstehen, schreiben und lesen" (ebd.).

97   So auch schon in der Schrift an den christlichen Adel (vgl. Luther 1520/1888) S. 461. Vgl. auch: Goebel 1985, S. 7-26, bes. S. 9.

98   Anders interpretiert Tenorth die Schrift an die Ratherren. Er meint, Luther schwanke in seiner „Zielsetzung unentschieden zwischen den Erwartungen der Kirche und den Notwendigkeiten einer Qualifizierung für den Stand" und könne weder „eine allgemeine Laienbildung im weltlichen Geist denken noch eine Elementarbildung ohne berufsvorbereitende Funktion" (Tenorth 1988, S. 67). Alternativ lässt sich interpretieren; die Schrift ziele – im Rahmen der ökonomischen und religiösen Situation des 16. Jahrhunderts – auf beides ab. So schreibt Kamp-Franke, zunächst von der Leisinger Kastenordnung ausgehend: „Denn nunmehr, dies wird in den noch folgenden Schulschriften Luthers deutlicher, geht es vorwiegend nicht mehr um die schulmäßige Aneignung von für den jeweiligen Beruf konkret verwertbaren Qualifikationen – abgesehen von den Ämtern im geistliche und weltlichen Regiment –, sondern in hohem Maße um die Aneignung einer als adäquat definierten, unverzichtbaren Haltung gegenüber Arbeit und Leben(sbedingungen) und zwar ausnahmslos für alle" (Kamp-Franke 1994, S. 252).

99   Vgl. z.B. Luther 1524/1899, S. 35ff.

Die sprachliche Bildung schützt vor der Gefahr der Anpassung des Wortes Gottes an das eigene Gutdünken.[100]

Bildung bedeutet für Luther jedoch nicht nur Befähigung für den geistlichen Bereich, sei es als Laie oder Beamteter, sondern Bildung und Erziehung ist auch für das Zurechtfinden in der Gesellschaft überhaupt unerlässlich. Von besonderem Interesse ist dabei der politische Bereich. Wiederum stellt Luther die Griechen und Römer als unerreichte Vorbilder dar, da sie ihre Jugend so hervorragend ausbildeten, dass sie „feyne geschickte leutt" bekamen. Und das, obgleich sie doch noch gar nicht wussten, dass sie damit Gott wohlgefällig waren (vgl. Luther 1524/1899, S. 44). Die Regierenden müssen gebildet sein, nicht nur die Geistlichen. Gleich ob sie nun „Fürst, Herr, Ratman" oder sonst Obrigkeit sind. Für eine *vernünftige* Regierung bürgt eben nur eine *geschulte* Regierung! Diese Forderung ergibt sich für Luther aus der Eigenlogik der Welt, und es bedarf dazu keines ausdrücklichen göttlichen Gebotes (ebd.). Das kommt freilich dennoch hinzu.

Ein Argument für die Bildung scheint mir jedoch bemerkenswerter als alle vorangegangenen zu sein, obschon es nicht viel Raum in seiner Argumentation einnimmt. Luther formuliert sehr vorsichtig, aber dennoch scheint in diesem fast zaghaften Satz etwas auf, was einer genaueren Analyse wert ist: „Ich rede fur mich: Wenn ich kinder hette und vermöchts, Sie müsten mir nicht alleyne die sprachen und historien hören, sondern auch singen und die musica mit der gantzen mathematica lernen. Denn was ist dis alles denn eyttel kinder spiel? darynnen die Kriechen yhre kinder vor zeytten zogen, da durch doch wunder geschickte leut aus worden zu allerley hernach tüchtig" (Luther 1524/1899, S. 46). An dieser Stelle scheint der Horizont moderner pädagogischer Fragestellung zweifellos auf. Die Griechen sind auf Grund ihrer universalen Bildung Vorbild. Diese universale Bildung befähigt nicht zu irgend einem bestimmten Beruf im Sinne einer Aus-Bildung, sondern Bildung wird hier als etwas allgemeines verstanden, indem sie zu „allerley" tüchtig macht. Wozu im Einzelnen die Kinder tüchtig gemacht werden müssen, konnte man in der Ständegesellschaft noch wissen, in neuzeitlichen Gesellschaften gibt die Standesherkunft der Eltern keine verbindliche Auskunft über die Bildungsaspirationen und Anforderungen der nächsten Generation mehr. In neuzeitlichen Gesellschaften muss es Pädagogik deshalb darum gehen, die Heranwachsenden mit einem so offenen Wissen auszustatten, dass durch dieses Wissen nicht mehr ihr gesellschaftlicher Stand prädeterminiert ist, oder umgekehrt der gesellschaftliche Stand der Eltern den zu erwerbenden Wissenskanon der Heranwachsenden determiniert, was wiederum die gesellschaftliche Ordnung zementiert. Luthers Ideal ist eine Bildung, die so umfassend

---

100 Bei allem Zwist mit den Humanisten, wie er hier anhand der Auseinandersetzung mit Erasmus schon angedeutet wurde, stimmt Luther in diesem Fall durchaus mit der humanistischen Devise „ad fontes" überein, in dem er den kritischen Rückbezug auf die Quellen ausdrücklich anrät.

ist, dass die Heranwachsenden prinzipiell zu „allerley tüchtig" seien. Die Entscheidung, auf welche Tätigkeit sie sich dann verlegen, kann weder von dem
Stand der Eltern noch vom Bildungssystem übernommen werden, sondern ist
nun erstmals eine Entscheidung, die in der Hand der Heranwachsenden selbst
liegt. Mögliche Einwände, die den gigantischen Umfang eines solchen Bildungskanons kritisieren (der ja tatsächlich viel umfangreicher sein muss als der einer
standes- und berufsspezifischen Ausbildung), versucht Luther mit dem Hinweis
zu zerstreuen, dass dieses vermeintliche „Joch"[101] einem Kinderspiel gleich-
kommt, eben weil er die Bildsamkeit für alle behauptet und weil die sich in den
von ihm vorgeschlagenen Schulen nach den jeweiligen Fähigkeiten entwickeln
kann. Besonders bemerkenswert ist, dass Luther es nie bei abstrakten Forderungen belässt, sondern die materialen Voraussetzungen einer allgemeinen Bildung
mit benennt und einfordert.[102]

Bildung bedeutet für Luther nicht mehr nur Ausbildung zu einem bestimmten Stand oder Beruf (die ja noch zum großen Teil durch Geburt vorbestimmt
sind), sondern Bildung zielt auf eine offene, unbestimmte Bildsamkeit, deren
Ziel sich erst im Werden des Individuums formt und entwickelt und nicht schon
von der älteren Generation voraus gewusst werden kann. Bildung kann jedoch
bewirken, dass die jungen Menschen „geschickte leutt" werden, die zu „allerley
tüchtig" sind.[103] An dieser Stelle findet sich der stärkste Hinweis auf die Ein-
gangsfragestellung, ob in Luthers pädagogischen Konzeptionen ein Begriff von
Kindheit virulent ist, der Züge unseres modernen Kindheitsbegriffs trägt, welcher das Nichtwissen der Bestimmung der Kinder als Charakteristikum trägt. Zu
behaupten, dass hiermit die systematische Entdeckung Rousseaus in ihrer ganzen
Tragweite schon vorweggenommen wäre, ist übertrieben. Jedoch bedenkt man,
dass auch Rousseau immer wieder hinter seine Entdeckung zurückfällt, wenn er
z.B. Ausführungen zur Rollenverteilung der Geschlechter macht, so wird man

---

101   In späteren Textversionen taucht dann dies „Joch" auch tatsächlich auf: „Denn was ist dies
      Joch ein eitel Kinderspiel, zu welchem die Griechen vor Zeiten ihre Kinder erzogen" (Luther
      1524/1983, S. 82).
102   So ist es ihm nicht mit dem Postulat der Freiheit getan. Freiheit hat immer manifeste Bedin-
      gungen. Diese aufzuspüren und abzuändern und so Freiheit auch im Wechselverhältnis mit
      Abhängigkeiten zu ermöglichen, das ist eine bleibende Aufgabe nicht nur, aber auch der Päda-
      gogik. Luther weist an dieser Stelle auf eine konkrete Bedingung neuzeitlicher Freiheit hin. Ei-
      ne Bildung und Ausbildung, die nicht auf Standesschranken eingegrenzt bleibt, sondern den
      Grundstein legt, dass Standes- und Berufsbegrenzungen übersprungen werden können. Auch
      für Pädagogik heute bleibt diese Frage von ungebrochener Aktualität: Wo gibt es strukturelle
      Einschränkungen der Möglichkeit von Freiheit und wie kann ihnen pädagogisch entgegenge-
      wirkt werden?
103   Vgl. dazu auch das Beispiel der römischen Heiden, die durch ihre umfassende Ausbildung
      sogar den heutigen Bischöfen überlegen seien (vgl. Luther 1524/1899, S. 35).

konstatieren müssen, dass hier, ca. 240 Jahre zuvor, ein pädagogischer Text geschrieben ist, der für eine moderne Interpretation zumindest offen ist.[104]

1.6 Abschluss

Es bleibt festzuhalten, dass sich in Luthers pädagogischen Schriften erstaunlich viele gemeinhin als neuzeitlich charakterisierte Anteile einer pädagogischen Theorie finden. Das beginnt bei den Voraussetzungen jeglicher neuzeitlicher Pädagogik, die den Menschen weder dem Fatum unterstellt noch als Willkürherrscher fasst, ihn vielmehr in einem komplexen Wechselverhältnis von Abhängigkeit und Freiheit versteht. So wird später Schleiermacher die Grundsituation des Menschen beschreiben. Aber auch in den drei Fragestellungen einer pädagogischen Theorie fanden sich Antworten, die Elemente beinhalten, die ansonsten neuzeitlichen Theorien vorbehalten bleiben. So zeigte sich, dass Luthers Aussagen zur Erziehung nicht nur um eine phasenhafte Entwicklung wissen, die je unterschiedliche Schwerpunkte in der Erziehung erfordert, sondern er sah auch darum, dass gelungene Erziehung nur mit Unterricht einhergehen kann. Ein solcher Unterricht steht in der Ambivalenz, gesellschaftliche Anforderungen pädagogisch so zu fassen, dass sie die Selbsttätigkeit des Kindes nicht nur nicht einschränken, sondern vielmehr mit ihr positiv korrespondieren. Der Ort, in dem dies für ältere Kinder passieren soll, ist die Schule. Luther verfügt über eine recht ausgearbeitete Schultheorie. Sie soll in kommunaler Trägerschaft sein und alle Kinder, ungeachtet ihrer Standes- und Schichtenzugehörigkeit und ihres Geschlechts, erreichen. Der Fortgang der Bildungskarriere entscheidet sich an den jeweiligen Leistungen. Die Schule zielt sowohl auf Bildung wie auch auf Erziehung.

Luthers Theorie der Bildung hat die Bildsamkeit aller implizit zur Voraussetzung. Der Unterricht soll die Bildungsgüter in einer künstlichen Form darstellen, so dass die Schüler selbst den dargestellten Dingen ihren Sinn geben können. Auch wenn also Lehrer mit der Auswahl des Bildungsgutes einen bestimmten Sinn verfolgen, sind es doch die Schüler, die über ihre eigene Sinngebung verfügen. Das gegenteilige Verfahren des Abfüllens mit Wissensstoffen, denen ein fester Sinn beigeordnet ist – so hat es Luther am eigenen Leibe erfahren – ist zum Scheitern verurteilt. Die Bildung ist wichtig für die verschiedenen Bereiche der gesellschaftlichen Praxis. Luther hebt die Religion, die Politik und die Justiz hervor. Jedoch gibt es noch einen weiteren Grund für die Bildung, und der besteht darin, Bildung um ihrer selbst willen zu erlangen. Gerade in der Unbestimmtheit, die die Situation des Menschen kennzeichnet, ist Bildung ein Mittel,

---

104 Zur theologischen Dimension dieser Fragestellung vgl. den kleinen Aufsatz von G. Ringhausen: Ist der Mensch definierbar? (Ringhausen 1989, bes. S. 99f.).

dieser Unbestimmtheit bestmöglich gerüstet gegenüberzutreten. Gebildete Menschen sind, wie die Heiden es waren, zu „allerley tüchtig".

Die eingangs angesprochene Frage, ob Luther noch ein Mensch des Mittelalters oder schon ein Pionier der Moderne war, ist nach diesem Durchgang dennoch nicht zu einer eindeutigen Antwort gekommen. Dies ist schon deshalb nicht möglich, weil pädagogische Themen nur einen sehr geringen Teil der Arbeiten Luthers ausmachen. Wohl aber zeigte sich, dass Luther eine Reihe von Problemen anspricht, deren Entdeckung gemeinhin mit Autoren in Verbindung gebracht wird, die im 17. und 18. Jh. zu Hause sind. Dieses Phänomen lässt die zwei Deutungen zu, die Anfangs schon aufschienen. Zum Einen könnte es heißen, dass Luther in seinem pädagogischen Denken Züge der neuzeitlichen Pädagogik schon vorweggenommen hat, womit die Frage, ob Luther schon ein Mensch der Neuzeit war, noch keineswegs beantwortet ist. Zum Anderen könnte dies bedeuten, dass die Frage nach der Neuzeitlichkeit selbst problematisch ist. Schließt man sich z.B. der Übereinkunft an, dass die Neuzeit mit dem Ende der Religionskriege beginnt, wo erstmals mehrere Wahrheiten nebeneinander stehen konnten, so muss nicht nur das viel frühere Auftauchen der Toleranzpraxis auch im christlichen Abendland erklärt werden, sondern dann stehen dem auch die neuzeitlichen Züge der Pädagogik Luthers entgegen. Die Antwort des Historismus, der jede Epoche „unmittelbar zu Gott" (Ranke) und somit der kausalen Entwicklung enthoben sah, ist genauso eine Scheinlösung wie die gesetzmäßige Entwicklung der Geschichte vom niederen zum höheren. Hier sei deshalb dafür plädiert, Begriffe wie „Neuzeit", die eine Scheinplausibilität mit sich führen, mit äußerster Vorsicht zu verwenden. Ihnen wird oftmals eine normative Trennschärfe beigemessen die ihnen nicht zukommt. Am Beispiel Luthers ließ sich zeigen, wie sehr die Datierung des Beginns der „pädagogischen Moderne" im 17. und 18. Jahrhundert den Blick auf systematisch ähnliche Argumentationen lange vor dieser Zeit verstellte. Die vermeintliche Trennschärfe des Begriffs erwies sich als unzureichend.

Diese Kritik am zu leichtfertigen Gebrauch des Begriffes „Neuzeit" oder „Moderne" ließe sich dann erhärten, wenn vermeintlich typisch neuzeitliche Probleme und Fragestellungen bei Autoren aufgespürt werden, die nicht wie Luther an der Grenze zum Paradigmenwechsel, sondern weit davor lebten. Für die klassischen Autoren der antiken Aufklärung ist dies schon vielfach getan, das Mittelalter liegt auch diesbezüglich noch weithin im Dunkel der pädagogischen Theorieforschung. Mag sein, dass sich so ein geschärfter Begriff von Neuzeitlichkeit in pädagogischen Zusammenhängen ergibt, mag auch sein, dass sich zeigt, wie Themen der Pädagogik immer wieder auftauchen, ohne je eine völlig scharfe „natürliche" Grenze des Paradigmenwechsels zu zeigen.[105] Dies kann jedoch nur weitere exegetische Kleinarbeit leisten.

---

105   Mögliche Gründe dafür bei Meyer-Drawe 1999.

Die Aussagen, die am Anfang des Erziehungsabschnitts zitiert wurden, stehen scheinbar dagegen. Jedoch bedeutet die Rede davon, dass die Alten wüssten was für die Jugend, die sich nicht selbst erziehen kann, gut ist (vgl. Luther 1524/1899, S. 32), nicht unbedingt einen Widerspruch zum eben Dargelegten. Sie kann auch lediglich den Spannungsbogen markieren, den Schleiermacher in der Frage auf den Punkt bringt: „Was soll die ältere Generation mit der jüngeren?" Luthers Antwort – die zweifelsohne schon moderne Züge trägt – lautete dann: ‚Wir wissen, dass die Bildung für die jüngere Generation gut ist, wenn wir auch nicht mehr wissen, wozu sie jede und jeder einzelne künftig gebrauchen wird'.

2 Gegenwärtige Herausforderungen religionsbezogener Bildung

2.1 Religion

Für die Erörterung von Konzeptionen religiöser Bildung ist es unerlässlich, den Religionsbegriff selbst in die Überlegungen mit einzubeziehen. Dies kann angemessen nur im Plural geschehen. Zum Beginn des Kapitels soll deshalb so dem Religionsbegriff nachgegangen werden, indem es nach einer kurzen Einführung in die Anfänge der neuzeitlichen Diskussion des Problems zu den derzeit konkurrierenden Beschreibungen der Religionssoziologie vordringt. Dabei wird deutlich werden, dass Konzepte religiöser Bildung im öffentlichen Interesse, sich nicht auf eine der konkurrierenden Auslegungen werden berufen können, sondern die Füllung des Religionsbegriffes selbst wird zu ihrem Gegenstand hinzuzählen müssen.[106]

Die Problematik der Bestimmung des Religionsbegriffs beginnt schon bei der Etymologie. Die Herkunft des Wortes Religion wird traditionell auf verschiedene sprachliche Wurzeln zurückgeführt. Zum einen wird er von lat. religio ›Gottverbundenheit‹, ›Glaubensaussage‹ hergeleitet, dem von der Wirklichkeit des Heiligen ausgehenden Ergriffensein, das überwiegend in Glaubensgemeinschaften, den geschichtlichen Religionen, seine Ausdrucksform findet. Andere Ableitungen des Wortes gehen von relegere ›gewissenhaft beobachten‹ (Cicero) und von religari ›an Gott gebunden sein‹ (Lactantius) aus und sie scheinen gleichermaßen inhaltlich bedeutsam. Nicht umsonst stellte L. Richter in seinem großen Artikel zur religionsphilosophischen Begriffsbestimmung in der dritten Auflage der RGG einleitend fest: „Die Begriffs- und Wesensbestimmung der Religion ist ein fast unlösbares Problem" (Richter 1961, S. 969).

2.1.1 Neuzeitliche Wurzeln

Der Wandel hin zum modernen Problem der Religion hat sich nicht unvorbereitet ereignet, sondern kündigte sich in kleinen Schritten an. Für das Abendland nicht zu unterschätzen ist die Bedeutung der Reformation und der Religionskrie-

---

106 Zum „diskursiven" Begriff von Religion vgl. Matthes 1992. Asbrand 2007 präferiert dagegen eine eindeutige Definition. Vgl. auch. Grethlein 2004.

ge in der Folge, die eine Emanzipationsbewegung der Politik von der Religion manifest machten, die E.L. Boeckenförde schon in den Folgen des Investiturstreites angelegt sah, da schon hier das reichskirchliche Weltganze zugunsten einer Hierarchie von geistlichem und weltlicher Herrschaft auseinandertraten sei (vgl. Boeckenförde 1975, in dieser Arbeit Kapitel D2.4).

Einen vorläufigen Höhepunkt erreichte diese Emanzipationsbewegung in der Aufklärung. Lessing gab postum die „Fragmente eines Ungenannten" des Hermann Samuel Reimarus heraus,[107] in denen dieser erstmals die Unstimmigkeiten zwischen den Evangelien benannte und daraus den Vorwurf gegen die Autoren der Evangelien ableitete, sie hätten die Auferstehung erfunden. In den Naturwissenschaften entwickelte Leibniz ein Weltmodell, das Gott nur noch wie einen Uhrmacher benötigt, der die Uhr konstruiert und aufgezogen hat, die nun vorprogrammiert bis zu ihrem Ende abläuft (prästabilierte Harmonie).[108]

Kant zeigte mit seinem kategorischen Imperativ, dass Gott für die Ethik entbehrlich geworden ist. Die Möglichkeit von Religionslosigkeit rückte so auch theoretisch erstmals in greifbare Nähe. Religiosität war nicht mehr selbstverständlich, sondern sie musste begründet werden. Es ließen sich nun auf Seiten der Gläubigen verschiedene Reaktionen auf diese Veränderungen zeigen, beispielhaft sei für den evangelischen Bereich der Pietismus in allen seinen Formen genannt, der im unmittelbaren Frömmigkeitsgefühl sich der Nähe Gottes vergewisserte, anderseits orthodoxe Strömungen, die jetzt erst Recht auf das Wort der Schrift und Luthers gegen alle äußeren Anfeindungen pochten (vgl. dazu Gericke 1989).

2.1.2 Friedrich Schleiermacher

Daniel Friedrich Ernst Schleiermacher ging einen anderen Weg. Er suchte *Argumente* für die Religion und zwar Argumente, die sich intellektuell vertreten ließen, denn mit ihnen wollte er die Gebildeten seiner Zeit ansprechen. Der Titel: „Über die Religion. Reden an die Gebildeten unter ihren Verächtern" (Schleiermacher 1983), lässt seine Absicht deutlich hervortreten (vgl. Erhardt 2005).

---

107 Lessing veröffentlichte diese Auszüge aus Reimarus Schrift: „Apologie oder Schutzschrift für die vernünftigen Verehrer Gottes" in der von ihm als herausgegebenen Zeitschrift „Zur Geschichte und Literatur aus den Schätzen der herzoglichen Bibliothek zu Wolfenbüttel" in den Jahren zwischen 1774 und 78.

108 Darin enthalten ist die Kritik gegen Newton, nach dessen Lehre „Gott von Zeit zu Zeit seine Uhr aufziehen" müsse; „andernfalls bliebe sie stehen"; nach Newtons Ansicht sei Gottes Werk „derart unvollkommen, dass er es von Zeit zu Zeit durch einen außergewöhnlichen Eingriff reinigen und sogar flicken muss, wie ein Uhrmacher „sein Werk". Leibniz hält das für eine Herabsetzung der Allmacht Gottes und setzt dem seine eigene Lehre von der „schönen prästabilierten Ordnung" entgegen (Clarke 1990).

Schleiermacher argumentierte so auch für die Gründung einer Theologischen Fakultät an der neuzugründenden Berliner Universität, denn dass Theologie eine Wissenschaft sei, die an einer Universität gelehrt werden solle, war längst umstritten. Schleiermachers Argument für die Theologie als universitäre Disziplin war, dass die Religiöse Praxis eine eigenständige Praxis neben anderen sei, die wie diese der theoretischen Reflexion bedürfe.[109]

In der Argumentation Schleiermachers findet sich ein Grundmuster, das auch in gegenwärtigen Modellen noch nachgewiesen werden kann. Den Ausgangspunkt für die Begründung der Religion entnimmt er der „Ethik", die jedoch unterschieden ist von einer Sittenlehre und im heutigen Sprachgebrauch eher einer allgemeinen Handlungstheorie entspricht.[110] In der Ethik geht er von der Prämisse aus, dass jeder Mensch immer frei ist. Er ist aber nie vollständig frei, sondern seine Handlungsfreiheit folgt auch immer bestimmten äußeren Bedingungen. Diese äußeren Bedingungen nennt er Abhängigkeit (vgl. Schleiermacher 1960 § 4 S. 23 ff.).[111] Dieses Wechselverhältnis aus Freiheit und Abhängigkeit ist für das Menschsein eine konstitutive und unhintergehbare Bedingung. Der Mensch ist nie *nur* frei aber auch nie *nur* abhängig. Da er aber immer *auch* abhängig ist, nennt Schleiermacher dies vorgängige Abhängigkeit, „schlechthinnige Abhängigkeit" (ebd.). Um dies zu wissen, dass der Mensch immer abhängig ist, und es zu seinem Leben gehört, abhängig zu sein, dass er alles was er ist nie nur sich selbst verdankt, sondern auch die Möglichkeit seiner Freiheit ihm gegeben ist, bedarf es noch keiner Religion, sondern das ist eine allgemeinmenschliche, „ethische" Grundtatsache. Aus dieser ethischen Konstitution ergibt sich jedoch die Frage, wie der Einzelne mit diesem Gefühl der schlechthinnigen Abhängigkeit umgeht? Auf diese Frage antworten die Religionen. Das Problem stellt sich an jeden Menschen mit seinem Menschsein, die Antwort darauf kann sehr verschieden ausfallen, so verschieden wie die Religionen sind.[112]

In seiner Glaubenslehre will er zeigen, dass die christliche Antwort die beste aller möglichen Antworten oder zumindest aller bisher gegebenen Antworten auf diese Frage ist.

---

109 In den Gedanken über Universitäten schreibt er: „Die positiven Fakultäten sind einzeln entstanden durch das Bedürfnis, eine unentbehrliche Praxis durch Theorie durch Tradition von Kenntnissen sicher zu fundieren" (Schleiermacher 1808, S. 581).

110 Zur Differenz von (christlicher) Sittenlehre und Ethik vgl. Schleiermacher 1826/27/1983, S. 40f.

111 Die vorgängige Angewiesenheit des Menschen ist ein Thema, das Schleiermacher bereits in den Reden thematisiert und das eine deutliche idealismuskritische Pointe vor allem gegen Fichtes subjektivitätstheoretische Bevollmächtigungen des Ichs aufweist (vgl. dazu Brüggen 1986 und Erhardt 2005, S. 64f.).

112 Schleiermacher verfährt mit den anderen gesellschaftlichen Gebieten ganz ähnlich. So ist Die Tatsache der Erziehung für ihn die Antwort auf das „ethische" Problem, dass es immer eine ältere und eine jüngere Generation gibt, und immer infrage steht, wozu die ältere Generation die jüngere bringen möchte (vgl. Schleiermacher 1826/1959, Frost 1993, Kumlehn 1999, Erhardt 2005).

2.1.3 Karl Barth

Mit Karl Barth und Dietrich Bonhoeffer soll das Entstehen einer anderen Konzeption des Religionsbegriffs expliziert werden. Für die hier diskutierte Frage der möglichen Bestimmungen des Religionsbegriffs sind sie deshalb besonders relevant, weil sie aus theologischen Gründen starke Distanz zum Religionsbegriff wahren, ihn keinesfalls weitestgehend ausdehnen, sondern ihn zur Beschreibung sehr spezifischer Problemlagen verwenden. Die Position der beiden Theologen ist nicht deckungsgleich und baut auch nicht nahtlos aufeinander auf, weist jedoch zahlreiche Anknüpfungspunkte auf.

Das Ende des ersten Weltkrieges bedeutete nicht nur den Zerfall des Kaiserreiches in Deutschland sondern mit ihm zerbrachen die Vorstellungen von der Sicherheit der bisherigen Ordnungssysteme. Die Monarchie, die von Gottes Gnaden unverbrüchlichen Bestand zu haben schien, existierte nicht mehr, an ihre Stelle trat eine Demokratie, die von vielen als fremd, bedrohlich und chaotisch empfunden wurde (vgl. Meier 1987).

Aus der Theologie Schleiermachers, die von anthropologischen Grundgegebenheiten her fragte, war unter der Hand allzu oft eine Theologie geworden, die zwar auch vom Menschen her von Gott sprach, jedoch ihren Ausgangspunkt eher bei Volk und Vaterland suchte. Für manche war nach 1918 die zuvor so sicher scheinende Verbindung von Gott Volk und Vaterland in Frage gestellt.[113]

Karl Barth war es, der die Fragerichtung radikal umkehrte. Er wehrte sich gegen jede Theologie, die vom Menschen aus fragte. Theologie (Rede von Gott) bedeutete für ihn zu allererst, dass Gott von sich selbst spricht und es die angemessene Tätigkeit des Menschen ist, auf dieses Wort Gottes zu hören. Dieses Wort ist Jesus Christus und nichts anderes.[114] Von daher wird verständlich, dass Barth dem Begriff der „Religion" mehr als skeptisch gegenüberstand. Religion war für ihn eine Tätigkeit des Menschen. Sie korrespondiert darin der natürlichen Theologie, die eine Gotteserkenntnis auch außerhalb und vor der Offenbarung annahm.[115] Tätigkeiten des Menschen könnten aber niemals zu Gott hin, sondern immer nur zu Götzen führen. Das Wunder, dass Menschen überhaupt etwas von Gott sagen können – der ja per Definition der ganz andere ist – verdankten die

---

113 Der Begriff der Volkskirche geht dabei auf Schleiermacher zurück, hier hatte er aber eine emanzipative Bedeutung gegen die herrschende Staatskirche, die sich bei Wichern noch programmatisch verstärkte (Meier 1987, ausführlich dazu in dieser Arbeit Kapitel 2.2 Fußnote 227).

114 So macht Barth schon in der ersten Auflage des Römerbriefkommentars von 1919, deutlicher noch in der zweiten von 1922 klar.

115 „Barth hält die Anknüpfung des christlichen Denkens von Gott bei diesem angeblichen allgemeinen Wissen für einen verhängnisvollen Irrweg, weil hier wichtige Bestimmungen aus dem, was der Mensch von sich aus zu wissen meint, gewonnen werden." So Helmut Gollwitzer in Barth 1987, S. 62.

Menschen nicht ihrer Vernunft, die Gottes Gottheit nicht erreichen könne, sondern allein der Offenbarung, dass Gott selbst es war, der gesprochen hat. Dieses Sprechen – also die Geschichte Jesu Christi – sei nicht nur eine besondere Religion unter anderen, sondern ein unableitbares Ereignis – gerade die Kritik an allen Religionen.[116] Dass man die Art der Vergegenwärtigung dieses Ereignisses auch als Religion bezeichnet hat, verdunkle nur den wahren Sachverhalt. Insofern kann Barth sagen: „Religion ist *Unglaube;* Religion ist eine Angelegenheit, man muß geradezu sagen: *die* Angelegenheit des *gottlosen* Menschen" (Barth, 1987, S. 65 = KD I 2, 327f.).[117] Dabei bestreitet Barth nicht, dass es eine Religiosität des Menschen als anthropologisches Vermögen gäbe, sie ist jedoch gerade keine Möglichkeit des Gottesverhältnisses, sondern sie schließt es vielmehr aus.[118]

Eine solche Haltung, wie sie von Karl Barth vertreten wurde, bedeutete, dass in ihr alle Formen der Religionskritik (die philosophische von Feuerbach bis Marx), die psychologische (z.B. bei Freud) aber auch die soziologische (Max Weber) gut gehört und sogar noch forciert werden konnten, denn Christsein sei eben nicht religiös sein, d.h. sich ein Götzenbild schaffen, sondern Christen leben aus dem Wort Gottes, aus der lebendigen Gottesbeziehung selbst her.[119]

2.1.4 Dietrich Bonhoeffer

Dietrich Bonhoeffer gab dem in seinen Briefen aus dem Gefängnis kurz vor seiner Hinrichtung noch eine andere Wendung. Er stimmte Barth in seiner Kritik der Religion zu,[120] sah jedoch zugleich seine Grenze in der Frage der Vermitt-

---

116　„Darum stehen Religion (als das menschenmögliche Wissen von Gott) und das Evangelium nicht in Harmonie, sondern in Gegensatz" (Gollwitzer in Barth 1987, S. 62).

117　„Sie (die Religion) ist der ohnmächtige, aber auch trotzige, übermütige, aber auch hilflose Versuch, mittels dessen, was der Mensch wohl könnte aber nun gerade nicht kann, dasjenige zu schaffen, was er nur kann, weil und wenn Gott selbst es ihm schafft: Erkenntnis der Wahrheit, Erkenntnis Gottes. Dieser Versuch kann also nicht etwa dahin gedeutet werden, dass der Mensch in ihm mit Gottes Offenbarung harmonisch zusammenwirke, dass Religion etwa die ausgestreckte Hand sei, die dann von Gott in seiner Offenbarung gefüllt werde" (Barth, 1987, S. 67 = KD I 2, 330).

118　„Man kann auch von dem offenkundig vorliegenden religiösen Vermögen des Menschen nicht sagen: es sei sozusagen die allgemeine Form menschlicher Erkenntnis, die dann in Gestalt der Offenbarung ihren eigentlichen und wahren Inhalt empfange. Sondern um einen ausschließenden Widerspruch geht es hier: in der Religion wehrt und verschließt sich der Mensch gegen die Offenbarung dadurch, dass er sich einen Ersatz für sie beschafft, dass er sich vorwegnimmt, was ihm in ihr von Gott gegeben werden soll" (Barth, 1987, S. 67 = KD I 2, 330).

119　Vgl. den Artikel zu Karl Barth im Biographisch-Bibliographisches Kirchenlexikon: http://www. bautz.de/bbkl/b/barth_k.shtml.

120　„Barth erkannte als erster den Fehler aller dieser Versuche (die im Grunde alle noch im Fahrwasser der liberalen Theologie segelten, ohne es zu wollen) darin, dass sie alle darauf ausgehen, einen Raum für Religion in der Welt oder gegen die Welt auszusparen. Er führte den Gott Jesu Christi gegen die Religion ins Feld, ,Pneuma gegen Sarx'. Das bleibt sein größtes Verdienst" (Brief vom 8.6.44, Bonhoeffer 1961, S.177).

lung. „Nicht in der Ethik, wie man häufig sagt, hat er dann versagt [...] aber in
der nichtreligiösen Interpretation biblischer Begriffe hat er keine konkrete Weg-
weisung gegeben. Hier liegt seine Grenze, und darum wird seine Offenbarungs-
theologie positivistisch" (Brief vom 8.6.44, Bonhoeffer 1961, S.177).

Bonhoeffer dachte theologisch[121] von der erfahrbaren Situation seiner Welt
her.[122] Bis dahin war es in der Theologie weithin üblich, von der Emanzipation
der Welt von Gott als von einem Phänomen des Abfalls zu sprechen. Bonhoeffer
sah dasselbe Phänomen anders. Das drückt sich schon in seiner Begrifflichkeit
aus. Er spricht nicht von der negativ besetzten „Säkularisierung" sondern positiv
von einem „mündig werden der Welt".

„Mündig werden" bedeutete für ihn „die Entdeckung der Gesetze, nach denen die Welt in Wissenschaft, Gesellschafts-, und Staatsleben, Kunst, Ethik,
Religion lebt und mit sich selbst fertig wird [...] die zum Bewußtsein ihrer selbst
gekommene Welt ist ihrer selbst in einer Weise sicher, daß uns das unheimlich
wird" (Bonhoeffer 1982, S. 357). Am 16.7. wiederholt er noch einmal: „Gott als
moralische, politische, naturwissenschaftliche Arbeitshypothese ist abgeschafft,
überwunden; ebenso aber als philosophische und religiöse Arbeitshypothese"
(Bonhoeffer 1982, S. 393).[123] Gott wird nicht mehr gebraucht um mit ihm die
Welt zu erklären. Weder die Welt der Naturwissenschaft, noch die Welt der
Geisteswissenschaft auch nicht die Welt der Gesellschafts- oder Sozialwissenschaften und auch nicht die Wissenschaften von der Seele des Menschen bedürfen noch eines Gottes, um ihren Gegenstand hinreichend zu erhellen. Der moderne Mensch als wissenschaftlicher Mensch braucht Gott nicht mehr.

Allenfalls ganz an den Rändern der menschlichen Existenz taucht noch so
etwas wie ein Rest der alten Gottesbedürftigkeit auf, nämlich da, wo die Wissenschaft keine Antworten findet. Das bedeutet aber auf der anderen Seite, dass
immer, wenn die Wissenschaft ein Stück weiter vordringt, Gott ein weiteres

---

121 Theologie ist für Bonhoeffer ausdrücklich nicht die reine Rede von Gott, sondern die des
     Menschen vor Gott. „Es handelt sich hier – wie immer, wenn in der Theologie von der Passivi-
     tät der Menschen gesprochen wird! – nicht um einen psychologischen, sondern um einen die
     Existenz des Menschen vor Gott betreffenden, also um einen theologischen Begriff" (Bonhoef-
     fer 1981, S. 58).
122 Zum Welt-Begriff bei Bonhoeffer vgl. Feil 2005, Kap. 2: Hintergrund und Ausgangspunkt der
     Frage nach der Welt, S. 225 ff.
123 Bonhoeffer nimmt damit einen Satz von Laplace auf. Als dieser eine „mechanische" Erklärung
     für die Planetenbahnen geben konnte, fragte ihn Napoleon nach dem Platz Gottes in dieser Er-
     klärung woraufhin Laplace antwortete „Je n'ai pas besoin de cette hypothèse". Der weitere Ver-
     lauf des Dialogs zeigt die Funktion und die Problematik der Arbeitshypothese Gott lange vor
     Bonhoeffer auf. Diese Hypothese vermag alles zu erklären, erklärt damit freilich auch gar
     nichts. Napoleon: „Ah ! C'est une belle hypothèse; ça explique beaucoup de choses." – La-
     place: „Cette hypothèse, Sire, explique en effet tout, mais ne permet de prédire rien. En tant
     que savant, je me dois de vous fournir des travaux permettant des prédictions" (Laplace 1997).

Terrain verliert. „(W)enn [...] sich die Grenzen der Erkenntnis immer weiter hinausschieben, wird mit ihnen auch Gott immer weiter hinausgeschoben und befindet sich demgemäß auf einem immer weiter fortgesetzten Rückzug" (Bonhoeffer 1982, S. 341).

Die Ränder sieht Bonhoeffer nicht nur außen, an den Grenzen der Welt, noch kaum erforschten Atomen und dem damals noch nicht befahrenen Weltraum, sondern auch in der Innerlichkeit. „Und da jeder Mensch irgendwo noch eine Sphäre des Privaten hat, hielt man ihn an dieser Stelle für am leichtesten angreifbar. Die Kammerdienergeheimnisse – um es grob zu sagen -, d.h. also der Bereich des Intimen (vom Gebet bis zur Sexualität) – werden das Jagdgebiet der modernen Seelsorger. Darin gleichen sie (wenn auch ihre Absicht eine ganz andere war) den übelsten Asphaltjournalisten" (DBW 8, Brief vom 8. 7. 44).

Bonhoeffer plädiert dafür, Gott so nicht an den Rand zu drängen, sondern in die Mitte des Lebens zurückkehren zu lassen. Am 16.7. 44 schreibt er: „Daß wir in der Welt leben müssen und eben dies erkennen wir – vor Gott! Gott selbst zwingt uns zu dieser Erkenntnis. So führt uns unser Mündigwerden zu einer wahrhaftigen Erkenntnis unserer Lage vor Gott. Gott gibt uns zu wissen, daß wir leben müssen als solche, die mit dem Leben ohne Gott fertig werden. Der Gott der mit uns ist, ist der Gott, der uns verlässt. Der Gott, der uns in der Welt leben lässt ohne die Arbeitshypothese Gott, ist der Gott, vor dem wir dauernd stehen. Vor und mit Gott leben wir ohne Gott. Gott lässt sich aus der Welt herausdrängen ans Kreuz, Gott ist ohnmächtig und schwach in der Welt und gerade und nur so ist er bei uns und hilft uns" (Bonhoeffer 1982, S. 394).

Diese Diagnose des Mündigwerdens der Welt – wie auch das eigene Erleben der Kirchendistanz in der Arbeiterbewegung – führten ihn zu dem Schluß, „dass wir einer religionslosen Zeit entgegengehen".[124] „Wenn also die Menschen wirklich radikal religionslos werden – und ich glaube, dass das mehr oder weniger schon der Fall ist [...]" (Bonhoeffer 1982, S. 305). Im selben Brief schreibt er auch von einer „Vorstufe einer völligen Religionslosigkeit". „Die Zeit ist vorüber; ebenso die Zeit der Religion überhaupt" (ebd.). Im gleichen Maße wie die Welt mündig wird, wird sie, proportional „religionslos".

Während Schleiermacher zu zeigen versucht hat, dass Religion eine anthropologische Grundtatsache ist, deren sich der Mensch zwar nicht unbedingt bewusst ist, die aber dennoch zu seinem Menschsein als Menschsein hinzugehört, sieht Bonhoeffer, dass der moderne Mensch einer religionslosen Zeit entgegengeht. Das ist jedoch für ihn keineswegs negativ zu bewerten, denn die Anlage zur Mündigkeit der Welt liegt im jüdischen-christlich Denken selbst. Viel eher befreit diese Art der Religionslosigkeit von einer bestimmten Vorstellung von Gott, in der Gott

---

124 Vgl. dazu den Brief vom 30.4. 1944 a.a.O., S. 303-306.

Platzhalter für noch fehlende wissenschaftliche Welterkenntnisse oder unbeantwortbare letzte Fragen ist (wie z.b. nach dem was nach dem Tode kommt).[125] Bonhoeffers theologische Folgerung dieses Mündig-Werdens: Ist Gott so als Welterklärungsprinzip abgeschafft, dann kann ihm so begegnet werden, wie er sich selbst vorstellt, nämlich in der Geschichte Jesu Christi. Gleichzeitig fordert Bonhoeffer eine neue Sprache zur Verkündigung Gottes in dieser Situation der Religionslosigkeit, er fordert eine nichtreligiöse Interpretation biblischer Begriffe.[126]

Im Folgenden sollen nicht theologische, sondern religionssoziologischen Herangehensweisen an den Religionsbegriff diskutiert werden. Es wird zu fragen sein, ob sich Parallelen zwischen diesen Zugangsweisen auffinden lassen.

2.1.5 Thomas Luckmann

Ausgangspunkt der soziologischen Debatte um die Religion war oftmals die Säkularisierungsthese, die besagt, dass die Welt in Zeiten zunehmender Modernisierung auch zunehmend ohne Gott auskommt, die Religion also an Bedeutung verliert.[127] In den sechziger Jahren bestritt Thomas Luckmann die Anwendbarkeit der Säkularisierungsthese für die Wandlungsprozesse im religiösen Bereich. Um das tun zu können bediente er sich einer Unterscheidung zwischen Religion und Kirche. Für die Soziologie wurde diese Unterscheidung erst relevant, als die Kirchenmitgliedschaft nicht mehr eine Selbstverständlichkeit war, sondern im Gegenteil sich der Kirchenaustrittstrend verstärkte.

Luckmann stellte daraufhin fest, dass es trotz der zunehmenden Kirchenaustritte keinen Glaubensverlust en masse gäbe, „sondern nur ein Relevanzverlust der traditionellen, kirchlich verwalteten Lebensdeutungen für den Alltag der

---

125   „Gegen diese Selbstsicherheit (des mündigen Menschen) ist nun die christliche Apologetik in verschiedenen Formen auf den Plan getreten. Man versucht der Welt zu beweisen, dass sie ohne Gott nicht leben kann... wenn man auch in allen weltlichen Fragen schon kapituliert hat, so bleiben doch immer die so genannten letzten Fragen Tod, Leid, Schuld, auf die nur Gott eine Antwort geben kann und um derentwillen man Gott und die Kirche und den Pfarrer braucht. Wir leben also von den letzten Fragen der Menschen." (Bonhoeffer 1982, S .357)

126   „Bultmann schein nun Barths Grenze irgendwie gespürt zu haben, aber er mißversteht sie im Sinne der liberalen Theologie und verfällt daher in das typisch liberale Reduktionsverfahren (die ‚mythologischen' Elemente des Christentums werden abgezogen und das Christentum auf sein „Wesen" reduziert). Ich bin nun der Auffassung, dass die vollen Inhalte einschließlich der ‚mythologischen' Begriffe bestehenbleiben müssen – das Neue Testament ist nicht eine mythologische Einkleidung einer allgemeinen Wahrheit!, sondern diese Mythologie (Auferstehung etc.) ist die Sache selbst! – aber dass diese Begriffe nun in einer Weise interpretiert werden müssen, die nicht die Religion als Bedingung des Glaubens [...] voraussetzt" Bonhoeffer 1961, Brief vom 8.6.1944,, S. 178.

127   Ein aufschlussreiches Resümee dazu im Kapitel zwei von Beck 2008, S. 34 ff.

Bevölkerung sich vollziehe" (Luckmann 1971, S. 78). Dagegen komme es im privaten Bereich zu einer „neuen modernen Religiosität, die sich vor allem als Symbolisierung des autonomen Individuums darstelle und die trotz ihrer geringen Transzendenzspannweite und ihrer schwachen institutionellen Außenstützung oder gerade deswegen subjektiv durchaus als sinnvoll erlebt werde" (Luckmann 1963 nach Pollack 1996, S. 57).

Diese Interpretation Luckmanns hängt eng mit einer zweiten soziologischen Theorie zusammen, der „Individualisierungsthese". Sie besagt, dass die Moderne mit einem Trend zur Individualisierung einhergeht. Das heißt in der Moderne zeichnen sich Lebensläufe gerade dadurch aus, dass sie nicht mehr, wie in vormodernen Zeiten, durch ständische und andere gesellschaftliche Zwänge und Ordnungen vorgegeben sind. Die Festlegung durch die Geburtsstände entfällt (vgl. Stichweh 1992). Die Moderne oder die bürgerliche Gesellschaft ermöglicht es nun dem einzelnen Individuum, eine Vielzahl verschiedener gesellschaftlicher Rollen anzunehmen. Welche Rollen das sind ist nicht mehr von Geburt an vorentschieden, sondern das sozial handelnde Individuum bestimmt sie selbst mit, obgleich es auch immer in einem Gefüge von Bedingungen agiert. Aber auch dieses Bedingungsgefüge seiner Handlungen kann er durch seine Handlungen verändern. Der Einzelne wird nach dieser These in der Moderne zum Individuum, das in allen Bereichen seines Lebens selbstverantwortlich eine Wahl trifft.

Durch den Verweis auf die Individualisierungsthese vermag Luckmann zu erklären, weshalb die Kirchenmitgliedschaft zurückgeht, während die Religiosität nicht abnähme, sondern konstant bleibe. Die Formen, in denen sich diese Religiosität auslebt, pluralisieren sich. Aus einer institutionell vorgegebenen Religion werde eine diffuse, instabile, subjektivierte Form der Religion.

Allerdings ist damit noch nicht geklärt, weshalb nicht auch ein Rückgang der Religiosität überhaupt möglich wäre. Luckmann erklärt dies wie folgt. Die Religion sei eine anthropologische Grundfunktion des Menschen. Als Soziologe bestimmt er die Religion nach ihrer Funktion und diese Funktion besteht darin, den Menschen als bloßes biologisches Wesen zu transzendieren, also sich der Sphäre über dem bloß Vegetativen zu vergewissern. Darauf kann der Mensch nicht verzichten, es sei denn um den Preis seines Menschseins. Überspitzt könnte man sagen: Die Religion ist das, was den Menschen vom Tier unterscheidet. Religion verliert demnach in der modernen Gesellschaft nicht an Bedeutung, sondern lediglich ihre Formen wandeln sich. Es kommt zur Pluralisierung der Religionen. Eine so entstandene individuelle Religiosität hat starke Eigenanteile der Personen und synkretistische Tendenzen. D.h. Bestandteile verschiedenster Religionen werden je individuell kombiniert. Das bedeutet auch, dass Herkunft und Traditionen immer weniger die Form der Religiosität des Individuums bestimmen.

Noch weiter als Thomas Luckmann geht Karl Gabriel, wenn er behauptet, dass die Religiosität in der Moderne nicht nur nicht abnähme, sondern sogar zunähme, da mit der Individualisierung und Modernisierung der Gesellschaft Unsicherheiten für das Individuum erzeugt würden, die nicht anders als durch religiöse Sinnanbietersysteme aufgefangen werden könnten (vgl. Gabriel 2000). Religion dringt so auf Gebiete vor, die ihr lange Zeit verschlossen waren, wie z.B. den Alltag, denn da auch auf diesen Gebieten Verunsicherung entsteht, muss ihr auf diesen Gebieten auch begegnet werden. Dieser Umgang mit Kontingenz wird bei Gabriel als Religion bezeichnet.[128]

Auf eine These gebracht besagen die Beschreibungen Luckmanns und seiner Schüler: Da Religiosität ein anthropologisches Grundphänomen ist, kann sie gar nicht verschwinden, sondern kann sich nur je anders äußern. Das Paradigma der Säkularisierung jedenfalls kann das Problem nicht begreifen. Viel eher müsste von einer Individualisierung der religiösen Formen die Rede sein. Diese Individualisierung der religiösen Formen passt sehr gut zur allgemeinen Tendenz zur Individualisierung in der Moderne.

Verstärkend wird von einigen hinzugefügt, dass gerade die im Verlauf des Projektes Moderne auftretenden Unsicherheiten das Bedürfnis nach Religion nicht verringern, sondern erhöhen. Der Luckmannschen Position stehen aber im Bereich der Religionssoziologie andere Positionen gegenüber, die den Begriff der Religion deutlich anders fassen. Als herausragendes Beispiel in der deutschsprachigen Diskussion für diese Position soll die Beschreibung der Religion bei Detlef Pollack dienen.

2.1.6 Detlef Pollack

Detlef Pollack setzt an der vermeintlichen Stärke der Theorie Luckmanns an. Wenn Religion so definiert ist, dass sie eine anthropologische Grundfunktion ist, dem Menschsein qua Menschsein zukommt, so sagt der Begriff eigentlich nichts mehr aus, denn er grenze kaum noch einen Bereich sinnvoll ab. So kann zwar die Behauptung der Religiosität aller Menschen gerettet werden, es ist aber nicht möglich, Aussagen über diese Religiosität zu machen.

---

128 Vor dem Hintergrund einer solchen Allgegenwart der Religion wurde nach dem gesellschaftlichen Umbruch im Osten Anfang der 1990er Jahre erwartet, dass die durch den Zusammenbruch der Leitideologie und ihrer gesellschaftlichen Ordnungsmuster verunsicherten Menschen zuhauf auf andere Sinnanbieter zurückgreifen würden. Diese Erwartung hatte zwei Gesichter: 1. Zum einen wurde erwartet, dass die Kirche großen Zulauf erhält. 2. Zum zweiten wurde befürchtet, dass nicht die Kirchen die Adressaten dieser religiösen Rückbesinnung seien würden, sondern dass viel aggressiver vorgehende „Mitbewerber auf dem religiösen Markt" mit einfachen Antworten und geborgenheitsversprechenden Strukturen das Rennen machen würden, dass also Psychokulte und Sekten sich ausbreiten würden. Beide Erwartungen erfüllten sich nicht und erst allmählich setzte sich die Erkenntnis durch, die der Berliner Theologe Wolf Krötke formulierte, dass die Kirche die Mitglieder in Scharen verloren hat sind, diese aber nur als Einzelne zurück gewonnen werden können.

Eine zweite Kritik richtet sich gegen die einseitige Interpretation der Individualisierungsthese, die mit Luckmann vorgestellt wurde, als seien frühere Gesellschaften vom Zwang auf den Einzelnen geprägt gewesen und die Moderne sich dadurch auszeichne, dass sie erheblich weniger Zwang auf den Einzelnen ausübe und ihm so immer mehr Freiräume zur selbstverantworteten Gestaltung des eigenen Lebens lasse (vgl. Pollack 1996b, S. 62f.). Pollack stimmt dagegen Ulrich Becks Interpretation der Individualisierungsthese zu, nach der moderne Gesellschaften keineswegs weniger Anpassungsdruck auf das Individuum ausüben, sondern sich nur die Form des Anpassungsdrucks geändert habe (vgl. Beck 1986). Hätte vormals der Druck auf den Einzelnen darin bestanden, dass dieser sich in bestimmte vorgegebene Muster einpassen musste, bestünde der Druck in der reflexiven Moderne im Gegenteil darin, beständig eigenverantwortlich und selbstbestimmt handeln zu müssen. Während der Druck in vormodernen Gesellschaften darin bestand, nie selbst entscheiden zu *dürfen*, bestünde er heute darin entscheiden zu *müssen*. Das sei zwar ein anderer, nicht aber weniger Druck auf das Individuum. Dieser Druck habe auch für die Religiosität Folgen.

Da Pollack religiöse Wandlungsprozesse untersucht, kann ihm die Luckmannsche Religionsdefinition nicht zureichen, da sie das Gebiet nicht hinreichend abgrenze. Auch er ist sich jedoch der Vielschichtigkeit des Problems bewusst. Eine einzige Definition könne das Phänomen der Religion nie fassen. Um es als Soziologie dennoch beschreiben zu können, greift er auf eine Definition des Amerikaners Charles Glock aus den 1950er Jahren zurück. Glock entwickelte ein „Mehrebenenmodell" der Religion (vgl. Glock 1969, Boos-Nüning 1972). Pollack greift dieses Fünf-Ebenenmodell auf, beschränkt es jedoch auf die zwei – seiner Meinung nach entscheidenden – Bereiche, die Ritualdimension und die Glaubens- und Erfahrungsdimension (vgl. Pollack 1996, S. 590).

- Die „Ritualdimension" steht dabei für die äußerlichen Formen der Religionspraxis,
- die „Glaubens- und Erfahrungsdimension" versucht den Bereich der inneren Einstellung des Einzelnen abzubilden.

Das Objekt seiner soziologischen Forschung ist in besonderer Weise die Entwicklung der Kirchenmitgliedschaft und der Religiosität in der DDR. Sie werden mit der Entwicklung im Westen Deutschlands verglichen. Die Daten der hier herangezogenen Arbeit entstammen einer Untersuchung von 1991 und spiegeln so die Situation nach der Wiedervereinigung Deutschlands wieder.[129] In der ersten Tabelle sehen sie die Antworten auf Fragen, die sich auf die Ritualdimension beziehen.

---

129 Die Zahlen entstammen der ALLBUS-Umfrage 1991. Sie beziehen sich immer auf 100 % der Befragten. Neuere Daten erhoben später die EKD-Mitgliedschaftsstudien.

	West	Ost
gehen niemals zum Gottesdienst	21 %	60 %
gehen mindestens 1 x im Jahr zur Kirche	24 %	7 %
beteiligen sich in keiner Weise an kirchlichen Aktivitäten	40 %	72 %
getaufte Kinder	90 %	34 %
Absicht derer, die noch keine Kinder haben ihre Kinder taufen zu lassen	86 %	48 %
Beten niemals	28 %	70 %

Abbildung 2:   (Ritualdimension)

Mit einer anderen Art von Fragen versucht Pollack die Einstellung zur Religion zu erfragen. Dabei ist auffällig, wie sehr das Ergebnis von der Frageformulierung abhängt (vgl. Pollack 1996a, S. 593).

	West	Ost
lehnen jede Form des Gottesglaubens ab	10 %	49 %
bekennen sich zu einem zumindest wagen Glauben an eine höhere Macht	80 %	37 %
gibt es einen Gott?	61 %	21 %
Wie nahe fühlen sie sich Gott (% die Angaben „sehr und ziemlich nahe")	46 %	15 %
glauben sie an ein Leben nach dem Tod?	54 %	14 %
halten Sie sich für überhaupt nicht religiös?	13 %	51 %

Abbildung 3:   (Glaubens- und Erfahrungsdimension)

Die Erhebung die Pollack auswertet, zeigt, dass sowohl das religiöse Empfinden, wie auch die Zuordnung zu einer verfassten Religion zwar nicht identisch sind, aber doch in enger Korrelation stehen. Ein Vergleich des Verhältnisses von Kirchgangshäufigkeit und religiöser Selbsteinschätzung kann diese These veranschaulichen. Anhand der ersten Zeilen dieser Tabelle wird deutlich, dass Menschen, die sich selbst für tief oder sehr religiös halten aber weniger häufig oder nie zur Kirche gehen, die absolute Ausnahme bilden. Die Daten sprechen dafür, dass die Einschätzung der eigenen Religiosität eng an Kirchlichkeit gebunden ist.

Religiöse Selbstbeschreibung	Kirchgangshäufigkeit					Insgesamt
	Einmal in der Woche	1-3 mal im Monat	Mehrmals im Jahr	Weniger häufig	Nie	
Tief religiös	7,6	3,1	1,0	0,2	0,3	1,8
Sehr religiös	32,3	17,3	5,8	3,0	1,4	8,9
Eher religiös	52,5	60,6	53,6	22,0	11,9	34,9
Weder noch	2,5	14,2	22,7	31,1	12,2	19,4
Eher nicht religiös	1,0	1,5	5,5	15,9	12,6	9,7
Nicht religiös	0,5	0,5	4,8	10,9	13,6	7,7
Gar nicht religiös	1,0	0	1,0	9,5	41,8	12,4
Insgesamt	14,7	9,4	21,6	32,7	21,2	100,00

Abbildung 4: (Verhältnis von Kirchgangshäufigkeit und religiöser Selbsteinschätzung)

Es wird anhand der Zahlen deutlich, dass der Großteil der Kirchenaustritte nicht durch andere religiöse Orientierungen aufgefangen werden auch nicht durch individuelle synkretistische Religionsformen ausgeglichen werden (vgl. Pollack 1996a und Pollack 1997).[130] Als Grund für einen Weggang aus der Kirche geben nur 9% der Ausgetretenen an, dass sie eine andere religiöse Überzeugung gefunden hätten (vgl. Pollack 1996b S. 78 Anm. 25). In Ostdeutschland bleibt der Zulauf zu Sekten und anderen neureligiösen Praktiken sogar noch weit hinter dem des Westens zurück.[131] Das mag daran liegen, dass die Entkirchlichung in der DDR durch die „doppelte Religionskritik" (Richter o.J.) des Staates, d.h. sowohl offensive Angriffe auf die Religion wie z.B. beim Kampf um die Jugendweihe 1954 (vgl. Pollack 1994, S. 101 ff.), oder kurz zuvor der Diffamierung der Jungen Gemeinde, als auch eine ständige unterschwellige Erwartung, dass die Religion sich in ihrer Funktion als „Opium des Volkes" überleben werde, sehr weit fortgeschritten war (vgl. Neubert 1996). Für viele im Gebiet der DDR hat Religion noch heute etwas Überholtes, Antiquiertes, etwas von, ‚Sich nicht der Realität Stellen Wollen' (vgl. dazu mit vielen Belegen Rinn 2006). Auch die Wende- und Umbruchserfahrung konnte im Osten Deutschlands weit-

---

130 Als in den 1970er Jahren es in Westdeutschland eine erste große Austrittswelle gab, die damals 1,5 Mio. Mitglieder der Kirche ausmachte, hatten die alternativen religiösen Gruppierungen nach großzügigen Schätzungen 30.000 Mitglieder. Das sind noch nicht einmal 2% der Weggegangenen (vgl. Pollack 1996b, S. 79 Anm. 26),

131 Vgl. Pollack 1996a, S. 608 mit einer gewissen Einschränkung durch Fußnote 82.

hin ohne Rückgriff auf die Transzendenzfrage bearbeitet werden (vgl. Nowak 1997), im Gegensatz zu Russland.[132]

Besonders erstaunlich ist, dass nicht nur Formen individueller Religionsausübung ein gesamtgesellschaftliches Schattendasein führen, sondern dass sogar diejenigen, die die meisten Kontakte mit Formen alternativer Religionsausübung haben, die Kirchenmitglieder selbst sind. In der Religionssoziologie kann grob zwischen drei Gruppen von Kirchenmitgliedern unterschieden werden. Erstens die engagierten Kirchenmitglieder, zweitens die halbdistanzierten, drittens die Gruppe der distanzierten Kirchenmitglieder. Während für die erste und die letzte Gruppe gilt, dass sie kaum Erfahrungen mit außerkirchlicher Religiosität haben, sind die Halbdistanzierten die für außerchristliche Phänomene aufgeschlossenste Gruppe. Sie stehen religiösen Praktiken und Vorstellungen wie Yoga, Astrologie, Reinkarnation, Pendeln, New Age erheblich näher, als jede andere gesellschaftliche Gruppe, also auch der Nicht-Kirchenmitglieder (vgl. Pollack 1996b S. 79f.). Dass Religion außerhalb der Kirche vorkommt, ist für Pollack unbestritten. Gleichwohl lautet seine zentrale These, dass nach wie vor Kirchlichkeit und Religiosität sowohl in ihrer institutionellen äußeren Form als auch in ihrer inneren Erlebnisdimension sehr eng miteinander verbunden sind.[133] Das bedeutet aber, dass mit einem Rückgang der Kirchlichkeit auch die Religiosität überhaupt zurückgeht.

Von den Argumenten, die den Rückgang der Kirchlichkeit für Ost- und Westdeutschland erklären ist eines der von Pollack angeführten Argumente deshalb besonders interessant, wie die schon genannten Deutungsmodelle auf den Rückgang von Religiosität und Kirchlichkeit im Osten Deutschlands beschränkt ist. Dies Argument ist mit der obengenannten zweiten Interpretation der Individualisierungsthese verbunden. Sie besagt, dass nicht die Moderne das Individuum von gesellschaftlichen Zwängen freisetzt, und das Individuum deshalb immer mehr selbstbestimmt entscheiden kann, sondern dass vielmehr der neue Anpassungsdruck in der Moderne laute, dass jeder die Entscheidungen für sein Leben selbst treffen *muss*. Der/die Einzelne wird immer weniger durch gesellschaftliche Ordnungen und singuläre Rollenvorgaben entlastet, sondern muss selber sich und die Vielzahl seiner Rollen wählen. Dieser Zwang zur Wahl findet auf fast allen Gebieten der Gesellschaft statt, dem der partnerschaftlichen oder familiären oder Lebensform, dem der Berufswahl, der Wohnortwahl, dem Kinderwunsch, der Zeitplanung, der Freizeitgestaltung, der Wahl der Hobbys. Der Bereich der Religion jedoch bilde eine bemerkenswerte Ausnahme von diesem

---

132 Vgl. Verweis auf Dmitri Y. Furmans Untersuchung 1990-1992 In: Nowak, Kurt: Kirche und Gesellschaft in der DDR, in ZdZ 5/1997 S. 176 Fußnote 5.

133 Auch wenn man einen weiten Religionsbegriff anbietet, (Ergriffensein beim Hören best. Musik, innere Zwiesprache halten etc.) sind es wieder die Kirchennahen, die damit religiöse Assoziationen verbinden (vgl. Pollack 1996a, S. 613).

Zwang. Er spiele in fast allen gesellschaftlichen Kontexten keine Rolle.[134] Es sei für den Vollzug des sozialen Lebens unerheblich, welcher Religion der/die Einzelne angehöre. Die Zugehörigkeit zu einer bestimmten Religion spielt in der religiös pluralen Gesellschaft und im weltanschaulich neutralen Staat der westlichen Moderne weder für die Wahl des Ehepartners, noch für die Wahl des Berufes, nicht einmal für die Entscheidung zum Schwangerschaftsabbruch eine unhintergehbare Rolle. Der Bereich der Religion sei einer, in dem Menschen sich nur mit sich (und der transzendenten Erfahrung) auseinandersetzen. Wie das geschehe, sei eine private Sache. Das bedeute aber, da die Religion ein Bereich ist, in dem das Individuum durch die Gesellschaft nicht zu Entscheidungen gezwungen wird, kann vermutet werden, dass hier zumeist ohne besonderen Druck keine Entscheidungen getroffen würden. Wenn aber doch Entscheidungen anstehen, dann tendierten sie häufig in die Richtung, die mit der dominierenden gesellschaftlichen Tendenz korreliert.[135]

Durch die empirischen Erhebungen sieht sich Pollack in seinen Thesen bestätigt. Während vor dem Hintergrund der ersten Version der Individualisierungsthese, die vor allem die Chancen der Individualisierung hervorhebt, die Vermutung formuliert werden kann, dass der individualisierte Mensch sich nun auch religiös selbst wählt und aus den vorgegebenen Formen der Religiosität ausbricht, um an ihre Stelle individuelle Sinnsysteme zu setzen, deuten die empirischen Ergebnisse darauf hin, dass diese Wahl selten stattfindet. Der Kirchenaustritt wird kaum mit dem Wechsel zu einem anderen Sinnsystem begründet, sondern mit einer Kostenzunahme durch Kirchensteuer und Solidar-Zuschlag oder dem Verlust des Sinns von Religion überhaupt. Stattdessen zeigt sich, dass das Verhältnis zur Kirche heute mehr als früher durch Gewohnheit und Tradition bestimmt ist.[136] Das Motiv

---

134 Das ist für die USA anders, obwohl auch sie ein säkularer Staat ist, bestimmt sich die Gesellschaft stark über die Zugehörigkeit zu bestimmten religiösen Gruppierungen. Noch immer sehr aufschlussreich ist dazu Max Webers Studie über die Protestantischen Sekten (vgl. Weber 1920/1988).

135 Der Einfluss des gesellschaftlichen Klimas wird besonders deutlich, wenn beachtet wird, dass von den katholisch erzogenen 85%, von den evangelisch erzogenen 92% ihre Konfession beibehalten haben, von den nichtkonfessionell erzogenen blieben hingegen nur 50% konfessionslos. Ganz anders im Osten, wo von den katholisch Erzogenen 63% ihre Konfession behalten und nur 53% der Evangelischen, während die nichtchristlich erzogenen zu 95% konfessionslos bleiben (vgl. Pollack 1996a, S. 604). Die Wahrscheinlichkeit dass nichtchristliche Eltern ihre Einstellung an ihre Kinder weitergeben ist im Osten etwa so hoch wie die Wahrscheinlichkeit für die Weitergabe der Konfession im Westen. Mit den angegebenen Zahlen verdeutlicht Pollack seine These: Die gesellschaftlichen Mehrheiten können ihre Einstellung erheblich besser an die nächste Generation weitergeben, als die Minderheiten.

136 So wird die Aussage: „Ich bin in der Kirche, weil meine Eltern auch in der Kirche sind bzw. waren" oder „weil sich das so gehört" heute mehr bejaht als früher. vgl. die Zustimmung zu den entsprechenden Items in „Fremde Heimat Kirche" Umfrage der EKD von 1993, S. 17ff zitiert nach Pollack 1996b, S. 76 f. bes. Fußnote 19 und 20.

der bewussten Entscheidung für die Kirchenmitgliedschaft geht zurück.[137] In der Mitgliedschaftsuntersuchung der Evangelischen Kirche von 1993 wurden vor allem die Aussagen bejaht, die eine Kirchenmitgliedschaft aus Traditionsgründen angaben oder aber Motive, die ein Interesse an der Begleitung der Kirche bei lebenszyklischen Ritualen zeigten (vgl. EKD 1993, 1998). Um an diesen Schaltstellen des Lebens (Taufe, Konfirmation, Trauung und Beerdigung) eine rituelle Betreuung haben zu können, deshalb seien Menschen in der Kirche. Auf Kirche werde als Deutungsanbieter von Leben zurückgegriffen, der jedoch nicht ständig benötigt wird, sondern nur dann, wenn die alltägliche Lebensdeutung nicht mehr ausreicht und an ihre Grenzen stößt (vgl. ebd.).

Das ist oft bei Passageriten oder aber Grenzerfahrungen der Fall. Während Passageriten (Gennep 1909/1986) eine tiefere Deutungsdimension von außen provozieren, sind Grenzerfahrungen wie die Erfahrungen von Tod und Sterben eher innere Anlässe, die die Auseinandersetzung mit dem religiösen Deutungspotential erforderlich machen. Ein Argument gegen diese Sicht, die auch binnenkirchlich an Bedeutung gewinnt, wurde mit Bonhoeffer vorgestellt (vgl. Kapitel 2.1.4); Gott käme dann nur noch an den Rändern des Lebens, nicht mehr aber mitten im Leben, im Alltag zur Sprache. Die Konnotationen unterschiedlicher Religionsbegriffe haben demnach sehr konkrete Folgen für binnenkirchliche Strukturfragen und Schwerpunktsetzungen. Bei all den Optionen, die ein Rückzug auf das Bereitstellen von Ritualen zu versprechen scheint, ist beispielsweise zu bedenken, ob das Setzen auf die Ritualkompetenz der Kirche nicht in dem Maße problematisch ist, als Rituale in der Erlebnisgesellschaft (vgl. Schulze 1992) erheblich an Bedeutung verlieren, weil sie keinerlei Neuigkeitswert besitzen.

Zusammenfassend kann festgehalten werden, dass für Pollack Individualisierung vor allen Dingen den Zwang zu selbstverantworteten Entscheidungen bedeutet.[138] Untersuchungen zeigen, dass sowohl die innerlich empfundene wie auch die äußerlich praktizierte Religiosität auffällig mit der Kirchenzugehörigkeit korrelieren. Zwar gäbe es Religiosität auch außerhalb der Kirche, ihr empirisch nachweisbares Vorkommen jedoch sei marginal. Da Religion der einzige gesellschaftliche Bereich sei, auf dessen Gebiet Entscheidungen für andere ge-

---

137 Eine Ausnahme bilden die Gruppe der Hochgebildeten, in der sich eine Polarisierungstendenz sowohl zugunsten als auch gegen die Kirchenmitgliedschaft abzeichnet, die hier durch Entscheidungen motiviert ist (vgl. Pollack, 1996b, S. 77 Fußnote 21).

138 Dieser Zwang wird charakteristischerweise von besser Gebildeten auf allen Gebieten besser bewältigt als von weniger hoch gebildeten. Vielleicht ist auch dies ein Grund für die euphorische Aufnahme der ersten Lesart der Individualisierungsthese gerade von den Intellektuellen, denn diese haben mit dem ständigen Zwang zu entscheiden zu müssen weniger Schwierigkeiten und begreifen ihn eher als Chance (vgl. Pollack 1996b, S. 77 Fußnote 21). Anders dagegen die weniger Gebildeten, die zwar auch entscheiden müssen, ihn jedoch weniger als Befreiung, als vielmehr als echten Zwang empfinden.

sellschaftliche Bereiche relativ unerheblich seien, ist gut zu erklären, weshalb auf religiösem Gebiet bei Zunahme des Modernisierungsdruckes immer weniger Entscheidungen getroffen würden. Religion werde nur noch fallweise in besonderen Lebenssituationen aktualisiert, und in diesen Fällen sei es die von den Vätern und Müttern ererbte Religion.

2.1.7 Zwei Wege, Religion zu bestimmen

An den beiden skizzierten Wegen, den Religionsbegriff zu bestimmen, sollte deutlich werden, dass es erheblich von der Wahl der Definition von Religiosität abhängt, als wie religiös die Umwelt verstanden wird. Die Auswirkungen solcher Bestimmungen des Religionsbegriffs sind in empirischen religionssoziologischen Studien zu beobachten, die bei vergleichbaren repräsentativen Stichproben zu diametral entgegengesetzten Aussagen zur Religiosität der Befragten kommen. Während der Religionsmonitor der Bertelsmann Stiftung zur Religiosität der bundesdeutschen Bevölkerung das erstaunliche Ergebnis besonders in Bezug auf die Jugend in Deutschland vermeldete: „Umgekehrt aber findet sich in dieser Gruppe das größte Maß an Zustimmung bei Frage, ob sie an Gott, ein Leben nach dem Tod, die Unsterblichkeit der Seele oder eine Wiedergeburt glauben. Die hohen Zustimmungswerte werden in keiner anderen Altersgruppe festgestellt" (Bertelsmann 2008, S. 5),[139] meint die aktuelle Shell-Studie das genaue Gegenteil belegen zu können. Unter der Überschrift: „Keine Renaissance der Religion" analysiert sie: „Wie bereits das Wertesystem der Jugendlichen zeigte, geht die emotionale Vergewisserung der eigenen Kultur bisher nicht mit einer Aufwertung oder gar »Renaissance« der Religion einher. Zwar waren Jugendliche im Zusammenhang mit dem Tod des letzten und beim Besuch des neuen Papstes auf dem Weltjugendtag in Köln in den Medien besonders präsent. Außerdem ist die große Masse der Jugend mit Ausnahme der allermeisten ostdeutschen Jugendlichen weiterhin konfessionell gebunden. Dennoch haben Wertesystem und praktisches Verhalten der meisten Jugendlichen nach wie vor nur eine mäßige Beziehung zu kirchlich-religiösen Glaubensvorgaben. Nur 30 % der Jugendlichen bekennen sich in einem kirchennahen Sinne als religiös, indem sie an einen persönlichen Gott glauben. Weitere 19 % glauben an eine unpersönliche höhere Macht. Sie pflegen

---

139 „Die Anzahl der hochreligiösen Menschen ist in Deutschland nach Erkenntnissen des Religionsmonitors überraschend groß. Danach können 52% der Deutschen als ‚durchschnittlich' religiös eingestuft werden, aber immerhin fast jeder Fünfte (18%) als hochreligiös. Im Westen liegt dieser Anteil sogar bei 21% und auch in den ‚säkularisierten' neuen Bundesländern kann mit 8% nahezu jeder zehnte Einwohner als hochreligiös angesehen werden. Weitere 28% sind hier durchschnittlich religiös oder zeigen sich für religiöse Dimensionen zumindest ‚ansprechbar'" (Bertelsmann 2008, S. 3).

damit, besonders wenn sie älter werden, einen Glauben, der nur sehr bedingt etwas mit dem Glaubenssystem der Kirchen zu tun hat. Viele Jugendliche sind
glaubensunsicher (23 %), besonders unter den jüngeren Jugendlichen. Weitere 28
% meinen konsequent, dass sie weder an Gott noch an eine höhere Macht glauben. Diese Absage an die Religion nimmt, ebenso wie der unkonventionelle
Glaube an eine höhere Macht, mit dem Alter zu" (Shell 2006, S. 13).

Solche divergierenden Aussagen sind nicht nur auf unterschiedliche Beur-
teilungen der gleichen Datenlage zurückzuführen, sondern zu einem nicht geringen Teil auch darauf, was jeweils unter Religiosität verstanden und erfragt
wird.[140] Wird eine Definition gewählt, die wie auch immer Religion als
anthropologisches Grundphänomen bestimmt,[141] also als Phänomen das dem
Menschen mit seinem Menschsein zukommt und ihn darin ausmacht, dann ist die
Frage nach der Religiosität des Menschen schon mit der Definition beantwortet.
Einen religionslosen Menschen kann es dann nicht geben.[142]

Wird dagegen Religion so bestimmt, dass sie an bestimmte Erfahrungen mit
ihr und oder Handlungen in, mit und aus ihr gebunden ist,[143] muss ein „Abster-
ben" dieser Religion immerhin als Möglichkeit in Betracht gezogen werden. Die
von Detlef Pollack untersuchten Daten deuten so nach wie vor darauf hin, dass
Modernisierung, Säkularisierung und Religion zumindest in Deutschland in
einem Spannungsverhältnis stehen.[144] Diese religionssoziologische Interpretation
entspricht dem Modell, das theologisch schon von Dietrich Bonhoeffer vorge-
dacht war. Dieser Ansatz Bonhoeffers der ‚mündig gewordenen Welt' fand nach
dem zweiten Weltkrieg in den evangelischen Landeskirchen im Osten Deutschlands eine beachtliche Aufnahme, was sowohl mit den Theologischen Suchbe-
wegungen nach dem Sturz des 3. Reiches, wie mit der schon in der Sowjetischen
Besatzungszone und später in der DDR propagierten Trennung von Kirche und

---

140   Zu den Hintergründen religionssoziologischer Jugendforschung in Deutschland nach 1945 vgl.
      Münchmeier 2004.
141   Zu anthropologisch motivierten Begründungsfiguren der Religion bei Max Weber, Emile
      Durkheim und Sigmund Freud vgl. Brumlik 2004.
142   So z.B. auch Volker Ladenthin 2006, der seine Argumentation bildungstheoretisch ausrichtet
      und das Argument archetypisch vorführt. Ausgehend von der Überlegung, dass Bildung „An-
      spruch der Vernunft selber" (117) sei und „Geltungsansprüche" (ebd.) stelle, hält er fest, dass
      Bildungstheorie „nach dem Menschlichen an den unterschiedlichen Geltungsansprüchen" fra-
      ge. Da das Proprium des Religiösen „der Umgang mit der eigenen Endlichkeit" (119) sei, sei
      dies eine Herausforderung „des Denkens selbst" (ebd.) dem sich ausnahmslos alle Menschen
      stellen müssten und das insofern auch ein zentrales Bildungsproblem darstelle.
143   Anhand der Bedeutung von Ritualen erläutert dies Wulf 2004.
144   Andere sehen diesen Zusammenhang dagegen als widerlegt an. „Säkularisierungstheorien, die
      von einem Absterben der Religion in der modernen Kultur meinten ausgehen zu müssen, gelten
      als durch die historischen Tatsachen widerlegt" (Gräb 2008, S. 28). Vgl. auch: Braun/Gräb/
      Zachhuber 2007.

Staat mit zu tun haben dürfte.[145] Im Folgenden ist zu prüfen, ob diese Interpretation Bonhoeffers auch gegenwärtig für den Bereich der neuen Bundesländer ein theologisches Konzept zur Deutung der überwiegenden Konfessionslosigkeit bietet, das Anschlüsse an eine religiöse Bildung im öffentlichen Interesse erlaubt.

2.2 Religionslosigkeit als Ausgangssituation für religiöse Bildung[146]

Die Kirchenzugehörigkeit der Bevölkerung im Osten Deutschlands entwickelte sich nach einem steilen Anstieg der Mitgliederzahlen nach dem Ende des Nationalsozialismus bis auf ein Viertel der Bevölkerung zur Wiedervereinigung zurück. Die Vereinigung Deutschlands führte dabei keineswegs zu einem Anstieg der Mitgliederzahlen, sondern mit Übernahme der westdeutschen Kirchensteuereinzugsregelung über die Finanzämter – im Unterschied zur faktisch freiwilligen Erhebung über die kirchlichen Kirchensteuerämter in der DDR – sank die Mitgliederzahl der Kirchen noch einmal deutlich ab. Die folgende Tabelle verdeutlicht an nur drei Stationen die Entwicklung der Kirchenzugehörigkeit in den beiden großen Kirchen in der DDR von 1950-1990.

	evangelisch	katholisch
Volkszählung Aug. 1950	80,5 %	11 %
Volks- und Berufszählung 1964	59,4 %	8,1 %
1990	25 %	3 %

Abbildung 5:   Entwicklung der Kirchenzugehörigkeit in der DDR (Pollack 1996b)

Der Wandlungsprozess von der Volkskirche zur Freiwilligkeitskirche fand nicht oder nur in Ansätzen statt, die Kirche in der DDR blieb eine Volkskirche auf immer niedriger werdendem Niveau.[147]

Vor dem Hintergrund dieser wegbrechenden Kirchlichkeit hielt am 2. September 1974 der Greifswalder Systematiker Hellmut Bandt seine Vorlesung zur Studienjahreseröffnung zum Thema der Prognose der religionslosen Zeit, die Diet-

---

145 „Allein ‚Schrift und Bekenntnis‘ sollten nach den Jahren weltanschaulicher Verwirrung den Glauben und das Leben der Kirche bestimmen" (Mau 2005, S. 28).

146 Teile der Kapitel 2.2-2.4 wurden veröffentlicht in Schluß 2008a.

147 Vor allem ist hier die Evangelische Kirche im Blick. Die katholische Kirche war im Gebiet der DDR, mit Ausnahme einiger Territorien wie dem Eichsfeld, immer in einer Minderheitensituation. Durch das Aufrechterhalten des Anspruches einer gesamtdeutschen Kirche und ihre enge Eingebundenheit in die Weltkirche sind hier strukturell noch weniger Veränderungen zu bemerken, als in den Evangelischen Kirchen, die sich auf dem Gebiet der DDR 1969 zum Kirchenbund zusammenschlossen (vgl. Besier 1995, Kapitel 1, S. 21-64).

rich Bonhoeffer in seinen Gefängnisbriefen gewagt hatte (Bandt 1974/80): „Das Problem, um das es uns in dieser Vorlesung gehen soll, hat vor dreißig Jahren Dietrich Bonhoeffer in einem Brief aus dem Gefängnis in schonungsloser Offenheit und provozierender Schärfe so formuliert: ‚Wir gehen einer völlig religionslosen Zeit entgegen; die Menschen können einfach, so wie sie nun einmal sind, nicht mehr religiös sein.' (Bonhoeffer S. 31) D. Bonhoeffer gibt damit, völlig ungeschützt und unabgesichert, konkrete eigene Erfahrungen wieder, die sich ihm in der letzten Zeit seines Lebens immer mehr verdichtet haben. Und er nimmt diese Erfahrungen ernst. Er versucht nicht, sie abzuschwächen oder umzudeuten. Er klagt nicht darüber. Er fragt auch nicht: ‚Was kann man bloß dagegen machen?' Sondern er fragt in der Zuversicht des Theologen: ‚Wie kann Christus der Herr auch der Religionslosen werden?' (Bandt 1974/80, S. 30, (DBW 8, S. 404)).

Da sich die Frage nach der Religionslosigkeit nicht mit dem Ende der DDR erübrigt hat, wurde diese Frage Bonhoeffers auch und gerade anlässlich seines 100. Geburtstages im Jahr 2006 breit diskutiert.[148] Wolf Krötke hat so diese Frage in einem Vortrag in Greifswald 2006 ebenfalls aufgegriffen und wohl im Sinne Bandts konkretisiert: „Gemeint ist mit dieser Frage nicht: Wie werden die Religionslosen religiös? Gemeint ist: Was hat Christus mit ihnen als religionslosen, sprich: als nicht an Gott glaubenden Menschen zu tun?" (Krötke 2006/7, S. 4).

Bandt führte 1974 weiter aus: „Die Berechtigung seiner These von der religionslosen Zeit, der wir entgegengehen, wird bezweifelt; unter Berufung auf die verschiedenartigsten Phänomene wie steigende Besucherzahlen im Gottesdienst, erfolgreiche Missionsversuche östlicher Religionen in westlichen Ländern oder wachsendes Interesse für Negro-Spirituals wird die Vermutung laut, daß wir wohl eher einer neuen ‚Religiösen Welle' entgegengehen." Bis in die Terminologie der ‚religiösen Welle' hinein ist hier eine auch heute noch oftmals verkündete „Wiederkehr der Götter" (vgl. Graf 2004) präsent. Dass diese religiöse Welle jedoch kaum ankommt, macht die 4. Mitgliedschaftsstudie der EKD deutlich, die konstatiert, dass die Kirchenmitgliedschaft von einer „be(un)ruhigenden Stabilität" gekennzeichnet ist, das Bild im Vergleich zu den vorherigen Untersuchungen gleich geblieben sei, sich die Lage aber verschärft habe (vgl. EKD 2003, S. 13-28). Gemeint ist damit, relativ gesehen gibt es keine dramatischen Abbrüche der Kirchenmitgliedschaft. Im Osten wie im Westen ist die Tendenz der Mitgliedschaftsentwicklung ähnlich,[149] aber die Mitglieder*niveaus* unterscheiden sich dramatisch. Von diesem unterschiedlichen Niveau aus gehen im Osten wie im Westen die Mitgliederzahlen kontinuierlich zurück.

---

148 Da das ehemalige Predigerseminar der Bekennenden Kirche im Zingsthof und später in Finkenwalde auf pommerschem Gebiet lag, fand ein Großteil der diesbezüglichen Debatten auf dem Gebiet der Pommerschen Landeskirche statt.

149 EKD 2003, S. 29-38; Engelhardt/Loewenich/Steinacker 1997, S. 243-305.

Nach Bandts Diagnose sind 1974 selbst den Christen manche Fragen der Religion wirklich entschwunden, die Bonhoeffer gerade noch im Entschwinden sah, wie die „Individualistische Frage nach dem persönlichen Seelenheil" (Bandt 1974/1980, S. 38).

Drei Pointen Bonhoeffers sind für die Rezeptionsgeschichte des Themenkomplexes der Religionslosigkeit von besonderer Bedeutung. Von den hier diskutierten Bonhoefferinterpreten wird seine positive Wertung der Religionslosigkeit der Welt zustimmend aufgenommen. Sein Anliegen, dass die Säkularisierung nichts Erschreckendes habe, sondern als ein christliches Anliegen aufgenommen werden kann, wird von diesen Interpreten geteilt.[150] Die Frage Bonhoeffers, wie Christus Herr der Welt und nicht der Religion wird, wird von den hier diskutierten theologischen Interpreten auf- und ernstgenommen.

Die zweite Pointe ist ein umstrittener Punkt in der Bonhoefferinterpretation. Hellmut Bandt verweist auf Benediktson, der meint, Bonhoeffer „habe mit seinem Begriff ‚Religion' doch mehr bestimmte ‚religiöse Entartungsphänomene' im Blick gehabt, also damit genau das gemeint, ‚was in der Geschichte der Religion sonst als falsche Religion bezeichnet worden ist'„.[151] Ganz ähnlich Huber 2006: „Nicht Religion schlechthin, sondern eine bestimmte Form der Religion unterliegt Bonhoeffers Kritik – diejenige nämlich, in der die menschliche Frömmigkeit sich Gottes bemächtigen will." Bandt weist diese Interpretation als Abschwächung der eigentlichen Frage Bonhoeffers zurück. Er fragt, ob solche Abschwächungen auf eine „gewisse Überspanntheit der Bonhoefferschen Problemstellung aufmerksam" (Bandt 1974/1980, S. 32) machen oder ob sie „bewußt oder unbewußt – ein heute nachgerade fälliges Problem [verdrängen], dem wir nicht mehr länger ausweichen können?" (ebd.).

In der dritten Präzisierung lehnt Bandt den in der Althaus-Schule auffindbaren stark formalisierten Religionsbegriff ab, in dem „Religion in etwa bestimmt [wird] als: ‚eine Weise menschlichen Existierens aus der Relation zu einem [… letzten] Sinn-Grund, der [...] die Deutung des Seeinden im Ganzen betrifft'„ [Auslassungen im Original].[152] Diese Form der Religionsdefinition wurde im vorangegangenen Abschnitt in ihrer religionssoziologischen Variante bei Luckmann oder in der kulturtheologischen bei Gräb dargestellt.

Stattdessen bezieht Bandt sich auf den Religionsbegriff, wie ihn Gustav Mensching in der 3. Auflage der RGG definiert hat als „erlebnishafte Begegnung mit *heiliger* Wirklichkeit und als antwortendes Handeln des vom *Heiligen* existentiell

---

150 So übereinstimmend Bandt a.a.O., Krötke a.a.O., Huber 2006, Abromeit 2006.
151 Bandt 1974/1980, er zitiert Benediktson 1967, S. 197.
152 Bandt 1974/1980, S. 36, er zitiert H.-R. Schlette: Lexikon für Theologie und Kirche. Bd. 8, Sp. 1165.

bestimmten Menschen‘“.[153] Beide Teile dieser Definition Menschings scheinen gut mit den beiden Dimensionen der Religiosität zusammenzupassen, die Detlef Pollack aus Charles Glocks fünf Dimensionen herauskristallisiert hat. Die „erlebnishafte Begegnung mit *heiliger* Wirklichkeit“ entspräche dabei der Glaubens- und Erfahrungsdimension und das „antwortende Handeln des vom *Heiligen* existentiell bestimmten Menschen“ korrespondierte der Ritualdimension Pollacks. Gleichwohl ist einzuräumen, dass die Ritualdimension über die „vom Heiligen existentielle Bestimmtheit des Menschen“ (Mensching 1961, Sp. 961) keine Aussage macht, sondern sich ganz auf messbares Handeln des Menschen bezieht.[154]

Religion wird also auf einen Bereich beschränkt, in dem es explizit um das Heilige geht und bezieht sich so nicht auf den nahezu entgrenzten Bereich der Antworten auf die Sinnfrage.[155] Auch eine Weltanschauung könnte in solch einem entgrenzten Sinne Religion sein. Sogar jedes Erleben von Tiefe Religion oder kann gar der Kapitalismus kann als Religion verstanden werden (vgl. Hörisch 1997 S. 43). Den Grund für die Ablehnung des umfassenden Religionsbegriffs sieht Bandt in Bonhoeffers Anliegen, seine Mitmenschen in der von ihnen erfahrenen Wirklichkeit ernst zu nehmen. „Eben darum geht es Bonhoeffer. Er sucht seine Mitmenschen auf in der Situation in der sie wirklich sind. Nicht in der, in der sie nach der bisherigen Erfahrung der Kirchengeschichte eigentlich sein müßten“ (Bandt 1974/1980, S. 37). Im Blick ist die fatale Kommunikationssituation die entsteht, wenn Menschen, die sich selbst als religionslos verstehen, als *in Wirklichkeit* doch religiös definiert werden. Sie werden sich nicht ernst genommen oder verstanden fühlen.[156] Hier werden die Sicherungen eines weit gefassten Religionsbegriffs zurückgewiesen, der auch noch explizite Atheisten und Gottvergessene mit umfassen könnte, weil auch sie sich auf Transzendenzen oder auch nur Kontingenzen reflexiv beziehen und die Sinnfrage stellen.

---

153 Bandt 1974/1980, S. 36f., er zitiert G. Mensching: Religion. In: RGG V, 3. Aufl. Tübingen 1961, Sp. 961 ff.

154 Bemerkenswert ist, dass die 3. Auflage der RGG zwar mehrere Teilartikel zum Stichwort Religion beinhaltet, auf die religionssoziologische Perspektive jedoch noch ganz verzichtete.

155 „Aber es ist unterdessen nun einmal üblich geworden, alles, was mit Glauben, Gott und Gottesverehrung zu tun hat, ebenso „religiös“ zu nennen wie etwa das Herumstochern in Transzendenzen unterschiedlicher Art, das man heute ‚Renaissance der Religion‘ nennt“ Krötke 2006/7, S.6. Vermutlich würden unter dieses Verdikt Krötkes auch die Ergebnisse der Bertelsmann-Studie zur Religiosität der Deutschen zählen (vgl. Bertelsmann 2007).

156 „Ob es Sinn hat, die Menschen, die sich selbst ausdrücklich nicht als religiös verstehen, begrifflich zu religiösen Menschen zu taufen, ist zwar eine Frage für sich. Man kann ja einmal Marcel Reich-Ranicki fragen, was er davon hält.“ Krötke 2006/7, S. 7. Vgl. auch Reich-Ranicki 1999 oder Dietrich Bonhoeffers Anspielung auf die Theologie Paul Tillichs in dieser Arbeit Fußnote 229.

2.3 Religiöse Kompetenz als Zielbeschreibung des Religionsunterrichts

Relativ still und außerhalb der erziehungswissenschaftlichen Fachöffentlichkeit kaum bemerkt, vollzieht sich im deutschen Bildungswesen seit wenigen Jahren ein grundsätzlicher Wandel. Dieser Wandel wird deshalb nicht so sehr wahrgenommen, weil er fast nur bis zur Ebene der Schulaufsicht durchschlägt, die nach außen sichtbaren Strukturen des Schulsystems aber kaum antastet. Diese Veränderungen lassen sich anhand zweier zentraler Begriffe beschreiben:

Der erste Begriff ist der der *fachspezifischen Kompetenz*. Die verbreiteteste Erläuterung des Kompetenzbegriffs stammt von dem Psychologen Franz Weinert, der Kompetenzen als Problemlösefähigkeiten beschrieb.[157] Das von der Bundesministerium für Bildung und Forschung in Auftrag gegebene „Klieme-Gutachten" formulierte als Anspruch an diese fachspezifischen Kompetenzen „Die Kompetenzen werden so konkret beschrieben, dass sie in Aufgabenstellungen umgesetzt und prinzipiell mit Hilfe von *Testverfahren* erfasst werden können" (Klieme 2003, S. 24).

Bedeutsam ist, dass Kompetenz nicht nur ein Wissen bezeichnet, sondern den Umgang mit diesem Wissen, eher ein Können also. In empirischen Untersuchungen wird die Erlangung solcher Kompetenzen verglichen. In diesen wird dann nicht (oder zumindest nicht vornehmlich) die Qualität von *Unterricht* untersucht, sondern es wird gemessen, was Schülerinnen und Schüler eines bestimmten Alters *können*. Durch diese Umkehr der Aufgabenstellung wird es nicht mehr notwendig nachzuweisen, dass dieses gemessene Können zuvor durch Unterricht vermittelt wurde, sondern die Änderung des Untersuchungsobjektes impliziert diese Argumentation: Schule habe die Aufgabe, basale Kompetenzen der Welterschließung zu vermitteln. Sind diese Kompetenzen bei den Schülerinnen und Schülern nicht vorhanden, so kann geschlossen werden, dass es der Schule nicht gelungen ist, diese zu entwickeln. Sind sie allerdings vorhanden (und messbar) so kann nicht mit Sicherheit festgestellt werden, dass sie durch Schule und Unterricht vermittelt wurden (z.B. japanische Schülerinnen und Schüler werden sie häufig durch ein rigides Nachhilfesystem erlangt haben).

Der zweite Begriff betrifft die beabsichtigte und z.T. schon durchgeführte Umstellung des Steuerungssystems des Bildungswesens von der „Input-" zur „Output-" oder besser „Outcomesteuerung" (vgl. Klieme et al. 2003, S. 11f.). Sowohl zur *Beurteilung* der Qualität, wie zur *Steuerung* von Prozessen im Bildungswesen wird nun weniger auf den „Input" wie Lehrpläne und gesetzliche

---

157 Kompetenzen sind „bei Individuen verfügbare oder durch sie erlernbare, kognitive Fähigkeiten und Fertigkeiten, um bestimmte Probleme zu lösen, sowie die damit verbundenen motivationalen, volitionalen und sozialen Bereitschaften und Fähigkeiten, um die Problemlösungen in variablen Situationen erfolgreich und verantwortungsvoll nutzen zu können" (Weinert 2001, S. 27f.).

Vorgaben gesetzt, sondern festgelegt, welche Ergebnisse die Schule zu bringen hat.[158] Hierin besteht ein entscheidender Unterschied zur Bildungsreform der 70er Jahre, die ihre Ziele vor allem über eine Revision des Curriculums, also des Inputs, zu erreichen suchte (vgl. Schluß 2006a). Dieser *outcome* wird wiederum als Kompetenz von Schülerinnen und Schülern beschrieben und erhoben. Die Chance dieser Umstellung besteht in der Möglichkeit zur größeren Gestaltungsfreiheit der Schulen. Auf welchem Weg sie das Ziel erreichen wird im Prinzip nicht mehr reglementiert. Faktisch jedoch deuten empirische Untersuchungen darauf hin, dass häufig die Etablierung sogenannter „Modelle guter Praxis" wiederum normativ wirkt (vgl. z.b. Bellmann 2006a).

Die kritische Diskussion zum Kompetenzbegriff, zu Standardisierungsbemühungen und weiteren Merkmalen der Bildungsreform kann hier nicht mit bearbeitet werden,[159] vielmehr wird dargelegt, dass der Begriff fachspezifischer Kompetenz dann sinnvoll verwandt werden kann, wenn seine Grenzen zugleich mit seinen Möglichkeiten thematisiert werden. Das soll im Folgenden geleistet werden.

Auch an den evangelischen Religionsunterricht wird die Aufgabe herangetragen (vgl. Lenhard 2007), seinen Beitrag zur allgemeinen Bildung so auszuweisen, dass deutlich wird, welche fachspezifischen Kompetenzen in diesem Unterricht erworben werden.[160] In den letzten Jahren hat es deshalb einige Bemühungen unter Religionspädagogen gegeben, zu beschreiben, was eine solche religiöse Kompetenz eigentlich sein könnte (vgl. Rupp 2006; Ziener 2006, Grethlein 2007a).

In der deutschen evangelischen Religionspädagogik[161] wird dabei das Modell einer Expertengruppe am stärksten diskutiert, die sich am Comenius-Institut versammelt hat, und das sehr differenziert die Bestandteile religiöser Kompetenz aufführt. Das Comenius-Modell religiöser Kompetenz unterscheidet zunächst fünf „Dimensionen der Erschließung von Religion", nämlich Perzeption, Kognition,

---

158   „Die Schulen und die Bildungsadministration sollen – ungeachtet der Rolle, die die Schüler selbst und die Eltern spielen – Verantwortung dafür übernehmen, dass diese Ergebnisse [d.h. die Lernergebnisse der Schülerinnen und Schüler und Schüler als ‚Output'] tatsächlich erreicht werden. Der Output wird somit zum entscheidenden Bezugspunkt für die Beurteilung des Schulsystems und für Maßnahmen zur Verbesserung und Weiterentwicklung. [...] Nicht mehr durch detaillierte Richtlinien und Regelungen, sondern durch Definition von Zielen, deren Einhaltung auch tatsächlich überprüft wird, sorgt der Staat für Qualität" (Klieme 2003, S. 12).
159   Vgl. z.B. Gruschka/Herrmann/Radtke 2006 und www.forum-kritische-paedagogik.de.
160   Dabei kann aufgegriffen werden, dass selbst in den konzeptionellen Überlegungen, die PISA zugrundeliegen, religiöse Kompetenz als ein Bestandteil des Fähigkeitsspektrums der schulischen Allgemeinbildung verstanden wird. Nicht nur Jürgen Baumert schätzt die Probleme konstitutiver Rationalität, die er in den Fächern Religion und Philosophie verhandelt sieht (vgl. Baumert 2002, S. 113), sondern auch die PISA-Studie kennt neben „kognitiver, moralischevaluativer und ästhetisch-expressiver Rationalität" einen Bereich „religiös-konstitutiver Rationalität" (PISA 2001, S. 21), auch wenn er freilich in ihr nicht eigens untersucht wurde.
161   Für die katholische Diskussion vgl. z.B. Englert 2004, Schlag 2005.

Performanz, Interaktion und Partizipation. Diese fünf Dimensionen verschränkt das Modell mit vier unterschiedlichen Gegenstandsbereichen von Religion: 1. subjektive Religion der Schüler/innen, 2. Bezugsreligion des Religionsunterrichts, 3. andere Religionen und Weltanschauungen und 4. Religion als gesellschaftliches und kulturelles Phänomen. Innerhalb dieser fünf Dimensionen und vier Gegenstandsbereiche werden zwölf Kompetenzen religiöser Bildung benannt.[162]

Neben den zahlreichen Vorteilen, die dieses Modell aufweist, beschreiben die Autoren als Nachteil, dass die vorgelegte Beschreibung religiöser Kompetenz zu komplex ist, um getestet werden zu können.[163] Insofern kann die vom Klieme-Gutachten beschriebene Zielsetzung jedes fachspezifischen Kompetenzkonzepts, die Kompetenzen so konkret zu beschreiben, dass sie in Aufgabenstellungen umgesetzt und prinzipiell mit Hilfe von *Testverfahren* erfasst werden können, mit diesem Verfahren (noch) nicht umgesetzt werden.

In einer interdisziplinären Arbeitsgruppe von Erziehungswissenschaftlern, Theologen und Empirikern verfolgen die DFG Projekte RU-Bi-Qua und KERK,[164] die an der Humboldt-Universität arbeiten, das Ziel, ein Konzept religi-

---

162 Dabei beziehen sich die drei ersten Kompetenzen vorrangig auf die subjektive Religion: 1. Die persönlichen Glaubensüberzeugungen bzw. das eigene Selbst- und Weltverständnis wahrnehmen, zum Ausdruck bringen und gegenüber anderen begründet vertreten. 2. Religiöse Deutungsoptionen für Widerfahrnisse des Lebens wahrnehmen, verstehen und ihre Plausibilität prüfen. 3. Entscheidungssituationen der eigenen Lebensführung als religiös relevant erkennen und mithilfe religiöser Argumente bearbeiten. Auf die Bezugsreligion bezogen sind die Kompetenzen 4 bis 7: 4. Grundformen religiöser Sprache kennen, unterscheiden und deuten. 5. Über das Christentum evangelischer Prägung Auskunft geben. 6. Grundformen religiöser Praxis beschreiben, probeweise gestalten und ihren Gebrauch reflektieren. 7. Kriterienbewusst lebensförderliche und lebensfeindliche Formen von Religionen unterscheiden. Die Kompetenzen 8 und 9 beziehen sich auf andere Religionen und/oder Weltanschauungen: 8. Sich mit anderen Überzeugungen begründet auseinandersetzen und mit Angehörigen anderer Konfessionen bzw. Religionen respektvoll kommunizieren und kooperieren. 9. Zweifel und Kritik an Religionen sowie Indifferenz artikulieren und ihre Berechtigung prüfen. Zum Umgang mit Religion als gesellschaftlichem Phänomen werden drei weitere Kompetenzen beschrieben: 10. Den religiösen Hintergrund gesellschaftlicher Traditionen und Strukturen erkennen und darstellen. 11. Religiöse Grundideen erläutern und als Grundwerte in gesellschaftlichen Konflikten zur Geltung bringen. 12. Religiöse Motive und Elemente in der Kultur identifizieren, ideologiekritisch reflektieren und ihre Bedeutung erklären. (Fischer/Elsenbast 2006, S. 18ff; zur Diskussion des Modells: Elsenbast/Fischer 2007).

163 Zur Diskussion mit diesen und anderen Modellen vgl. Nikolova/Schluß/Weiß/Willems 2007.

164 Dem DFG Pilotprojekt Ru-Bi-Qua (Qualitätssicherung und Bildungsstandards für den Religionsunterricht an öffentlichen Schulen, am Beispiel des Evangelischen Religionsunterrichts) folgte mit dem DFG-Projekt KERK (Konstruktion und Erhebung von Religiösen Kompetenzniveaus im Religionsunterricht am Beispiel des Evangelischen Religionsunterrichts) eine zweite Phase, in der eine repräsentative Erhebung religiöser Kompetenz im Religionsunterricht in Berlin und Brandenburg realisiert werden konnte. Die gesamte Arbeitsgruppe besteht aus Dietrich Benner, Shamsi Dehghani, Sabine Krause, Tanja Pilger, Roumiana Nikolova, Joana Scharrel, Rolf Schieder, Henning Schluß, Thomas Weiß und Joachim Willems.

öser Kompetenz zu entwickeln. Dieses Instrument wird vorerst in Berlin und Brandenburg auch zur empirischen Erhebung und Testung eingesetzt. Die Maßgabe der Testbarkeit fachspezifischer Kompetenz hat dabei mehrere Konsequenzen von denen hier vier deshalb besonders diskutiert werden, weil sie einen reduktionistischen Begriff religiöser Kompetenz und damit des Religionsunterrichtes insgesamt nahezulegen scheinen.

1. Der Test wird zum größten Teil im Multiple-Choice-Format erhoben, weil die Antworten mit statistischen Verfahren, wie dem Rasch-Modell, ausgewertet werden. Alle anderen Antwortformate haben sich bei den Testungen, die repräsentative Stichproben erreichen wollen[165] als zu aufwendig in der Auswertung erwiesen.[166]

2. Im Unterschied zu der Fragebogenerhebung, die im gleichen Testheft ebenfalls durchgeführt wird und sowohl soziographische Hintergrunddaten wie auch Einstellungen und Wertungen erfragt, ohne diese selbst zu werten, hat es der Test mit einer Unterscheidung der Antworten in richtige(re) und falsche(re) zu tun. Kompetenzmodelle mit dem Anspruch der Testbarkeit müssen sich demnach auf die kognitiven Konnotationen des Glaubens und der Religion beschränken, die im Dual von ‚richtiger‘ und ‚falscher‘ (bezogen auf die jeweils gestellte Frage und die zur Auswahl gestellten Antwortmöglichkeiten) unterscheidbar sind. Der Glaube selbst ist in diesem Modell nicht zu erfassen und zu bewerten.[167] Die Teilbereiche der Partizipationskompetenz, die Meinungen und Wertungen mit umfassen, können deshalb nur im Fragebogen, nicht jedoch im Testheftteil erhoben werden. Gleichwohl sind diese Fragen sehr aufschlussreich, weil sie die Analyse der Verhältnisse von Engagement, Motivation, Sozialisation und ähnlicher Faktoren zu den bewertbaren Testergebnissen ermöglichen.

3. Die erhobene religiöse Kompetenz muss sich unterscheiden lassen von einer allgemeinen Lesekompetenz. Die Lesekompetenz ist freilich Grundlage auch der Erhebung religiöser Kompetenz. Als fachspezifische Kompetenz

---

165 Die ersten Ergebnisse dieses Tests an 500 Schülerinnen und Schülern aller Schulformen wurden u.a. diskutiert in: Krause/Nikolova/Schluß/Weiß/Willems 2008, die Ergebnisse die interreligiöse Kompetenz betreffend ausgewertet in Schluß 2009 b.

166 Dies Problem wird in dieser Arbeit im Kapitel 2.3. aufgegriffen.

167 Im Bereich der Theologie gibt es häufig *die richtige* Antwort nicht, sondern nur gute Gründe für diese oder jene Antwort. Das im DFG-Projekt gewählte Verfahren beschränkt sich auf die Reflexion der Gründe. Debatten um *die richtige* Antwort (Wahrheit) werden auch durch das Multiple-Choice-Format umgangen, da man in der vorgegebenen Auswahl von Antworten *richtigere* von *falscheren* Antworten unterscheiden kann. Der Anspruch *der richtigen* Antwort wird nicht erhoben, oder eben nur im Unterschied zu den falscheren Antwortvorgaben.

muss sie jedoch noch eine spezifische Besonderheit einbringen, die es erlaubt, sie als eigene fachspezifische Kompetenz anzusprechen.[168]

4. Die Erhebung der fachspezifischen religiösen Kompetenz darf nicht mit
    ihrer Förderung im Unterricht (*teaching to the test*) verwechselt werden.
    Die Förderung von Kompetenzen ist eine didaktische Aufgabe, die durch
    die Tests nicht erzeugt wird, sondern nur von diesen erfragt wird. Die Di-
    daktik muss sich allerdings insofern auf das Kompetenzmodell beziehen, als
    sie Methoden des Lehrens entwickelt, die geeignet sind, die Herausbildung
    von diesen Kompetenzen bei Schülerinnen und Schülern zu fördern.[169]

Religiöse Kompetenz unterscheidet KERK in zwei Bereiche, den der religiösen
Deutungskompetenz und darüber hinaus einer religiösen Partizipationskompetenz.
Religiöse Partizipationskompetenz bezeichnet dabei nicht die aktive Teilnahme am
Gemeindeleben, sondern das was die EKD mindestens seit den 70er Jahren in den
einschlägigen Denkschriften zum Religionsunterricht beschreibt, als die mündige
Wahrnahme der grundgesetzlich garantierten Religionsfreiheit.[170]

	Religiöse Kompetenz	
Gegenstandsbereiche	Religiöse Deutungskompetenz	Religiöse Partizipationskompetenz
Bezugsreligion		
Andere Religionen		
Religion in Kultur und Gesellschaft		

Abbildung 6:   Schema der Religiösen Kompetenz nach dem Modell von
Ru-Bi-Qua/KERK

---

168 Zur Lesekompetenz vgl. z.B. Lehmann/Peek./Pieper/von Stritzy 1991, 1992, Lehmann 1994,
     Artelt/Stanat/Schneider et al. 2004). Im KERK-Projekt wird auf diese Herausforderung so rea-
     giert, dass zusätzlich zur Erhebung religiöser Kompetenz ein Intelligenztest und ein Lesetest
     eingesetzt wird, um so die Größe der Abhängigkeit der religiösen Kompetenz von der Lese-
     kompetenz bestimmen zu können.
169 Vgl. Benner 2008b, mit besonderem Bezug auf kompetenzorientiertes Lehren und Lernen im
     Religionsunterricht: Breitel/Metzger/Ziener 2006, Obst 2007 und 2008.
170 In diesem Sinne betont die EKD, dass der konfessionelle Religionsunterricht „im Lichte von
     Artikel 4 GG, des Rechts auf Religionsfreiheit auszulegen ist. Er hat der ‚Sicherung der Grund-
     rechtsausübung durch den einzelnen' zu dienen, dem einzelnen Kind und Jugendlichen. Sie
     sollen sich frei und selbständig religiös orientieren können" (EKD 1994, S. 11).

Religiöse Kompetenz in den beiden Teilkompetenzen erstreckt sich auf drei Gegenstandsbereiche:

- Bezugsreligion: Das DFG-Projekt wählte ausdrücklich nicht den Begriff der „eigener Religion" weil die Religion des Religionsunterrichts nicht zwangsläufig und in der Region Berlin/Brandenburg sogar überwiegend nicht die Religion der Schülerinnen und Schüler ist.[171]
- Andere Religion: In einer Gesellschaft in der religiöse Pluralität ebenso erfahrbar ist wie religiöse Indifferenz, ist es zentraler Bestandteil religiöser Kompetenz, sich nicht nur mit und in der Bezugsreligion auseinandersetzen zu können, sondern auch zum Dialog der Religionen fähig zu sein.
- Religion in Kultur und Gesellschaft/Außerreligiöse Bereiche: Religiöse Kompetenz bezieht sich auch auf Bereiche der Gesellschaft und Kultur die zentral nach Maßgabe anderer Handlungslogiken als religiösen (z.b. ökonomischen, ethischen oder politischen) interpretiert werden. Gleichwohl lassen sich einzelne Phänomene selten exklusiv einem Bereich zuordnen und können auch unter anderen Blickwinkeln thematisiert werden. So werden sportliche Großereignisse nicht nur unter der Logik des sportlichen Wettbewerbs, sondern auch ökonomischer Leitfragen oder eben auch religiöser Kriterien sinnvoll verstanden (vgl. Franke 2000). Aufgabe des Religionsunterrichts ist es hier, die eventuell vorhandenen religiösen Ursprünge oder Konnotationen zu thematisieren und in Bezug auf die „anderen" Bereiche im öffentlichen Raum zu reflektieren.

Trotz aller Erweiterung des Wissensbereiches auf das Können bleibt es eine kognitive Kompetenz, die im KERK-Modell erfragt wird, wenngleich der Anspruch erhoben wird, dass es sich um eine reflexive Kompetenz handelt. Eine häufige Anfrage an Modelle religiöser Kompetenz insgesamt ist deshalb, ob sie das Wichtigste am Religionsunterricht nicht eigentlich verfehlten.[172] In der Tat weist diese Kritik auf mehrere wichtige Punkte hin, von denen nur die beiden Aspekte hier erwähnt sein sollen, dass die Kritik sich einerseits auf eine Unterbietung spezifisch unterrichtlicher Möglichkeiten und andererseits auf die Unter-

---

171 Nähere Angaben und Zahlen dazu im Kapitel 2.5, bes. Fußnote 257.
172 Pointiert, z.B. Friedrich Schweitzer: „Am Ende darf bei der Umstellung auf kompetenzorientierte Arbeitsweisen sowie auf Bildungsstandards nicht aus dem Blick geraten, dass das Wichtigste und Beste am Religionsunterricht, aber auch an der Schule sich gerade nicht in Kompetenzen oder Standards ausdrücken lässt. Für ihr Aufwachsen brauchen Kinder und Jugendliche Erfahrungen und Begegnungen, Einsichten und Anstöße, die sich nicht operationalisieren oder messen lassen" (Schweitzer 2004, S. 240f.). Weitere Kritiken in dieser und anderer Richtung finden sich in: Elsenbast/Fischer 2007, besonders grundsätzlich vgl. Willert 2004.

bietung der Dimensionen christlichen Glaubens richtet.[173] Einig sind sich Befürworter wie Kritiker von Konzepten religiöser Kompetenz zumeist jedoch darin, dass eine Alternative nicht hinnehmbar wäre, die die fachspezifische religiöse Kompetenz des Religionsunterrichts so erheben wollte, dass Glaubensüberzeugungen ein Bestandteil einer solchen zu bewertenden Kompetenz wären.

Auf diese Grenze jedes Unterrichts in Religion hat bereits Friedrich Schleiermacher in seiner Dritten Rede über die Religion, an die Gebildeten unter ihren Verächtern" aufmerksam gemacht: „Was durch Kunst und fremde Tätigkeit in einem Menschen gewirkt werden kann, ist nur dieses, daß Ihr ihm Eure Vorstellungen mitteilt, und ihn zu einem Magazin Eurer Ideen macht, daß Ihr sie so weit an die seinigen verflechtet bis er sich ihrer erinnert zu gelegener Zeit: aber nie könnt Ihr bewirken, daß er die welche Ihr wollt, aus sich hervorbringe. [...] Alles was, wie sie [die Religion, H.S.], ein Kontinuum sein soll im menschlichen Gemüt, liegt weit außer dem Gebiet des Lehrens und Anbildens. Darum ist jedem, der die Religion so ansieht, Unterricht in ihr ein abgeschmacktes und sinnleeres Wort" (Schleiermacher 1799: 138f).[174]

Im Folgenden soll das Konzept religiöser Kompetenz, das sich als Zielbeschreibung auch im Berlin-Brandenburger Rahmenlehrplan von 2007 findet, der als erster konsequent auf eine fachspezifische Kompetenzbeschreibung gesetzt hat (vgl. EKBO 2007), von einer anderen Seite angefragt werden, von der bislang kaum kritische Einwände zu vernehmen waren.

2.4 Religionslosigkeit und Religiöse Kompetenz

Mindestens zwei skeptische Einwände zum Nutzen der Diagnose Bonhoeffers, dass die Welt mündig geworden sei und seiner Frage danach, ‚wie Christus auch der Herr der Religionslosen werden kann?' müssen erhoben werden:

1. Die hier in Auseinandersetzung mit Bandt diskutierten Texte von Abromeit, Huber aber auch Krötke[175] weisen, bei aller Aufnahme der Diagnose der

---

173   Ausführlich vgl. Nikolova/Schluß/Weiß/Willems 2007. Zum zweiten Kritikpunkt anzumerken bleibt, dass es auch aus der theologischen Religionstheorie starke Argumente gibt, sich auf die rationalen Bezüge der Religion zu beziehen, denn wenn sie auch über die Vernunft geht, so doch nicht wider die Vernunft (vgl. Barth 2003).

174   Vielleicht geht der Kompetenzbegriff als ein Können sogar noch etwas über das hinaus, was Schleiermacher hier als Möglichkeit des Unterrichts in Religion beschrieb, was eher auf der Wissensebene verbleibt.

175   „Wo Gott und damit die Beziehung von Menschen auf die Transzendenz im Spiel ist, kann man die Charakterisierung auch von Bonhoeffers Gottesverständnis als Religion nicht gewissermaßen verbieten. Es muss dann aber sofort hinzugefügt werden, dass es sich um eine *eminent religionskritische Religion* handelt." Krötke 2007, S. 6.

Religionslosigkeit der Welt, dort wo sie eine Antwort auf Bonhoeffers Frage skizzieren wollen, eine erneute Bezugnahme zur Religion auf. Das entbehrt zumindest für Wolf Krötke insofern nicht einer gewissen Ironie, weil er zuvor Wolfgang Huber als einen Kritiker Bonhoeffers bezeichnet hatte, da der auf einer wohlverstandenen Religiosität beharre.[176] Einzig bei Hellmut Bandt bleibt die Frage in ihrer pointierten Schärfe bestehen. Die Vermutung ist naheliegend, dass die Religion bei den drei anderen Interpreten Bonhoeffers deshalb wieder ins Spiel kommt, weil Bandt der einzige der hier herangezogenen Interpreten Bonhoeffers ist, der keine *Antwort* auf das Problem versucht, sondern sich ausschließlich mit der Reformulierung der *Frage* beschäftigt. Hätte Bandt eine Antwort geben wollen, so wäre er vermutlich ebenso um eine, wie auch immer geartete, erneute Bezugnahme auf die Religion nicht herumgekommen, wie im Folgenden auch für das Verhältnis religionsloser Welt zum Konzept religiöser Kompetenz ausgeführt wird.

2. In religiös pluralen Zusammenhängen und für das interreligiöse Gespräch ist die These, dass das Christentum in Wahrheit religionslos ist, die anderen aber eine Religion haben kaum hilfreich. Christen würden dann einen seltsamen Sonderstatus für sich reklamieren, der den Dialog der Religionen deshalb ad absurdum führt, weil Christen nicht auf Augenhöhe mit den anderen Religionen sprächen.

Freilich ist die religiöse Pluralität nicht überall in Deutschland Normalität. Für weite Bereiche, die man geographisch nach Ost und West scheiden mag, oder aber nach spezifischen Milieus[177] ist ihre Welt faktisch religionslos geworden. Nicht Religion ist dort das Normale, sondern die Religionslosigkeit.

Andreas Feige bezweifelt in der Präsentation seiner großen Studie zur Religiosität von Berufsschülern ob die Theologen-Semantik überhaupt noch in dabei helfen könne, den Schülern ihre lebenspraktisch begegnende Wirklichkeit zu *erschließen*.[178] In Maren Rinns Studie zur Erreichbarkeit der Konfessionslosen für die Kirchen in Mecklenburg und Anhalt findet sich folgendes Zitat über Christen, das anekdotisch deutlich macht, wie weit weg die Religion von der Lebenswirklichkeit vieler Menschen ist: „Viele sind normal, wenn man den so kennen würde, würde das gar nicht auffallen [dass er Christ ist]" (Rinn 2006, S. VIII).

---

176   „So hat z.B. Wolfgang Huber als Einer von Vielen voriges Jahr in Stettin gesagt: „Religion bleibt eine notwendige Gestalt des christlichen Glaubens. Es erweist sich als vermessen, den Glauben ohne diese religiöse Gestalt haben zu wollen." Bonhoeffer hat sich nach Ansicht seiner Kritiker demnach nicht nur in seiner Analyse der Situation geirrt. Auch dem Wege, auf dem er sich dieser Situation stellen wollte, liegt ein Irrtum zugrunde, nämlich die Vorstellung der Ablösbarkeit der Religion vom Glauben an Jesus Christus" (Krötke 2007, S. 3).

177   Nach der Sinus-Studie sind es 7 von 10 dort differenzierten Milieus, die als eher religionsabstinent bezeichnet werden müssen (vgl. Sinus 2005).

178   Feige 2007, S. 4. Dabei ist die Stichprobe nur für den Westteil Deutschlands repräsentativ. Für den Osten hat Feige keine repräsentative Gruppe befragen können (vgl. auch Feige 2006).

Möglicherweise gilt Bonhoeffers Diagnose so zwar nicht für die ganze Welt, nicht einmal für ganz Deutschland, zuweilen nicht einmal für ganze Städte, wohl aber lässt sie sich mit einigem Recht für manche Regionen oder Milieus als analytisches Instrument fruchtbar machen. Für die religiös pluralen Bereiche hat sie wenig Erklärungskraft und steht eher im Wege als sie nutzt. Für die religionsabstinenten oder -resistenten Bereiche hat sie nach wie vor Erklärungskraft.

Vor diesem Hintergrund der Religionslosigkeit stellt für die religiöse Bildung im öffentlichen Interesse der Föderalismus der deutschen Bildungslandschaft durchaus zumindest strukturell die Möglichkeit bereit, auf unterschiedliche Ausgangslagen religiöser Bildung auch mit unterschiedlichen Konzepten zu reagieren. Diese Chancen des Föderalismus sind in der in der Vergangenheit zu wenig gewürdigt worden und erst in jüngster Zeit werden sie unter dem Stichwort „Regionalisierung" aufgegriffen.[179] Regionalisierung kann zum einen bedeuten, differente Instrumentarien der Analyse heranzuziehen, zum anderen aber auch, die unterschiedlichen Gegebenheiten vor Ort stärker als Chancen denn als Standortnachteile wahrzunehmen und religionspädagogisch praktisch zu nutzen. In Berlin-Brandenburg geschieht dies z.B. in den „Religionsphilosophischen Schulprojektwochen", in Mecklenburg/Vorpommern in den „Tagen Ethischer Orientierung".[180]

Wenn aber für bestimmte Bereiche die Diagnose und Prognose Bonhoeffers sinnvoll ist, dass unsere Welt religionslos geworden ist, stellt sich zwangsläufig die Frage, weshalb für diese Bereiche das Erlangen religiöser Kompetenz irgendein sinnvolles Ziel des Religionsunterrichts sein sollte. Müsste dann nicht auch das von Bonhoeffer nur in Umrissen skizzierte Programm einer religionslosen Rede von Gott auch für den Bereich des sogenannten Religionsunterrichts aufgenommen werden? Müsste also nicht aus theologischer Perspektive angestrebt werden, nun religionslos von Christus und Gott zu reden?

Bonhoeffers Wahl der Zeitformen erlaubt jedoch auch eine andere Folgerung. Unsere Welt sei nicht *mehr* religiös. Sie ist religionslos und damit mündig *geworden*. Das bedeutet aber, sie *war* einmal religiös. Und: Sie war bislang *immer* religiös. Auch die religionslosen Landschaften im Osten Deutschlands sind von ihren Dorfkirchen bis zu den Domen getränkt von religiöser Vergangenheit. Auch der christliche Glaube hat sich bislang religiös ausgedrückt.[181] Eberhard Jüngels Einsicht aufnehmend, dass der Glaube Erfahrungen mit Erfahrungen mit Erfahrungen usw. (vgl. Jüngel 1982, S. 400) ist, kommt religiöse Bildung, die nicht Glauben vermitteln, sondern Glauben verstehbar machen will, nicht darum

---

179   Vgl. dazu die Ausgaben von Theo-Web 2/2006 und 1/2007 (www.theo-web.de).
180   Für die Religionsphilosophischen Schulwochen vgl. Kapitel 0; für TEO: Rechenberg o.J..
181   Michael Herbst hat dies unter missionstheoretischer Fragestellung als Besonderheit der europäischen Situation insgesamt deutlich herausgearbeitet (vgl. Herbst 2006).

herum, diese Erfahrungen zu erschließen. Weil diese aber in einer religiösen Welt gemacht wurden und in einer religionsdurchtränkten Sprache festgehalten wurden, ist gerade in einer nicht mehr religiösen Welt die Fähigkeit zur „Übersetzung" oder „Transformation"[182] dieser religiösen Sprache in die Sprache unserer Welt notwendig, um sie zu verstehen. Die Fähigkeit von der religiösen Sprache oder den religiösen Sprachen in die Sprache unserer Welt zu übersetzen ist keine mechanische, sondern eine kreative Fähigkeit, eine Kunst im schleiermacherschen Sinne, in der die Regelhaftigkeit (Grammatik) mit dem divinatorischen Moment eine fruchtbare Verbindung eingehen muss.[183]

Auf die Wichtigkeit des Übersetzens für die Mission hat Michael Herbst hingewiesen (Herbst 2006, S. 9). Weitergehend hat Jürgen Habermas – als Philosoph der sich selbst als „religiös unmusikalisch" beschreibt (Habermas 2001, S. 52f.) – die Übersetzung für den adäquaten Modus einer Säkularisierung beschrieben, die nicht vernichtet.[184] Bernhard Dressler nimmt Habermas dort auf und fragt, was eigentlich eine solche Übersetzung, die den Sinn einer alten Erfahrung rekonstruiert und für mich selbst sinnvoll werden lässt, „von einer systematisch-theologischen Reflexion des Imago-Dei-Theologumenons"[185] unterscheidet? Wenn tatsächlich mit dieser Übersetzung die kreative und existentielle Anverwandlung eines Sinnangebots gemeint ist, ist Habermas dann nicht näher bei Bonhoeffers Frage, „Wie Christus der Herr auch der Religionslosen werden könne" als er es selber meint? Hier soll es nicht darum gehen, Habermas besser zu verstehen als er sich selbst versteht.[186] Vielmehr soll gezeigt werden, wie nahe die religiöse Kompetenz, die zum Eingang so weit entfernt von dem *was uns unbedingt angeht*, schien, auch als rein kognitive Kompetenz an das, was den Sinn unseres Lebens betrifft, heranreicht (vgl. dazu auch Barth 1996). Sie sind nicht identisch, aber ohne religiöse Kompetenz können die mannigfaltigen Sinnpotentiale nicht erschlossen werden, die die Religion in der religiösen Vergangenheit bot. Illustrieren kann das Martin Luthers Auseinandersetzung mit den Täufern, die das Sprachen-Lernen für unnütz hielten, da der Heilige Geist doch direkt erfahrbar

---

182 Zu einem offenen Begriff der Transformation vgl. Schluß/Sattler 2001 und Schluß 2003, S. 30-41.
183 Schleiermacher 1819/1996 § 18 und 19, S. 956f.
184 „Eine Säkularisierung, die nicht vernichtet, vollzieht sich im Modus der Übersetzung" (Habermas 2001, S. 53).
185 Dressler 2006, S. 44, Anm. 101. Dressler vermutet, dass Habermas, wenn er nicht nur auf die „Abstinenz von religiöser Praxis" anspielen wolle, einen „metaphysischen, bzw. ontologischen Anspruch unterstellt, den er selbst für obsolet hält. Dressler ist allerdings skeptisch, ob eine von der entsprechenden Lebensform losgelöste Transformation der geistigen Gehalte theologischer Sätze in säkularisierte Sprachformen, bedeutsam bliebe. Dass diese gelebte Lebensform unabhängig eine Wahrnehmung auf anderer Ebene als der einer philosophischen Wirklichkeitsbehauptung Gottes ist, kann z.B. mit Johannes Fischer verstanden werden (vgl. Fischer 1994).
186 Wie es nach Schleiermacher die Aufgabe der Hermeneutik wäre. (Schleiermacher 1819/1996 § 19,5 S. 957).

sei. Luther beharrt ihnen gegenüber strikt auf dem Sprachenlernen und zwar nicht nur für die Theologen, sondern für alle, Jungen wie Mädchen, auch aus dem Grund, damit sie selbst in der Heiligen Schrift die Kriterien für die Unterscheidung der Geister erarbeiten könnten.[187] Schon bei Luther ist das Beherrschen der Sprachen im besten kritischen Sinne eine religiöse Kompetenz.

Freilich hat hier unter der Hand das Subjekt gewechselt. Die Perspektive des „für Andere", die Bonhoeffers Theologie nicht unwesentlich kennzeichnet, stößt mindestens da an Grenzen, wo es darum geht, wie die Subjekte selbst den Sinn ihres Lebens finden können. Hiermit sind zwei zentrale Einsichten der Theologie und der Pädagogik angesprochen: Glauben und Lernen sind zwei Tätigkeiten, die unvertretbar sind. Man kann sie nur selbst tun. Man kann so wenig für einen anderen glauben, wie man für einen anderen lernen kann.[188] Pädagogik wie Theologie sind deshalb nicht nutzlos, sie können die Bedingungen verbessern, Möglichkeiten bereitstellen, anregen, stärken, aufklären, begleiten, vorleben, kritisieren, z. T. auch entgegenwirken, so dass Lernen oder Glauben geschehen kann. Sie können beides aber nicht *machen*. Im Bereich der Pädagogik oder noch präziser, des Unterrichts, kann das Lehren eine gute Unterstützung des Lernens sein (vgl. Prange 2005).

Um jedoch übersetzen zu können, muss zum einen die Sprache beherrscht werden, aus der übersetzt werden soll. Deshalb ist es auch eine Aufgabe der religiösen Bildung in der religionslosen Welt, die religiöse Sprache wie eine Fremdsprache zu erlernen. Nur wenn sie erlernt wurde, wenn sie mit ihren Lexemen, ihrer Grammatik, ihren eigenen Konnotationen bekannt ist, kann sie in die eigene Sprache übertragen werden. Wenn die Übersetzung gut sein soll, dann muss dies so gelingen, dass der Sinngehalt auch in der neuen Sprache noch aufspürbar ist.

Wolf Biermann machte in seiner Frankfurter Poetik-Vorlesung auf eine weitere Voraussetzung gelungener Übersetzungen aufmerksam. Er meint, dass man zum Übersetzen vor allem eine Sprache können muss und das sei die *Eigene*.[189]

Um die Sinngehalte der religiösen Sprache also in die der religionslosen Welt übersetzen zu können, müssen die Ausdrucksmöglichkeiten dieser eigenen Sprache nicht nur bekannt sein, sondern gelebt werden. Wenn Lehrende anderen beim diese Wirklichkeit erschießenden Übersetzen in ihre Sprache helfen wollen, müssen sie die Sprache dieser religionslosen Welt lernen. Das fällt zuweilen im religionspädagogischen Umfeld, sei es in Schule oder Gemeinde noch immer

---

187   Luther 1524/1899; und Kapitel 1 in dieser Schrift.
188   Dietrich Benner hat beides in der prägnanten Formel zusammengebracht: „Nur einem bildsamen Wesen kann ein Gott sich offenbaren". Benner 2007, S. 4.
189   „Wer Gedichte und Lieder aus einer fremden Sprache nachdichten will muß kein Sterbenswörtchen der fremden Sprache verstehen. Er hat beim Nachdichten nur ein wirkliches Problem, seine eigene Sprache" (Biermann 1997, S. 143-179, hier, S. 150).

nicht leicht. Auch wenn Religionspädagogen schon lange über die bloße Wiedergabe der bewährten Formeln, der altkirchlichen Konzilen, der CA oder Barmens hinaus sind, so bleibt die Aufgabe zu häufig noch ungelöst, die zentralen Inhalte religiöser Bildung in die Sprache der religionslosen Umwelt zu übertragen. Oft nicht nur deshalb, weil den Lehrenden die religiöse Sprache inzwischen selbst zu einer Fremdsprache geworden ist, sondern auch deshalb, weil sie die Möglichkeiten der Sprache der religionslosen Gegenwart nur unzureichend kennen.

Die vorangegangene Argumentation kann deshalb in folgender Doppel-These zusammengefasst werden:

1. Um religionslos Christ zu sein, aber auch nur um die Sinnpotentiale, die in der Religion verborgen sind, zu erschließen, braucht es religiöse Kompetenz.
2. Religiöse Kompetenz besteht zum guten Teil darin, die Sprache der religiösen Welt ebenso zu beherrschen, wie die der religionslosen Welt. Über diese *Kenntnisse* hinaus geht es um die *Fähigkeit*, diese Sprachenkenntnis für adäquate und kreative Übersetzungen nutzen zu können.

Dass die Sprache der religionslosen Welt dabei keineswegs eine unpoetische Sprache sein muss, die vielfache Anschlüsse an Themen des christlichen Glaubens bietet, kann sprachsensibel an vielen Texten, Liedern, Songs, Gedichten erspürt werden. Als Beispiel soll hier ein Lied des früh verstorbenen Baggerfahrers und Liedermachers Gerhard Gundermann vorgestellt werden:

Gerhard Gundermann: hier bin ich geborn[190]

„hier bin ich geborn
wo die kühe mager sind wie das glück
hier hab ich meine liebe verlorn
und hier krieg ich sie wieder zurück

hier liegt mein vater unter der erde
meine mutter liegt aufm balkon
hier frisst mir eine kinderherde
die letzten haare vom ballon
hier sind wir alle noch brüder und schwestern
hier sind die nullen ganz unter sich
hier isses heute nicht besser als gestern
und ein morgen gibt es hier nicht

---

190 Gundermann & Seilschaft: Frühstück für immer. Audio-CD Buschfunk Berlin, 1997.

hier hab ich meine letzten freunde beleidigt
harte herzen zu butter getanzt
hier hab ich junge pioniere vereidigt
und weihnachtsbäume gepflanzt
hier hab ich meine leichen im keller
wir spielen mensch ärger dich nicht
hier krieg ich immer nur 'n halbvollen teller
an einem runden tisch

hier gab es billigen fusel auf marken
und genauso sehn wir heute auch aus
hier lässt man fremde nicht gerne parken
es sei den sie geben einen aus
hier drehe ich meine kreise
wie ein fest verankertes schiff
hier führt mich meine reise
nicht weit aber tief

hier bin ich geborn
so wie ins wasser fiel der stein
hier hat mich mein gott verlorn
und hier holt er mich wieder ein"

Die mannigfaltigen Bezüge zu Themen des christlichen Glaubens, liegen vor Augen. Exemplarisch sollen hier nur an der letzten Strophe einige Bezüge expliziert werden, ohne dass auch nur annähernd ein Anspruch auf Vollständigkeit erhoben würde. Dass das lyrische Ich seine Geburt mit einem ins Wasser fallenden Stein vergleicht, der unbeweglich an dem Platz liegen bleibt, an den er gefallen ist, solange keine äußeren Kräfte auf ihn wirken, evoziert das Gegenbild des übers Wasser laufenden Jesus. Aber auch die Provokation des Sultan im Nathan dem Weisen kann mit gehört werden, der auf die vermeintliche religiöse Beweglichkeit des überlegenen Nathan anspielt: „Ein Mann, wie du, bleibt da nicht stehen, wo der Zufall der Geburt ihn hingeworfen: oder wenn er bleibt, bleibt er aus Einsicht, Gründen, Wahl des Bessern" (Lessing 1778/1979, S. 81, Aufzug, 5. Auftritt). Diese Beweglichkeit, ist als Individualisierung ein Kennzeichen der zweiten Moderne geworden (Sennet 2000). Auf dem Gebiet der Religion wird sie oft als Patchwork-Religion denunziert[191] oder als „Zwang zur Häresie" (Berger 1980) charakterisiert. Mit Detlef Pollack wurde herausgearbeitet, dass der Chance zur Individualisierung in der Moderne ein „Zwang zur Individualisie-

---

191 Demgegenüber wäre wertzuschätzen, dass es sich immerhin um eine eigene religiöse Option handelt, die weit mehr der persönlichen Reflexion bedarf als die Übernahme vorgegebener religiöser Praxen und Dogmen. Vgl. dazu auch Wermke 2005.

rung" korrespondiert. Vor allem diejenigen, die sich von den Modernisierungs-
zumutungen belastet fühlen, verblieben schon deshalb bei der ererbten religiösen
oder weltanschaulichen Option, weil sie hier einen Bereich vorfinden, der von
einem Entscheidungs- und Rechtfertigungsdruck weitgehend enthoben ist (vgl.
Pollack 1996). Die Metapher des ins Wasser fallenden Steins, der nicht nur aus
eigener Kraft unbeweglich, sondern auch für den Rest der Welt unsichtbar ist,
vermag diesen Zwang zur Individualisierung auszudrücken, aber auch die Un-
beweglichkeit, die dann einsetzt, wenn kein Druck äußerer Wellen spürbar ist,
z.B. auf dem Gebiet der Weltanschauung und Religion. Das lyrische Ich kommt
aus der religiösen Lethargie von sich aus nicht heraus.

Im zweiten Teil der letzten Strophe wird Gott eingeführt, wenn auch als
Verlorener und dennoch in der Zuversicht, dass Gott es ist, der uns Menschen
wieder einholt. Hier liegen nicht nur die Parallelen zu den Worten Jesu am Kreuz
auf der Hand, „Mein Gott, mein Gott, warum hast Du mich verlassen" der in der
Erfahrung der Gottesverlassenheit steht. Man kann die Strophe sogar religions-
kritisch im Sinne Barths lesen: Religion als das menschliche Bemühen zu Gott
zu kommen als sündiges Bestreben. Vielmehr ist Gott selbst zu den Menschen
gekommen.[192] Nicht der Stein ist es, der zu Gott kommt, das ist ausgeschlossen,
vielmehr kommt Gott zum lyrischen Ich, oder genauer, er wird kommen. Gott
wird bei Gundermann als ein auf uns Menschen Zukommender beschrieben.
„Die Zukunft ist sein Land", so sagt es Klaus Peter Hertzsch in seinem Lied
„Vertraut den Neuen Wegen" (EG 1995, Nr. 395).

So könnte Strophe für Strophe des Gundermann-Liedes durchgegangen
werden. Neben poetisch verdichteter ostdeutscher Lebenserfahrung würden sich
weitere ausgesprochen reichhaltige Anschlüsse an theologische Themen und
Grundfragen des christlichen Glaubens finden. Übersetzungsbemühungen der
religiösen Sprache in die Sprache der religionslosen Welt scheinen trotz der
letzten Unübersetzbarkeit, die alle hermeneutischen Bemühungen kennzeichnet,
eine lohnende Mühe zu sein.

---

192 Vgl. Barth 1946: KD I/2, §17; in dieser Arbeit Kapitel 2.1.3.

C Zur pädagogischen Bedeutung der juristischen Auseinandersetzung um den Religionsunterricht, LER und Ethik

1 Kopftuch und Kruzifix – zwei Fälle

Kopftuchurteil, Kruzifixurteil, LER-Vergleichsvorschlag – diese Schlagworte genügen, um die Bedeutung juristischer Entscheidungen für die Pädagogik schlaglichtartig aufblitzen zu lassen. Wenn sich in den 90er Jahren des vorigen Jahrhundertes ein Trend ausbildete, politische oder auch religiöse Entscheidungen durch juristische Institutionen treffen oder zumindest korrigieren zu lassen (Schieder 2001a), so gilt dies in gleicher Weise für den Bereich der Pädagogik. Fereshda Ludin ist mit ihrem Beharren darauf, in Anwesenheit von Männern ein Kopftuch zu tragen, 2003 zum Anlass einer juristischen Auseinandersetzung um auch pädagogische Sachverhalte geworden, die vielfach als Präzedenzfall gilt (vgl. Schieder 2005). An diesem Streit, den das Verfassungsgericht nicht entschied, sondern an den Gesetzgeber zurückgab, ist vorderhand besonders die Argumentation der CDU-gführten Landesregierung Baden-Württembergs bemerkenswert und wohl für die Zukunft der Bildungslandschaft in der Bundesrepublik von noch kaum absehbarer Bedeutung. Die Argumentationslinie der damaligen Landes-Kultusministerin Anette Schavan war von einer streng laizistischen Position der generellen Trennung von Religion und Staat kaum zu unterscheiden. Während dies für Länder wie Frankreich eine Selbstverständlichkeit ist, bedeutet es in einem Land, das sich auf seine negative und positive Religionsfreiheit viel zugute hält, eine Umkehrung der bisherigen Werte. Hätte die baden-württembergische Argumentation vor Gericht Erfolg gehabt, hätte dies nicht nur Folgen für muslimische Kopftuchträgerinnen, sondern wohl für alle Arten religiöser Symbole an staatlichen Schulen.

Die juristische Argumentation für den Ausschluss aus dem Schuldienst von Frau Ludin wurde vom Land funktional gewählt, als diejenige, die die meiste Aussicht auf Erfolg hatte. Die „Kollateralschäden", wie den Ausschluss jeglicher religiöser Symbolik aus der Bekleidung von Lehrern an staatlichen Schulen, hätte man dabei anscheinend billigend in Kauf genommen.[193] Bis zur höchstrichterlichen Überprüfung aller diesbezüglichen Landesgesetzte bleibt fraglich, ob die Bundesländer, die das Kopftuch verbieten möchten, eine juristische Formu-

---

193 DIE ZEIT vom 9.10.03 hat dies ausführlich zum Thema gemacht und z.b. die Folgen der juristischen Argumentation des Landes für die Klosterschule Lichtental deutlich gemacht (Driescher 2003).

lierung finden, die nur das muslimische Kopftuch verbietet, andere religiöse Symbole aber akzeptiert und im Sinne der positiven Religionsfreiheit sogar fördert. Vor allem fraglich ist, ob ein solcher Gesetzestext, der Angehörige unterschiedlicher Religionen ungleich behandeln würde, vor den zu erwartenden Klagen Bestand hätte.

Beim Kruzifixurteil ging es um ein religiöses Symbol, das in Klassenräumen der staatlichen Institution Schule befestigt ist. Im Unterschied zum Kopftuchstreit fällte das Gericht eine Entscheidung in der Sache. In ihr wird das Freiheitsrecht des Individuums gegen den Staat hoch gewertet (vgl. Benner/Tenorth 1996, Brugger/Huster 1998). Eine Entscheidung, gegen deren Umsetzung sich freilich der bayerische Freistaat nach Kräften sträubte. So unterschiedlich beide Entscheidungen sind, so ist ihnen doch gemein, dass es sich um juristische Entscheidungen auf dem Gebiet der Pädagogik handelt. Die Pädagogik ist mitnichten ein rechtsfreier Raum.[194] Dennoch fällt auf, dass kaum Bemühungen bekannt geworden sind, die auftretenden Probleme als pädagogische Probleme im pädagogischen Bezugsrahmen zu lösen. Faktisch wurde die juristische Ebene als die adäquate Lösungsebene angesehen. Fraglich ist jedoch, ob sie sachlich leisten kann, wofür sie in diesen Fällen in Anspruch genommen wurde und wo die Grenzen einer solchen Inanspruchnahme liegen. Diesen Fragen soll im Folgenden nachgegangen werden.

---

194 Es kann also nicht darum gehen, die Justiz für „Einmischungen in die inneren Angelegenheiten" der Pädagogik zu geißeln. Es ist gerade das Wesen des demokratischen Rechtsstaates, Konflikte, die in allen gesellschaftlichen Bereichen angesiedelt sind, auch mit Hilfe der Justiz einer Klärung zuführen zu können.

2 Zum Verhältnis von Recht und Pädagogik[195]

Ein solches Verfahren der Verlagerung pädagogischer Probleme in die juristische Ebene hat mindestens zwei Implikationen. Zum einen müssen (gewissenhafte) Juristinnen und Juristen, die sich mit solchen Fragen zu befassen haben, sich über pädagogische Sachverhalte und erziehungswissenschaftliche Erkenntnisse informieren und werden so zumindest zu Semiexperten auf diesem Gebiet. Wichtiger aber: Auch bei größtmöglichem Bemühen um die Kenntnis pädagogischer Sachverhalte wird vom Gericht nach juristischen und nicht nach pädagogischen Kriterien entschieden. Wenn jedoch Rechtsstreite mit starkem pädagogischem Bezug vor Gericht nach juristischen Kriterien entschieden werden, so bedeutet dies für die Rolle der Pädagogik dreierlei.

Zum einen dienen pädagogische Argumente als Hintergrundinformationen für die juristische Entscheidungsfindung, spielen jedoch immer dort keine Rolle, wo sie für die juristische Entscheidungsfindung irrelevant sind. Es kommen also nur diejenigen pädagogischen Argumente überhaupt in Betracht, die kompatibel zur juristischen Argumentation sind. Fragestellungen, die für die Behandlung des strittigen Sachverhalts aus pädagogischer Perspektive interessant sein könnten, kommen juristisch dann nicht in den Blick, wenn es für diese Argumentation keine juristische Bedeutung gibt. Im juristischen Diskurs wird also nur noch der Ausschnitt pädagogischen Denkens sichtbar, der juristisch relevant ist.

Zweitens jedoch wird selbst die juristisch verwendbare pädagogische Fragestellung für den juristischen Diskurs in diesen übersetzt und für ihn aufbereitet. Freilich geht eine solche Übersetzung nie verlustlos ab (vgl. Schluß/Sattler 2001).

Drittens ist der Fall vorstellbar, dass es für eine juristische Entscheidung relevante juristische Argumente gibt, die pädagogisch überhaupt nicht von Belang und Interesse sind, ja die (im schlimmsten Falle) selbst den unterschiedlichen pädagogischen Intentionen der Streitparteien zuwiderlaufen. Für eine juristische

---

195 Zu berücksichtigen ist in diesem Problemkomplex die Frage, was die Pädagogik soll, was sie überhaupt kann und ob sie so überhaupt auch kann, was sie soll? Diese Problematik, die schon Schleiermacher unter der Frage der inneren und äußeren Grenzen der Pädagogik bewegte (Schleiermacher 1826), soll hier jedoch nicht erörtert werden, obgleich sie angesichts der hehren Bildungs- und Erziehungsziele in vielen Lehrplänen, Schulgesetzen und ähnlichem dringend zu behandeln ist (vgl. für die SBZ/DDR: Gruner/Kluchert 2001, für die Lehrplanentwicklung in den Neuen Ländern: Schluß 2003).

Entscheidung werden in diesem Falle juristische Kriterien herangezogen, die nicht nur jenseits des pädagogischen Diskurses liegen, sondern denen auch keinerlei pädagogisches Äquivalent entspricht, das in die juristische Sprache übersetzt werden könnte. Dies kann dazu führen, den Streit auf pädagogischem Gebiet zwar juristisch einwandfrei zu entscheiden, aber dennoch der Sache nach den pädagogischen Diskurs zu beschädigen oder einzuschränken.

3 Die juristische Debatte um den moralisch-evaluativen Unterricht

Wenn bisher postuliert worden ist, dass der juristische Diskurs pädagogische Fragestellungen zum einen nur ausschnitthaft und zum anderen nur in transformierter Form wahrnehmen kann, so soll im Folgenden am Beispiel der juristischen Debatte um LER und den moralisch-evaluativen Unterricht[196] näher untersucht werden.[197] Das Besondere an der Debatte um LER ist, dass sie ursprünglich durchaus auf anderen Ebenen als der juristischen geführt wurde,[198] sich dann jedoch zunehmend auf das Gebiet des juristischen Diskurses verlagerte.[199] Gleichwohl konnte auch in der juristischen LER-Debatte auf Argumente zurückgegriffen werden, die älter als dieses Fach sind und aus der Diskussion um den Ethik- und Religionsunterricht stammen.

Juristisch umstritten war zum einen die Frage, ob der Art. 141 GG, die so genannte „Bremer Klausel", für die neuen Bundesländer gilt oder nicht. Die Bremer Klausel besagt, dass Länder, in denen vor dem Inkrafttreten des Grundgesetzes am 1.1.1949 eine andere Regelung galt, zur Einführung eines Religionsunterrichtes nach Art. 7 III 1 GG nicht verpflichtet sind. Dies trifft insbesondere für Bremen zu, da hier ein staatlich verantworteter Religionskundeunterricht

---

196 Die Begriffsprägung des moralisch-evaluativen Unterrichts stammt von Achim Leschinsky. Diese Bezeichnung greift über das Fach LER hinaus und bezieht sich auf den traditionellen konfessionellen Religionsunterricht wie auf seine Ersatzfächer. (Vgl. Leschinsky/Schnabel 1996).

197 Die religiöse Bildung und Erziehung in beiden deutschen Staaten nach 1945 und auch ihre jeweilige rechtliche Situation wurde von Achim Leschinsky, Gerhard Kluchert und anderen untersucht in Leschinsky/Kluchert 1998. Vgl. auch Leschinsky 2002.

198 Maßgeblich verantwortlich für diese sach-orientierte Debatte ist die intensive Begleitung, die schon dem Modellversuch sowohl durch Ministerium, Pädagogisches Landesinstitut und damals auch noch Evangelische Landeskirche, aber vor allem auch durch die wissenschaftliche Begleitung unter Leitung von Achim Leschinsky angedieh. Der Abschlussbericht der wissenschaftlichen Begleitung des Modellversuchs unter dem Titel „Vorleben oder Nachdenken" (Leschinsky et al. 1996) wurde von allen Seiten in diesem Diskurs immer wieder als Argumentationslieferant herangezogen. Trotz dieser Vorleistungen verlief die Debatte im Ganzen keineswegs nur sachlich (vgl. Schluß 2000a, 2001 und Schweitzer 2001).

199 Dass dies nicht so sein muss, zeigt die Debatte um den Hamburger Weg des „Religionsunterrichts für Alle". Auch hier wurde ein juristisches Gutachten erstellt, das dem Konzept verfassungsgemäßheit bescheinigt (Link 2002). Die konzeptionelle Diskussion war jedoch nie in der Gefahr, von der juristischen gleichsam überrollt zu werden, sondern diese bildete einen Unteraspekt von jener (Doedens/Weiße 2007).

– „Biblische Unterweisung" – bestand. Allerdings ist auch das Land Berlin von dieser Regelung betroffen. Inwieweit die ostdeutschen Länder unter diese Klausel fallen, ist juristisch umstritten. Zwar galten auch hier vor dem 1.1.1949 andere Regelungen zum Religionsunterricht, die Mehrzahl der juristischen Kommentatoren ist jedoch der Meinung, dass „Art. 141 GG den neuen Ländern keine Befugnis einräumt, von Art. 7 III 1 GG abzuweichen" (Goerlich 1998).[200] Akut war diese Frage ohnehin nur für Brandenburg, da die anderen neuen Länder den konfessionellen Religionsunterricht als (Wahl-) Pflichtfach eingeführt hatten.[201]

Für das Land Berlin ist dies aus juristischer Perspektive nicht fraglich. Die Alliierten haben Berlin dabei mit der Möglichkeit einer weltanschaulichen Unterweisung an der Schule ausgestattet, die in der Verantwortung eben jener Weltanschauungsgemeinschaften steht, vom Staat aber zumindest anteilig refinanziert werden muss (vgl. Häusler 2007 Wilke 1998, Lüpke 2009). Die Hürden, um einen solchen Weltanschauungsunterricht anbieten zu können, sind dabei wesentlich niedriger als in anderen Bundesländern. Gleichzeitig ist die religiöse Vielfalt in der multikulturellen Stadt (oder den multikulturellen Teilen der Stadt) bunter als anderswo.[202]

---

200 Die Begründung für diese Argumentation ist zweifach. Zum einen wird argumentiert, es gebe keine Rechtskontinuität zwischen den alten Ländern auf dem Gebiet der SBZ, die durch die Bezirkskonstituierung am 23. 6. 1952 beseitigt wurden, und den Neugründungen 1990. Somit könne auch Art. 141 für diese Neugründungen nicht gelten. (So z.B. Uhle 1997). Zum anderen wird auf den unterstellten Willen des Parlamentarischen Rates verwiesen, der nur die „freien" Länder im Blick gehabt habe, nicht jedoch die jenseits der Zonengrenze. Diese Argumentation hat allerdings noch zu erörtern, inwieweit diese historische Begründung eine aktuelle Entscheidung tragen kann. Weiterhin ist auch die historische Vermutung insofern anzufragen, als der Parlamentarische Rat die Vereinigung der deutschen Länder *unter dem Grundgesetz* gerade nicht vorausgesehen hat, sondern für diesen Fall die Ausarbeitung einer Verfassung vorschrieb. Die Ausdrehung des Art. 7 Abs. 3 GG auf die Neuen Länder ist deshalb keineswegs so selbstverständlich wie oft dargestellt. Mit einer einfacheren Begründung argumentiert Renck gegen die Ausdehnung von Art. 7 Abs. 3 GG auf die neuen Länder. Art. 7 formuliere kein „konstitutionelles Programm", sondern erlaube „nur den Fortbestand vorkonstitutioneller Verhältnisse in den Ländern, die sich aus historischen Gründen für dieses prinzipienwidrige Verfassungsrecht entschieden haben." (Renck 1994, S. 32).

201 Sachsen-Anhalt hat eine andere Regelung gefunden, indem dort konfessioneller Religionsunterricht und Ethik gleichberechtigte Fächer sind. Auch dies entspricht nach der Mehrheitsmeinung der Juristen nicht den grundgesetzlichen Regelungen. Da diese Übereinkunft jedoch übereinstimmend erzielt wurde, gab es hier keine Verfassungsklage. Als Besonderheit für Sachsen-Anhalt kommt hinzu, dass evangelischer und katholischer Religionsunterricht von einem Lehrer in einer Lerngruppe unterrichtet werden dürfen. Auch dies geschah unspektakulär auf der Grundlage von bi- und trilateralen Vereinbarungen und trägt sowohl der Personaldecke als auch der Schülerzahl Rechnung.

202 Eines der stärksten Argumente der Befürworter des 2007 verbindlich eingerichteten Faches Ethik in Berlin war, dass Schülerinnen und Schüler sich künftig über Fragen des Lebens, Handelns und Glaubens in einem gemeinsamen Fach miteinander sich austauschen können und dies zugleich auf einem wissenschaftsaffinen Hintergrund tun. Auch wenn für den Bereich der praktischen Philosophie der Lehrplan diese Hoffnung wohl erfüllt, sieht das im Bereich der Religionen leider anders aus. Religion kommt im Ethik-Lehrplan nur in zwei von sechs Themenfeldern, und zwar bei

Diese diversen Anbieter erheben freilich auch Anspruch auf die Refinanzierung ihres Weltanschauungsunterrichtes. Für Aufmerksamkeit sorgen dabei nur wenige, wie vor allem der islamische Unterricht der von der islamischen Föderation verantwortet wird.[203] Vom buddhistischen Religionsunterricht erwartet dagegen niemand Gefahr, auch wenn nach Rahmenlehrplan dort die Religion ganz offiziell ausgeübt und verschiedene Meditationen eingeübt werden sollen.[204]

Mag die Frage nach der Geltung der Bremer Klausel für das Land Brandenburg auch diejenige gewesen sein, die von vielen als die juristisch entscheidende Frage eingestuft wurde, so ist sie doch aus erziehungswissenschaftlicher Sicht kaum ergiebig. Pädagogische Argumente können zu dieser Frage, deren Beantwortung zweifellos weitreichende pädagogische Folgen hat, keinerlei Beitrag leisten. Dies bedeutet, pädagogische Argumente für und gegen einen Unterricht, wie ihn LER repräsentiert, können gar nicht zur Geltung kommen, wenn die Diskussion auf der juristischen Ebene um den Geltungshorizont einer Ausnahmeregelung des Grundgesetzes geführt wird. Diese Situation ist vergleichbar der Argumentation des Landes Baden-Württemberg im Kopftuchstreit: Auch hier wurde der Streit auf eine andere als die eigentlich in Frage stehende Ebene verlagert, weil nur so eine Chance auf juristische Klärung bestand. Die „Kollateralschäden" sind in beiden Fällen deutlich, und es lohnt die Überlegung, ob diese nicht bedeutender sind als der erhoffte Zweck, auf den hin das juristische Verfahren angestrengt wurde. Im Falle Baden-Württembergs betraf dies die Abkehr von der positiven Religionsfreiheit, im Falle der Diskussion um LER, sofern sie sich auf die Geltung der Bremer Klausel verschob, die Abkehr von der inhaltlichen Abwägung um die Vorzüge und Nachteile dieses Faches als eines verbindlichen Regelfaches hin zu einer formaljuristischen Frage.

Wäre diese zentrale juristische Frage die einzige juristisch zu diskutierende, so wäre das Ergebnis dieser Untersuchung niederschmetternd. Die juristische Debatte hätte dann an diesem Beispiel die pädagogische schlicht abgelöst. Pädagogische Argumente könnten zur Klärung dieses pädagogischen Problems kaum mehr etwas beitragen, denn die Frage des Geltungshorizontes einer Ausnahmeregelung des Grundgesetzes ist keine Frage, die für pädagogisches Argumentieren zugänglich wäre.

Allerdings war diese aus juristischer Sicht vielleicht wichtigste dennoch nicht die einzige Frage, mit der sich die Juristen auseinandersetzen mussten. Eine Frage weniger formalen Charakters war, ob und inwiefern ein vom Staat verant-

---

„Schuld Pflicht Gewissen" (dort mit der christlichen Lehre von der Erbsünde) und bei „Wissen, Hoffen und Glauben" vor. Für alle anderen Themen des Lebens ist eine religiöse Perspektive nicht vorgesehen (vgl. Senatsverwaltung für Bildung, Jugend und Sport 2006).

203 Vgl. Kraft 2007; http://if-berlin.de/; Mohr 2006; Mohr 2000.
204 Vgl. Noack 2004 und http://www.buddhistischer-religionsunterricht.de/downloads/rahmenpl.pdf

wortetes Unterrichtsfach auf „moralisch-evaluativem" Gebiet mit religionskundlichem Anspruch als verbindliches Pflichtfach überhaupt angeboten werden darf. Dies ist deshalb umstritten, weil mit einem monopolistischen Unterrichtsfach das Neutralitätsgebot des Staates verletzt werden könnte.[205] Die Konsequenz aus einem wertevermittelnden Pflichtfach scheint in juristischer Hinsicht ein Paradox zu sein, das seinen beinahe schon klassischen Ausdruck in dem Diktum Wolfgang Böckenfördes findet: „Der freiheitliche, säkularisierte Staat lebt von Voraussetzungen, die er selbst nicht garantieren kann. Das ist das große Wagnis, das er, um der Freiheit willen, eingegangen ist. Als freiheitlicher Staat kann er einerseits nur bestehen, wenn sich die Freiheit, die er seinen Bürgern gewährt, von innen her, aus der moralischen Substanz des einzelnen und der Homogenität der Gesellschaft, reguliert. Andererseits kann er diese inneren Regulierungskräfte nicht von sich aus, das heißt mit den Mitteln des Rechtszwanges und autoritativen Gebots, zu garantieren suchen, ohne seine Freiheitlichkeit aufzugeben und – auf säkularisierter Ebene – in jenen Totalitätsanspruch zurückzufallen, aus dem er in den konfessionellen Bürgerkriegen herausgeführt hat" (Böckenförde 1967).[206]

Wenn der Staat Werte nicht vermitteln darf, aber aus dem Interesse des Selbsterhaltes auf sie angewiesen ist, wer darf dann Werte vermitteln? Das deutsche Recht kennt im Unterschied zum amerikanischen, französischen oder türkischen zusätzlich zur „negativen" die „positive Religionsfreiheit". Während die negative Religionsfreiheit festlegt, dass niemand zu einer bestimmten Religion oder religiösen Handlungen gezwungenen werden kann, geht es in der positiven

---

205 Dieses Neutralitätsgebot des Staates ist im Grundgesetz selbst nicht explizit verankert. Es geht jedoch für den Bereich der Religion vor allem aus dem Artikel 4 GG (Glaubens-, Gewissens- und Bekenntnisfreiheit) und dem Art. 140 (Recht der Religionsgesellschaften; Glaubensfreiheit; Schutz von Sonn- und Feiertagen) GG hervor. Der Artikel 140 GG nimmt dabei eine Sonderstellung ein, weil in ihm die Fortwirkung der Artikel 136, 137, 138, 139 und 141 der Weimarer Reichsverfassung vom 11. August 1919 festgeschrieben wird. In den Kommentaren zum Grundgesetz wird daraus eine sehr weitgehende Neutralitätspflicht des Staates abgeleitet: „Die Verantwortung der Religionsgemeinschaften für den Religionsunterricht, für den der Staat zu sorgen hat, geht so weit, dass sie ihr Verständnis vom Religionsunterricht auch ändern können und der religiös neutrale Staat das hinnehmen muss" (Hesselberger 1996 S.112). Allerdings ist auch eine gänzlich andere Lesart des Neutralitätsgebotes denkbar. Zieht man die mehrheitlich areligiöse Mentalität in den neuen Bundesländern in Betracht, und beharrt der Staat dennoch auf einer Einführung des konfessionellen Religionsunterrichts als Pflichtfach, so kann gerade dies als Verstoß gegen die staatliche Neutralität wirken. Insofern kollidieren hier Verfassungsansprüche miteinander und die Höherwertigkeit wäre abzuwägen (vgl. Goerlich S. 821-822).

206 Gegen den inflationären Gebrauch dieses Zitates wandte sich der damals scheidende Bischof der Kirchenprovinz Sachsen, Christoph Demke. Denn der dauernde Verweis auf das Zitat könne in der säkularen Situation des Ostens auch nicht helfen, in der die übergroße Mehrheit der Schülerinnen und Schüler nicht den konfessionellen Religionsunterricht besuche (vgl. Demke 1997, S. 130). Ausführlicher zu dem von Böckenförde vorgetragenen Argument vgl. Kapitel 2.4 in dieser Arbeit.

Religionsfreiheit (Art. 4 Abs. 1 GG) darum, dass der Staat die Religion unterstützt und befördert. Die Religionsgemeinschaften werden als intermediäre Institutionen zwischen Staat und Gesellschaft verstanden, die subsidiär für die Gesellschaft Aufgaben wahrnehmen können, die der Staat selbst nicht leisten kann. Dazu gehört der konfessionelle Religionsunterricht, der nach dieser Argumentation für die Grundlegung von staatserhaltenden Werten notwendig ist, die der Staat, aufgrund seiner Neutralitätspflicht, jedoch nicht übernehmen darf.

Die Angewiesenheit des Staates auf Werte ist gleichwohl verschiedentlich in Frage gestellt worden. So kommt z.b. in der Systemtheorie Niklas Luhmanns (vgl. Luhmann 2002) das politische System ohne so verstandene Wertgrundlagen aus, weil es sich durch seine bipolare Grundstruktur (Macht – Ohnmacht) selbst auf Dauer stellt. Damit ist jedoch keine bestimmte Staats*form* gesichert. Andere Überlegungen gehen davon aus, dass der moderne Staat nichts weiter als das Legalitätsprinzip zu seiner Grundlegung braucht und beanspruchen darf. Dieses ist auch ohne eine Wertvermittlung gültig, da Zuwiderhandlungen gegen die Gesetze des Staates bestraft werden.[207]

Auch wenn also umstritten ist, ob der moderne Staat der Wertevermittlung zu seinem Selbsterhalt überhaupt bedarf, herrschte darüber auch im Streit um LER weitgehende Einigkeit, dass der Staat selbst in der Wertvermittlung neutral sein muss. Inhaltlich geht die Begründung für dies Neutralitätsgebot auf die Position Max Webers im Werturteilsstreit zurück.[208] Sehr verknappt lautet Webers Argument: Da nicht zu erwarten ist, dass die wissenschaftliche Einsicht in der Annäherung an die Wahrheit die Wertefrage implizit mit entscheidet, sondern vielmehr eine Konkurrenz der Weltanschauungen mit verschiedenen Werten zu beobachten ist und diese Wertdifferenzen mitnichten wissenschaftlich auflösbar sind, muss Wissenschaft in ihrem Verfahren von Werturteilen möglichst freigehalten werden oder, wo sie auftreten, muss auf diese ausdrücklich hingewiesen werden. Aus dieser Aussage über Wissenschaft zog Weber auch institutionstheoretische Konsequenzen. Weil der Ort, an dem in Deutschland Wissenschaft betrieben wurde, die staatliche Universität war, die damit quasi über ein Monopol auf Wissenschaft verfügte, musste diese Institution selbst auch wertneutral sein. Anders schätzte Weber die Situation in Ländern, in denen Universitäten z.b. private Stiftungen sind und so konkurrierend unterschiedlichen Wertkonzepten anhängen, ein. Verallgemeinert hieße dies: Da Wertkonzepte plural sind, müssen sie von freien Trägern in Konkurrenz zueinander dargestellt werden können. Ge-

---

207   Allerdings ist in der juristischen Literatur die Auffassung verbreitet, dass die Rechtsgemeinschaft eines Konsenses über die für das Zusammenleben konstitutiven Werte bedarf (vgl. Wimmer 1998, S. 405).

208   Eine gute und knappe Darstellung dieses Streits auch mit zeitgenössischen Folgerungen findet sich in Albrecht 2001.

schieht dies nicht, sondern gibt es ein Quasi-Monopol – wie in der staatlichen Schule – so hat sich der Staat als Schul-Monopolist wertneutral zu verhalten. In juristischer Perspektive ist dies Neutralitätsgebot kein einfaches Kriterium. Zwar gewährleisten Art 4, I und II GG einerseits „ein grundgesetzliches Gebot staatlicher religiös-weltanschaulicher Neutralität"[209], andererseits benennt das Grundgesetz jedoch nicht nur einen elterlichen Erziehungsauftrag, sondern einen gleichberechtigten Erziehungsauftrag des Staates.[210] Die juristische Schwierigkeit besteht darin, einerseits die religiös-weltanschauliche Neutralität zu gewährleisten, andererseits aber diesen Erziehungsauftrag des Staates, der nicht nur ein „wertfreier" Bildungsauftrag ist, sondern bestimmte Erziehungsziele festschreibt, umzusetzen. Die Lösung, die für den Ethikunterricht als Ersatzfach des Religionsunterrichtes nach Art. 7, 3 GG juristisch akzeptiert ist, sieht vor, einen „glaubens- und bekenntnisneutralen Ethikunterricht"[211] einzuführen, und wird ebenfalls von Art. 4 I, II GG abgeleitet. Ethik wird darin nicht als ein bestimmtes zu erwerbendes Ensemble von feststehenden Werten verstanden, sondern als das Bemühen, begründete Aussagen über richtiges und falsches Verhalten zu machen. Der Ethikunterricht darf sogar zu Werten erziehen wollen, solange diese Werte *neutral* begründet werden können. So z.B. Stefan Huster: „Mit dem erwähnten Indoktrinationsvorbehalt wird man daher sagen können, dass auch gegen einen dezidiert moralpädagogisch orientierten Ethikunterricht in der staatlichen Schule keine verfassungsrechtlichen Bedenken bestehen, soweit er inhaltlich dem Neutralitätsprinzip genügt" (Huster 2001, S. 419).

Nicht die Tatsache eines Ethikunterrichts schlechthin verstößt also gegen die geltende Rechtsauffassung. Dieser ist vielmehr von dem staatlichen Erziehungsauftrag abgedeckt. Ein Verstoß liegt lediglich dann vor, wenn der Ethikunterricht gegen das grundgesetzliche Gebot staatlicher religiös-weltanschaulicher Neutralität verstößt. Wenn aber der Ethikunterricht „einen Wahrheits- und Geltungsanspruch bestimmter ethischer oder weltanschaulicher Richtungen nicht behauptet und insbesondere keinen Absolutheitsanspruch erhebt",[212] liegt kein Verstoß gegen diese Neutralitätspflicht vor.

Was bislang recht stringent erscheint, wird dann komplizierter, wenn der Begriff der Neutralität näher bestimmt werden soll. Der Begriff ist juristisch keineswegs so klar definiert, wie es zuweilen erscheint. In der juristischen Literatur finden sich mindestens zwei unterschiedliche Modelle zur Wahrung dieser Neutrali-

---

209 DVBl 1998, 1345, zitiert nach Heckmann 1999, S. 230 (dort auch weitere Literatur).
210 Art. 7, 1 GG und seine Kommentierungen.
211 DVBl 1998, 1345, zitiert nach Heckmann 1999, S. 230. Ob diese Argumentation auch für den Ethikunterricht als verbindliches Regelfach – wie seit 2007 in Berlin vorgeschrieben und durchgeführt – gilt, ist höchstrichterlich noch nicht entschieden.
212 DVBl 1998, 1345, zitiert nach Heckmann 1999, S. 230.

tät. So wird Neutralität von Huster als etwas verstanden, das gewährleistet ist, wenn sich die in Frage stehenden Werte gleichsam objektiv, also unabhängig von subjektiven partikularen ethischen Grundlagen begründen lassen (vgl. Huster 2001, S. 417). Wird Neutralität dergestalt näher bestimmt, ist auch nichts gegen die Vermittlung von Werten im Unterricht einzuwenden, solange sie sich neutral begründen lassen. Dies deckt dann der Erziehungsauftrag der staatlichen Schule.

Jedoch ist auch ein anderes Verständnis von Neutralität verbreitet, das mit einer erheblichen Skepsis gegen den Versuch der Wertevermittlung an der staatlichen Schule überhaupt einhergeht. Die Aufgabe der Schule sei diesem Verständnis zufolge lediglich, das Vermitteln der *Kenntnisse* unterschiedlicher Werte, sie könne diese jedoch nicht verbindlich machen.[213]

Beide Positionen schließen sich nicht schlechthin aus, sondern gehen unterschiedliche Kombinationen ein, wie z.B. bei Heckmann. Nach der von ihm vertretenen Auffassung kann die Neutralität durch die „Vermittlung ethischer Vorstellungen und Grundsätze in ihrer pluralistischen Vielfalt"[214] gewährleistet werden. Verbindlichkeit dürften die Aussagen des Ethikunterrichtes nur dort beanspruchen, wo es „um die nach dem Grundgesetz und seinem Menschenbild für das Zusammenleben essentiellen und unerlässlichen Grundwerte, [...] um den Erhalt der eigenen Geltungsbedingungen gehe".[215]

Diese Aussage Heckmanns ist allerdings ebenfalls keineswegs eindeutig. Einerseits gilt anscheinend der juristische Konsens, der in dem Böckenförde-Satz seinen klassischen Ausdruck gefunden hat, dass der Staat die ethischen Grundlagen seiner selbst nicht vermitteln könne, ohne die Grundlagen der seiner Freiheitlichkeit selbst zu unterminieren. Worin unterscheidet sich dies jedoch von dem von Heckmann als dem staatlichen Unterricht erlaubten „Erhalt der eigenen Geltungsbedingungen?" Andererseits scheint hier ein bestimmter Komplex von Werten der strikten Neutralitätspflicht enthoben zu sein. Es fragt sich, ob Heckmann – und mit ihm das zitierte Gerichtsurteil – hier so etwas wie die Aussage des ersten thüringischen Lehrplans für Sozialkunde nach der Neugründung der ostdeutschen Bundesänder im Auge hatte, dass der „Unterricht im Fach [...] die Wertvorstellungen des Grundgesetzes vermitteln (muss)" (Thüringer Kultusministerium 1991, S. 6, vgl. Schluß 2003b Kap. 3.2.2.3.). Dennoch sind die Unterschiede unübersehbar. Während in Thüringen das erklärte Ziel des Sozialkundeunterrichts war, die Werte des Grundgesetzes zu vermitteln, geht es den Richtern um eine *Ausnahme* im ansonsten plural aufgebauten Ethik-Unterricht. Pluralität meint demnach für die Richter keineswegs Beliebigkeit. Denn einerseits geht es

---

213 Vgl. aus der Vielzahl Heid 1994, Höffe 1979, Höffe 1995, Nipkow 1998a, Lohmann 1998, Martens 1994, Schneider 1998, Fischer, W. 1996, Grammes 2000, Hentig 1999.
214 DVBl 1998, 1345, zitiert nach Heckmann 1999, S. 230.
215 Ebd.

um die Stärkung von Reflexionsfähigkeit und die Begründung von moralischen Urteilen, anderseits um eine Grenze der Toleranz da, wo basale Werte menschlichen Miteinanders in Frage stehen. Das GG erlaube diesbezüglich eine inhaltliche Festlegung, wenn es diese nicht sogar fordere. Das könne auch einen christlichen Bezug einschließen, insofern das Schulgesetz von einer „Verantwortung vor Gott" ausgeht und die „christliche Nächstenliebe" thematisiert und selbst das Grundgesetz in seiner Präambel von Gott spricht. Allerdings kann damit kein konkret religiöser oder gar konfessioneller missionarischer Bezug gerechtfertigt werden, sondern es geht um das Christentum als kulturprägende Kraft, auf das hier Bezug genommen werden darf.

Auch wenn somit juristisch keineswegs Einmütigkeit über das Feld, auf dem LER angeboten wird, herrscht, sind doch die das Feld begrenzenden Bezüge hinreichend deutlich geworden: So bedeutet das staatliche Neutralitätsgebot auf religiös-weltanschaulichem Gebiet kein Thematisierungsverbot. Es gibt einen, von dem elterlichen unabhängigen und gleichberechtigten, Erziehungsauftrag des Staates. Dem Neutralitätsgebot kann er in der einen Lesart durch eine Thematisierung pluraler Wertekonzepte entsprechen, in der anderen darf der Staat selbst bestimmte Prioritäten setzen, insofern es sich um kulturprägende Einflüsse handelt. Er darf sogar das Pluralitätsgebot in den Fällen hinter sich lassen, wo es um die nach dem Grundgesetz und seinem Menschenbild für das Zusammenleben essentiellen und unerlässlichen Grundwerte geht. Dieser Erziehungsauftrag kann aus juristischer Perspektive die Wertvermittlung rechtfertigen, sofern diese sich „neutral" begründen lassen. Insofern lässt sich juristisch ein für alle verbindliches Pflichtfach im „moralisch-evaluativen Bereich" vertreten, sofern es dem Neutralitätsgebot verpflichtet ist (vgl. Huster 2001 S. 422).[216] All dies ist keineswegs einfach zusammenzubringen.

---

216 Es gilt sogar umgekehrt: „Gibt es nur eine Weltanschauungsethik, so ist ihr Unterricht wie der Religionsunterricht zu behandeln, von dem man sich nach Art. 7 Abs. 2 GG abmelden kann. Gibt es dagegen weltanschauungsfreie Ethik, so ist ihr Unterricht ein gewöhnliches wissenschaftliches Lehrfach, das aus Gründen der Gleichbehandlung allen Schülern erteilt werden muss und von dem nicht diejenigen befreit werden können, die an einem Religionsunterricht teilnehmen" (Renck 1994). In ihrer Schrift zur Werbung für die Einführung des neuen Faches sah die SPD-Landtagsfraktion das naturgemäß ganz anders: „Diese Befreiungsmöglichkeit setzt ein deutliches Zeichen der Toleranz und Aufgeschlossenheit, durch das die allgemeine Akzeptanz für das neue Fach LER weiter gestärkt werden soll" (SPD-Landtagsfraktion 1996, S. 30-31).

4 Das Verhältnis von Recht und Pädagogik am Beispiel LER

Es gilt nun zu überprüfen, ob sich das Verhältnis von Recht und Pädagogik in dem untersuchten Fall mit Hilfe der zu Beginn postulierten Beziehungen (und ihren problematischen Implikationen) beschreiben lässt.

Als erste Variante des Verhältnisses war der Fall beschrieben, dass pädagogische Argumente in den juristischen Diskurs nicht zu übersetzen sind und deshalb im Streitfalle außen vor bleiben. Dies lässt sich an der LER-Debatte aufzeigen. Bevor sich der Streit zunehmend auf die juristische Ebene verlagerte, waren Fragen umstritten wie „Welcher Erfahrungsbegriff sollte einem moralisch-evaluativem Unterricht zugrunde liegen?", „Was bedeutet religiöse Alphabetisierung?", „Erreicht LER die selbstgesteckten Bildungs- und Erziehungsziele?" (vgl. dazu Schluß 2000 a). Diese Fragen lassen sich in den juristischen Diskurs jedoch nicht übersetzen, da sie dort kein Äquivalent haben. Sie müssen also notwendigerweise bei der juristischen Klärung dieses Streites unbeachtet bleiben. Die Rekonstruktion der juristischen Debatte ließ kaum Ansätze erkennen, in denen diese pädagogischen Fragestellungen aufgenommen worden wären.[217]

Die zweite postulierte Variante, die Übersetzung von pädagogischen Problemen in juristische und umgekehrt, lässt sich in dem gewählten Beispiel an der Diskussion um das Neutralitätskriterium zeigen. Unterrichtliche Bemühungen sollen diesem juristischen Kriterium dann entsprechen, wenn dieser Unterricht vom Staat, womöglich sogar monopolistisch, angeboten wird. Was bedeutet jedoch „neutral"? Wie gezeigt ist die Füllung des Begriffs auch in der juristischen Debatte umstritten. Ist die Neutralität durch Pluralität zu gewährleisten oder durch völlige

---

217 Für eine Entscheidungsfindung ist diese selektive Sicht vermutlich förderlich. Die Pädagogik ist nicht dafür bekannt, selbst bei der übereinstimmenden Diagnose von Missständen übereinstimmend Lösungen präsentieren zu können. Achim Leschinsky erinnert daran, dass die Misere des Deutschen Bildungswesens in wesentlichen Zügen bereits in den 70er Jahren beinahe gleichlautend zu den PISA-Ergebnissen beschrieben worden ist, ohne dass die pädagogischen Experten sich auch nur annähernd auf Lösungsmöglichkeiten hätten einigen können (vgl. Leschinsky 2003). Allerdings ist die Ablösung der pädagogischen Diskussion durch die juristische macht somit zumindest bei genauerem Zusehen deutlich, dass manche Probleme zwar juristisch entschieden werden können, aber eben keiner eindeutigen Lösung zuzuführen sind, sondern als Probleme erinnert und virulent gehalten werden müssen, um sie zwar nicht lösen, aber bearbeiten zu können.

Werturteilsfreiheit oder durch Rückgriff auf neutral zu begründende, allgemein-verbindliche Werte, deren das Staatswesen um seines Selbsterhalts willen bedarf? Verschiedene Zielstellungen des unterrichtlichen Konzepts von LER lassen sich in dieses juristische Koordinatensystem von Neutralitätsdefinitionen eintragen. So wurde im Modellversuch LER mit dem Konzept von Integrations- und Differen-zierungsphasen, von zwei Lehrern in einer Klasse, einem kirchlichen und einem staatlichen, versucht, diese Neutralität durch Pluralität zu gewährleisten. In diesem Sinne kann auch das Konzept der umstrittenen „authentischen Vertreter" interpre-tiert werden. Auch ihr authentisches Zeugnis verhalf dem Konzept von LER zu Pluralität. Mit dem Ausscheiden der evangelischen Kirche aus dem Projekt LER ließ sich diese Pluralität so nicht mehr realisieren.[218] Lediglich die authentischen Vertreter repräsentierten nun noch das plurale Konzept. Zunehmend wurde darum die andere Fassung des juristischen Neutralitätsbegriffs hervorgehoben, die sich darauf stützte, dass LER nicht zu bestimmten Werthaltungen im Sinne einer Ideo-logie oder Konfession erziehen wolle, sondern das Kennenlernen vieler dieser Werthaltungen ermöglichen wolle. Gleichwohl hatte LER jedoch immer einen besonders herausgehobenen Erziehungsauftrag im Rahmen des schulischen Fä-cherkanons. Dieser besondere Erziehungsauftrag wurde im Sinne des juristischen Neutralitätsgebotes jedoch als einer interpretiert, der sich neutral begründen lasse und daher legitim sei. Es ist viel darüber gestritten worden, ob LER in seinen ver-schiedenen Phasen durch diese verschiedenen Interpretationen das Neutralitätsge-bot nun verletze oder nicht. Dieser Streit soll hier nicht noch einmal dargestellt oder gar bewertet werden. Am Beispiel der Neutralitätsdiskussion soll lediglich deutlich werden, dass die pädagogische Debatte um die Sinnhaftigkeit von authen-tischen Vertretern, von Differenzierungs- und Integrationsphasen von Schülern unterschiedlicher Konfessionszugehörigkeit, aber auch die pädagogische Debatte um die Basis des schulischen Erziehungsauftrages generell zwangsläufig dann verengt werden muss, wenn sie nur noch unter dem Blickwinkel des juristischen Neutralitätsbegriffs geführt wird. Für die juristische Debatte ist dies ein handhab-bares Kriterium und es ist, wie gezeigt, anschlussfähig an pädagogische Diskussio-nen. Aber die pädagogische Debatte geht nicht restlos in dem juristischen Diskurs über Neutralität auf. Vielmehr gibt es dort andere Fragen, die zu berücksichtigen und die im juristischen Koordinatensystem nicht einzuordnen sind.[219] Die Frage

---

218 Ohnehin konnte schon während des Modellversuchs nur in einem Bruchteil der teilnehmenden Schulen überhaupt konfessioneller Religionsunterricht im Rahmen von LER angeboten wer-den, wofür von den jeweils verantwortlichen Stellen unterschiedliche Gründe genannt wurden (vgl. Leschinsky et al. 1996).

219 Eine weitere – nicht unwesentliche – Perspektive trägt Ines Maria Breinbauer bei, wenn Sie diskutiert, dass „diese Rolle als ‚Ersatzpflichtfach' zwar im Blick auf die historische Genese der Diskussion nicht zu bestreiten [ist, sie] aber im Hinblick auf die Begründungslogik eine nicht un-problematische Mitgift für das (wie auch immer bezeichnete) Fach dar[stellt]: Aufgrund dieser Er-

z.b., welchen Einfluss die Lerngemeinschaft von gemischt konfessionellen Gruppen auf Lernerfolge in unterschiedlichen Kompetenzbereichen hat, ist juristisch nicht verrechenbar und gleichwohl pädagogisch höchst relevant. Das Beispiel zeigt demnach deutlich, wie begrenzt sich pädagogische Fragestellungen in juristische übersetzen lassen. Dies gilt freilich auch für die umgekehrte Transformation. Die juristische Vorgabe eines „neutralen" Unterrichts bedarf der pädagogischen Interpretation und Auslegung. Der juristische Begriff der Neutralität ist demnach zwar zum Teil, aber eben auch nur zum Teil ein Äquivalent der infrage stehenden pädagogischen Problemstellung.[220]

Der dritte potentielle Fall, bei dem es für einen Streitfall juristisch relevante Argumente gibt, die jedoch pädagogisch keinerlei Relevanz haben, lässt sich in dem dargestellten Beispiel an der Frage der Geltung der Bremer Klausel verdeutlichen. Der Artikel 141 GG war ursprünglich zur Bewahrung der Sondersituation des Religionsunterrichtes in einigen Bundesländern, besonders Bremens, in das Grundgesetz aufgenommen worden. Die dortige traditionelle Regelung eines Religionskundeunterrichtes sollte durch das Inkrafttreten des Grundgesetzes nicht aufgehoben werden müssen, sondern sollte Bestand haben. Diese Sondersituation des Religionsunterrichts in Bremen hat eine lange pädagogische Debatte im Hintergrund. Die Frage jedoch, die im Falle des Streits um LER anstand, war nicht mehr die pädagogische Frage, die zur Entstehung der Bremer Klausel geführt hatte, sondern hier wurde prinzipiell juristisch darüber gestritten, ob nun der Wortlaut des Artikels 141 oder der hinter ihm vermutete Geist gelten solle. Dem Wortlaut nach konnte sich Brandenburg auf diese Klausel berufen, denn auch auf dem Gebiet des Landes Brandenburg galt am 1. Januar 1949 eine andere Regelung. Dem Geiste nach jedoch, so waren sich die Kommentatoren weitgehend einig, bezog sich diese Klausel nur auf die zum Geltungsgebiet des Grundgesetzes gehörenden Länder mit frei gewählten Regierungen. Beides galt für Brandenburg nicht. Auch wenn also unstrittig ist, dass die Entscheidung nach diesem juristischen Kriterium erhebliche und vielleicht auf lange Dauer bindende pädagogische Folgen gehabt hätte, ist die juristische Abwägung zur Geltung der Bremer Klausel eine, die sich rein im Rahmen des juristischen Koordinatensystems bewegt und pädagogische Kriterien nicht im Entferntesten berücksichtigen kann. Eine Entscheidung nach Anwendung oder Nichtanwendung der Bremer Klausel hätte dazu führen können, dass Kläger wie Beklagte mit einer Situation

---

satz-Funktion wird die inhaltliche und methodische Erörterung der Legitimation und Aufgaben des Faches nicht etwa von der Thematik der ‚Ethik' und den Fragen ihrer theoretischen Verfassung und ihrer Lehrbarkeit aufgerollt [...], sondern es dominiert die Frage, ob der ‚Ersatz' das zu ersetzen vermag, was zu seinen Gunsten abwählbar ist" (Breinbauer 1999, S. 204).

220 Freilich gibt es auch im juristischen Diskurs über Neutralität vieles, was sich nicht in den pädagogischen Diskurs übersetzen lässt. Diese Transformationsprobleme bestehen also in alle Richtungen, auch wenn diese Problematik hier nicht näher untersucht werden soll.

konfrontiert worden wären, die für Beide, zumindest auf längere Sicht, nicht sinnvoll erscheint. Das Modell, das die Berlin-Brandenburgische Kirche favorisierte, eine Fächergruppe LER, in der Religion und Ethik gleichberechtigte Unterrichtsfächer sind, wäre beispielsweise durch ein Urteil in Frage gestellt worden, das der Klage der Evangelischen Kirche gefolgt wäre. Diese hätte dann wohl den konfessionellen Religionsunterricht als Regelunterricht einrichten müssen. Diese Tragweite ist jedoch im Laufe des Prozesses aus dem Blick geraten, denn alle Beteiligten hätten mit den Kollateralschäden eines solchen „siegreichen" Urteils leben und es umsetzen müssen. Der Vergleich zur Argumentation der Landesregierung Baden-Württembergs im Kopftuchstreit bietet sich an, die ebenfalls auf eine juristisch scheinbar Erfolg versprechende Argumentation setzte, dabei jedoch die weiter reichenden Folgen ausblendete. Es scheint so, als führe die Konzentration auf Erfolg versprechende juristische Mittel mitunter dazu, die eigenen pädagogischen Ziele zu ignorieren und zu unterminieren. Die Brandenburgische Kirche hätte bei einem Sieg ihrer Argumentation das von ihr favorisierte Modell der Fächergruppe nicht initiieren können, die Baden-Württembergische Regierung hätte sich faktisch von der positiven Religionsfreiheit verabschiedet.

In beiden Fällen scheint es so, als sei es letztendlich das Gericht gewesen, das die streitenden Parteien vor den Konsequenzen ihres eigenen Tuns bewahrt hat, indem es eben kein Urteil fällte, sondern im Falle des Kopftuchstreits diesen an die politische Ebene zurückverwies und im Falle von LER jahrelang überhaupt nicht entschied. Möglicherweise stand im Hintergrund dieser Entscheidungsverweigerung die Hoffnung, dass sich auf anderen Wegen Lösungen finden ließen. Als selbst die Regierungsbeteiligung der CDU im Land Brandenburg, die mit gegen das Fach klagte, nicht zu einer einvernehmlichen Lösung führte, fällte das Gericht die Entscheidung, dass die Streitparteien einen Vergleich schließen sollten. Als die Parteien aus eigener Kraft nicht dazu in der Lage waren, legte das Gericht einen Entwurf vor, der pragmatisch Lösungen für die diskutierten Probleme vorschlug, ohne die „großen" Fragen zu thematisieren (vgl. Schluß 2002). Leschinsky/Gruehn bewerteten dies Verfahren des Verfassungsgerichts als ambivalent, weil es keine letztgültige Klärung geschaffen habe (vgl. Leschinsky/ Gruehn 2002). Die vorliegende Analyse erlaubt jedoch auch eine andere Perspektive: Zwar wurde auf dem vom Verfassungsgericht gewählten Wege eine endgültige juristische Klärung aller offenen Fragen nicht erzielt, aber gerade in der Verweigerung der Rolle einer juristischen Letztinstanz in Fragen, die bildungspolitisch und bildungs- und erziehungstheoretisch zu erörtern und damit nie letztgültigen Lösungen zuzuführen sind,[221] könnte die wegweisende Bedeu-

---

221 Wobei es zwischen im je aktuellen Kontext besseren und schlechteren Lösungen argumentativ zu unterscheiden gilt.

tung dieses Vergleichsvorschlages liegen.[222] Das Verfassungsgericht hat faktisch damit die bildungspolitische Handlungsfreiheit in Fragen des moralisch-evaluativen Unterrichtes gesichert und nicht mit Hilfe von juristischen Argumentationen auf lange Sicht trotz sich rapide verändernder Rahmenbedingungen konserviert. Es ist damit der Versuchung der letztinstanzlichen Regelung von Fragen, die letztinstanzlich gar nicht zu regeln sind, nicht erlegen, sondern hat sie als Probleme virulent gehalten und hat mit dem Vergleich zu einer immerhin von beiden Seiten weithin für zustimmungsfähig gehalten Homöostase geführt. Nur so hat die Pädagogik (auch die Religionspädagogik) überhaupt eine Chance, auch künftig an Fragen, die elementar ihr Feld betreffen, diskursiv mit zu beraten. Der Gang zum Verfassungsgericht und die Hoffnung auf eine Entscheidung im eigenen Sinne ist aufgrund der aufgezeigten juristischen Entscheidungsmodi immer (nicht nur im Falle des Kopftuchurteils) mit der Inkaufnahme erheblicher „Kollateralschäden" verbunden. Das Beharren des Verfassungsgerichts auf klaren gesetzlichen Regelungen (Kopftuchstreit) bedeutet ein Zurückverweisen des Diskurses aus der juristischen in die politische Ebene. Der Vergleichsvorschlag des Gerichts für LER bedeutet auch die Aufforderung, eine Klärung in der tatsächlich fraglichen *Sache* herbeizuführen und nicht in der Frage des Geltungshorizonts eines nachgeordneten Grundgesetzartikels.

---

222 Dies ist nicht gleichbedeutend damit, dass der Vergleichsvorschlag die optimale Lösung des pädagogischen Problems gewesen wäre. Vergleiche sind meist, und so auch hier, Kompromisse (vgl. Leschinsky/Gruehn 2001, dies. 2002, Schluß 2003a).

D Konzepte und Probleme religiöser Bildung[223]

223 Dieser Abschnitt ist eine überarbeitete Version des unter dem Titel: Religiöse Bildung – Stationen einer Problemgeschichte erschienen Textes (Schluß 2006b).

1 Das öffentliche Interesse an religiöser Bildung

Dass die Kirchen ein Interesse an konfessionellem Religionsunterricht als ordentlichem Schulfach im Rahmen des Fächerkanons der staatlichen Schule haben, scheint aus der kirchlichen Binnenperspektive nicht verwunderlich zu sein.
Die Kritiker wie die Befürworter des Religionsunterrichtes sind sich darin einig,
dass die Kirche so die Möglichkeit des Zugangs zu Schülerinnen und Schülern
erhält, zu denen sie sonst kaum in Kontakt käme. Besonders gilt dies für die
Teile Deutschlands, in denen zumindest eine Entfernung von den institutionali-
sierten Formen von Religion, wohl aber auch von Religion überhaupt zu konstatieren ist (siehe Kap. B2.1.6 und B2.2.; vgl. (vgl. EKD 2003, Doyé/Keßler 2002,
Steinhäuser 2006, Schreiner 1998). Zugleich jedoch finanziert oder refinanziert
der Staat erhebliche Teile dieser pädagogischen Bemühungen in kirchlicher Mit-
Verantwortung an den Schulen.[224]

Dabei ist es bedeutsam, dass ein immer größer werdender Teil der Gesellschaft – und im Osten Deutschlands und in Berlin die Mehrheit – sich selbst nicht
mehr religiös definiert (vgl. dazu genauer Kap. B2.2). Welches Interesse kann die
Öffentlichkeit in einem überwiegend religionslosem Raum an schulischer religiöser Bildung haben, die sie über Steuergelder, selbst finanzieren muss, wenn erstens
eben diese Öffentlichkeit in ihrer Mehrheit nicht mehr religiös ist und zweitens
sich selbst der Markt der Schulreligionen, die zu subventionieren sind, als immer
bunter werdend darstellt?[225] Vielerorts ist diese Frage längst beantwortet. Religiöse
Bildung an der Schule sei ein Relikt, das schleunigst abgeschafft gehörte, um sich
den entscheidenden Nachteilen des deutschen Bildungswesens, die vor allem die
PISA-Untersuchungen aufgedeckt haben, verstärkt zuwenden zu können.[226]

---

224 Im Zentrum der Überlegungen steht hier die Schulische Religionspädagogik. Die vielfältigen
    Möglichkeiten der Gemeindepädagogik müssen deshalb hier ausgespart bleiben, obschon ihre
    Möglichkeiten auch für ein Wirken über die Grenzen der Kirchen hinaus nicht zu unterschät-
    zen sind (vgl. z.b. Bubmann 2004a, 2004b, Keßler 2002, Grethlein 2006).
225 Am Beispiel Berlin zeichnet Kraft 2002 diese öffentliche Diskussion nach.
226 Laut einer repräsentativen Umfrage des Zentrum für empirisch-pädagogische Forschung (zepf)
    der Universität Koblenz-Landau würden 48 % der Befragten den Religionsunterricht zugunsten
    von mehr Mathematik abschaffen. Vgl. http://zeus.zeit.de/bilder/2005/09/chancen/barometer.pdf,
    DIE ZEIT 10/2000. Dieter Lenzen hat im Auftrag der Vereinigung der Bayerischen Wirtschaft
    e. V. eine Studie zur Zukunft der Bildung erstellt, in der sich der Religionsunterricht erübrigt (vgl.
    Lenzen 2004).

Deutlich ist, dass religiöse Bildung nur dann als im öffentlichen Interesse liegend verstanden werden kann, wenn es sich dabei nicht *nur* um ein Partikularinteresse handelt, sondern wenn sich dieses Partikularinteresse zumindest so in Argumente überführen lässt, denen der öffentliche Commonsense den begründeten Anspruch auf Geltung nicht absprechen kann (vgl. Habermas 2001, in dieser Arbeit Kapitel A1) sie demnach als Teil der Allgemeinbildung verstanden wird, die zu Vermitteln Auftrag der öffentlichen Schule ist.

Allgemeinbildung sei hier nicht im Gegensatz zur Grundbildung verstanden. Vielmehr wird der Begriff in einem ergänzenden Verständnis zur Grundbildung verwendet. Beide können nicht gegeneinander ausgespielt werden (vgl. Benner 2005). Grundbildung bietet damit die Basis für eine erweiterte Allgemeinbildung. Grundbildung allein jedoch, als Ensemble von Basiskompetenzen, beschreibt den schulischen Bildungsauftrag nur unvollständig. Schulischer Unterricht, der sich auf die Vermittlung von Basiskompetenzen (Grundbildung) beschränkte, würde die Aufgaben neuzeitlicher Schule insofern verfehlen, als das Bildungsziel auf notdürftige gesellschaftskompatible Zurichtung reduziert würde. Damit wäre selbst in funktionaler Perspektive der Anspruch neuzeitlicher Gesellschaftssysteme unterboten, denn diese bedürfen zu ihrem Weiterbestehen gebildeter Subjekte, die über konkrete Zurichtungen hinaus in sich in nicht vorhersagbarer Weise ändernden Situationen bestehen können. So wurde in dieser Arbeit bereits für den Beginn der Neuzeit mit Luther herausgearbeitet, indem er die Heiden zum Vorbild für die Kommunen aufstellt, die ihre Schüler durch Bildung nicht für bestimmte Berufe oder Zwecke festgestellt hätten, sondern sie dadurch für eine offene Zukunft freigestellt hätten, indem diese durch Bildung zu „allerley tüchtig und geschickt" gewesen seien (Luther 1524/1899, S. 35; vgl. Kapitel B1.5). Nicht berücksichtigt sind in dieser Argumentation die bildungstheoretischen Argumente für die Allgemeinbildung. Aus pädagogischem Eigensinn kann eine Reserve gegen die blinde Affirmation des bestehenden Gesellschaftssystems formuliert werden, da Allgemeinbildung eben nicht in der „Erziehung" aufgeht, sondern ein emanzipatives Potential aufweist (vgl. Heydorn 1969/1980, Mollenhauer 1986). Dass Allgemeinbildung z.B. auch insofern allgemein sein muss, dass sie niemanden exkludiert, ist seit Comenius ein Leitsatz der Pädagogik.

Bildung und Religion werden in dieser Arbeit als zwei voneinander abgegrenzte und in Beziehung miteinander stehende Bereiche menschlichen Handelns verstanden und analysiert (vgl. Benner 2001, bes. S. 29-44). So können Möglichkeiten und Grenzen von Ansprüchen, die aus einem Bereich an den jeweils anderen gestellt werden können aufgeklärt werden. Diese wechselseitigen Beziehungen und Verweiszusammenhänge stellen sich im historischen Rückblick keineswegs als konstant oder auch nur sich linear entwickelnd dar. Vielmehr muss die Balance zwischen Religion und Pädagogik, wie auch zwischen den anderen Bereichen menschlichen Handelns, ständig neu ausgehandelt werden. Für die gegenwärtigen Aushandlungsprozesse ist freilich die Rückschau auf das Gewordensein des Verhältnisses ein bedeutsamer Bestandteil, damit im Blick bleibt, was an Erfahrungen und Konzepten in diese bereits eingegangen ist. Einige dieser geschichtlichen Voraussetzungen sollen im Folgenden erörtert werden. Die notwendige Eingrenzung des Themas wird durch die Einschränkung auf einige besonders bedeutsame Stationen im Verhältnis von Bildung und Religion im protestantischen deutschsprachigen Raum gewählt, wobei mit Luther und Schleiermacher zwei Autoren unter einer spezifisch religionspädagogischen Fragestellung erneut in den Blick genommen werden.

Mit Luthers Ratsherrenschrift wird an die Problemstellung des dramatischen Verlusts allgemeiner Bildung erinnert, wie sie sich in den unmittelbaren nachreformatorischen Wirren ergab (vgl. Kapitel B1). Gefragt wird nun aber nicht mehr allgemein nach Luthers pädagogischem Konzept als Theologe auf der Grenze zur Neuzeit, sondern speziell nach der religionspädagogischen Perspektive Luthers.

Über 200 Jahre später steht in Frage, ob es überhaupt möglich sei, zur Religion zu bilden. Diese Frage wird mit Schleiermachers dritter Rede erörtert. Das Konzept des bundesrepublikanischen Verhältnisses von Religion und Pädagogik soll an dem in der Diskussion der Bundesrepublik eine zentrale Rolle spielenden Aufsatz von Wolfgang Böckenförde diskutiert werden um dann auf eine Tendenz der Religionspädagogik einzugehen, die am Ende der alten Bundesrepublik entwickelt wurde, und auf Fragen der Pluralisierung eine Antwort finden wollte. Abschließend wird die Frage erörtert, worin das Neue am aktuellen Verhältnis von Religion und Pädagogik (besonders im Osten Deutschlands) besteht und ob und inwiefern die etablierten Konzepte auf dieses Problem eine Antwort zu geben vermögen oder ob eine strukturell andere Antwort entwickelt werden muss.

2 Ausgangslagen und historische Konzepte religiöser Bildung

2.1 Luther und die Reformation

Die Reformation hat 1524, dem Erscheinungsdatum von Luthers Ratsherrenschrift (Luther 1524/1899), bereits mit ihren nichtintendierten Nebenfolgen zu kämpfen, die sich besonders im Bereich der Pädagogik dramatisch bemerkbar machten. Im Zuge der Reformation kam es einerseits zur gewollten Auflösung der Klöster. Mit den Klöstern entfiel aber auch *die* Institution mittelalterlicher Grundbildung. Erschwerend kam hinzu, dass nicht nur die Orte der Grundbildung nicht mehr vorhanden waren, sondern auch das Interesse der Eltern an der Bildung ihrer Kinder nachließ. War die Bildung bislang Garant einer einkömmlichen Unterbringung der Kinder in der kirchlichen Hierarchie, so waren nun nicht nur die Klöster als Orte mittelalterlicher Sozialfürsorge, sondern auch die darüber hinausgreifenden klerikalen Hierarchien nicht mehr vorhanden. Für die Eltern gab es vielerorts in protestantischen Landen demnach weder die Möglichkeit, ihre Kinder zur Schule zu schicken, noch überhaupt eine Motivation, für eine solch bedeutende Investition. Nicht nur war für die Eltern die Ausbildung der Kinder kostenpflichtig, darüber hinaus entgingen ihnen auch die Einnahmen durch die fehlende Arbeitskraft der Kinder für die Zeit, die diese in der Schule zubrachten. Allgemeine Bildung bedeutete deshalb einen doppelten Verlust ohne das Versprechen einer späteren Rendite durch eine Karriere im Klerus.

In seiner Schrift an die „Ratsherren" wendet sich Luther an diejenigen, die zu einem nicht unwesentlichen Teil die Reformation tragen. In den Ratsherren sieht er sowohl die Verantwortlichen der wichtiger werdenden städtischen Kommunen, als auch – in Personalunion – Eltern vor sich. Luther kritisiert die Eltern, für ihre materielle Kurzsichtigkeit, die Kinder deshalb nicht mehr zur Schule zu schicken, weil die anschließende Versorgung in der kirchlichen Hierarchie nicht mehr gesichert ist. Gleichwohl muss er zugestehen, dass viele Eltern aus unterschiedlichen Gründen nicht in der Lage sind, die Bildung ihrer Kinder selbst zu übernehmen oder für diese Sorge zu tragen. Als eine Ebene mittlerer Verantwortung bleiben deshalb nur die Kommunen als Träger öffentlicher Schulbildung übrig (vgl. Luther 1524/1899, S. 33ff.; vgl. auch in dieser Arbeit Kapitel B1).

Keinesfalls möchte Luther die alte klösterliche Bildung wiederherstellen. Sie ist ihm aus zwei Gründen verhasst. Erstens seien ihre Methoden seien Marter und Folter und der vermittelte Inhalt sei in der Tradition begründetes Halbwissen (vgl. a.a.O. S. 31). Drastisch bezeichnet er eine solche Art stupiden Paukens, als vom Teufel initiiert und von diesem dazu benutzt, sich die Welt gefügig zu machen (vgl. a.a.O. S. 29). Luther formuliert hier schon den Gedanken des Missbrauchs der Bildung zur Affirmation des bestehenden Gesellschaftssystems. Zweitens wendet er sich gegen eine Bildung, die nur um eines bestimmten Zwecks willen in Anspruch genommen wird. Dagegen setzt er ein Konzept, das die Schüler nicht festlegt, sondern freistellt, indem sie sie zu „allerley tüchtig und geschickt" (a.a.O. S. 35) macht, wie das Beispiel der Heiden zeige. Bei dem was Gegenstand einer solchen Allgemeinbildung sein soll, setzt Luther einen sehr umfangreichen Kanon. Sprachen (Latein, Hebräisch, Griechisch), die sieben Freien Künste, Historien! und Dichter (vgl. a.a.O. S. 46).

Für die Allgemeine Bildung, die Jungen und Mädchen gleichermaßen zuteilwerden soll gilt, dass sich durch hervorragende Leistungen besondere Begabungen zeigen. Diese Begabten sollen auf höhere Schulen geschickt werden. All das soll von der Kommune finanziert werden, die davon später den Nutzen hat. Erstmals wird *Leistung* zum Kriterium für Bildungsaspirationen, nicht mehr der Stand und Geldbeutel der Eltern (vgl. Luther 1538/1909).

Der Zweck der allgemeinen Bildung ist so zwar nicht mehr festgelegt, sondern Bildung ist zu vielerlei gut, aber ihr Nutzen lässt sich an Beispielen aus verschiedenen gesellschaftlichen Kontexten deutlich aufzeigen. Am Beispiel des geistlichen Amts zeigt er, dass es nicht mehr um ein willenlos und gefügig machen der Kandidaten, sondern im Gegenteil um eine Emanzipation von der Tradition und um das Herausbilden eines reflexiven und kritischen Denkens geht. Dazu braucht es auch die Sprachen, um zu einer argumentativen und eigenständigen Auseinandersetzung mit den Gegnern anhand der Quellen des christlichen Glaubens zu befähigen. Der Zweck der Bildung hat sich demnach mit der Reformation dramatisch gewandelt. Sie ist nicht mehr für die kirchliche Anpassung, sondern für die religiöse Emanzipation von Nöten! Es ist keine spezifische religiöse Bildung, die Luther fordert, sondern um die Religion, das Evangelium angemessen verstehen zu können, ist *allgemeine* Bildung notwendig.

2.2 Schleiermacher

Die „Reden über die Religion – Reden an die Gebildeten unter ihren Verächtern" (Schleiermacher 1799/1983) machen schon in der Überschrift deutlich: Die Situation hat sich, grundsätzlich gewandelt. Es gibt nun Verächter der Religion und zwar nicht nur ungebildete, sondern auch gebildete.

Neben dieser Religionslosigkeit, mit der sich Schleiermacher auseinandersetzt, gibt es aber gleichsam parallel eine verordnete Religiosität. Kirchlichkeit wird zumindest von offizieller Seite als der Normalfall angesehen. Das Modell für diese verordnete Religiosität ist die Staatskirche. Auch wenn das „cuius regio, eius religio" nicht mehr galt, blieb es doch dabei, dass die Staatsoberhäupter zumindest in den protestantischen Ländern zugleich Kirchenoberhäupter waren. Einem solchen verordneten Staatskirchentum mit seinem impliziten Zwangscharakter stellt Schleiermacher den Begriff einer „Volkskirche" entgegen. Dieser Begriff hat demnach ursprünglich einen emanzipatorischen Charakter der das ekklesiologische Modell einer Gemeinschaft der Gläubigen gegen das hierarchische Konzept der Staatskirche stellt.[227]

Religion (genauer „Frömmigkeit") ist in seiner Definition ein spezifisches Vermögen des Menschen, das nicht in den anderen Bereichen menschlichen Handelns aufgeht und sich so von Politik, Ethik oder Geselligkeit unterscheidet. Sie hat einen eigenen Bezug, den Schleiermacher später in den Paragraphen drei und vier der Glaubenslehre als „unmittelbares Selbstbewusstsein" oder „Gefühl der schlechthinnigen Abhängigkeit" zu beschreiben versucht.[228]

Weil Religiosität ein Vermögen des Menschen sei, wurde Schleiermacher oft so verstanden, als ob er dies Vermögen bei jedem menschlichen Individuum voraussetzt. Eine solche Annahme führt zwangsläufig in eine problematische Kommunikationssituation, denn die Auseinandersetzung mit Religionslosen zu diesem Thema hat dann immer auch die Ebene, ihnen mitzuteilen, dass sie „in Wirklichkeit" gar nicht religionslos sind, sondern sie sich nur selbst missverstehen, weil jeder Mensch qua Definition religiös ist.[229] Wie gezeigt ist dieses Ar-

---

227 Diesen Gedanken entwickelt Schleiermacher lange bevor der Begriff der Volkskirche nachgewiesen werden kann: „Der Grund aller dieser Übel liegt in einigen bei uns seit der Reformation begangenen Fehlern. So wie vorher die Kirche sich zu sehr von dem Staat emancipiert, ja über ihn erhoben hatte, so hat man sie seit dem Staate zu sehr untergeordnet und die Ansicht, als ob sie nur ein Institut des Staates zu bestimmten Zwecken wäre, hat seit dem immer mehr überhand genommen" (Schleiermacher 1808/1969, S. 199). Der Volkskirchenbegriff soll dann bei Schleiermacher zum ersten Mal in der Schrift „Christlichen Sittenlehre" (Schleiermacher 1843) erwähnt werden, die auf die Vorlesungen aus dem Jahre 1826/27 zurückgehe. In der textkritischen Ausgabe dreier Mitschriften dieser Vorlesung besorgt von Herman Peiter ist der Begriff selbst jedoch nicht nachweisbar (Schleiermacher 1826/27/1983). Nachweisbar ist er in der Glaubenslehre im §151,1, wo er mit dem Begriff der Landeskirche in Eins gesetzt wird: „Aber solche Volks- und Landeskirchen sind nur die Form, unter welcher allein nach göttlicher Ordnung eine größere Gemeinschaft möglich ist, weil sie involvieren keineswegs eine Aufhebung der Gemeinschaft mit anderen Christen" Schleiermacher 1831/1960, S. 492/393, vgl. zum Volkskirchenbegriff bei Schleiermacher auch: Huber 1975, S. 481; Leipold 1997, S. 11-16.

228 „Die Frömmigkeit, welche die Basis aller kirchlichen Gemeinschaften ausmacht, ist rein für sich betrachtet weder ein Wissen noch ein Tun, sondern eine Bestimmtheit des Gefühls oder des unmittelbaren Selbstbewusstseins" (Schleiermacher, 1830/1960, § 3 S. 14).

229 Vgl. dazu in dieser Arbeit Kapitel 2.2, bes. Fußnote 156. Eine solche Position kritisiert Bonhoeffer an Tillich: „Tillich unternahm es, die Entwicklung der Welt selbst – gegen deren Willen – religiös zu deuten, ihr durch die Religion ihre Gestalt zu geben. Das war sehr tapfer, aber die Welt warf ihn vom Sattel und lief allein weiter; auch er wollte die Welt besser verstehen, als sie sich selbst verstand; sie aber fühlte sich völlig mißverstanden und wies ein solches Ansinnen ab" (Bonhoeffer 1982, Brief vom 8.6.44, S. 176f.).

gumentieren auch in manchen Zweigen der gegenwärtigen Religionssoziologie und Theologie auffindbar.[230] Ob Religion nun als Auseinandersetzung mit Sinnfragen, als Beschäftigung mit Tod und Sterblichkeit oder als Praxis der Kontingenzreduktion beschrieben wird, gemein haben die Thesen, dass Religion als anthropologische Tatsache jedem Menschen zugeschrieben wird, es also per Definition keinen religionslosen Menschen geben kann, sondern lediglich die feste Bindungen der Individuen an religiöse Institutionen sich lockern und lösen.[231] Eine andere Lesart Schleiermachers ergibt sich jedoch dann, wenn als Bezugsgröße dieser menschlichen Eigenschaften nicht jedes einzelne Individuum, sondern die Gattung ‚Mensch' gewählt wird. Es ist dann die Menschheit, der ein religiöses Vermögen zukommt. In gleicher Weise wie der Religion können der Menschheit auch andere Vermögen nicht abgesprochen werden, wie z.B. die Fähigkeit zur Politik, zur Erziehung oder zur Kunst. Auch wenn nachweisbar die Menschheit auf allen diesen Gebieten Leistungen hervorgebracht hat, variieren die Tätigkeiten der Einzelnen auf allen diesen Gebieten jedoch erheblich. Während bei manchem die sportliche Betätigung gegen null tendiert, ist sie bei anderen hoch ausgeprägt. Schleiermacher weiß, dass auch die religiöse Tätigkeit bei manchem Zeitgenossen gegen null tendieren wird.[232] Er hält sie fest als Tatsache für die Menschheit (die Gattung) und damit als eine Möglichkeit für den einzelnen Menschen.[233] Seine Reden zeigen darüber hinaus, dass er die Bedeutung dieser Möglichkeit für den einzelnen Menschen sehr hoch einschätzt. Dennoch wird das Individuum die Möglichkeiten des Menschseins immer nur asymptotisch anstreben, nie jedoch zur Gänze erreichen können. Hier äußert sich der Bildungsgedanke, der als Perfektibilität auf die Möglichkeiten des Menschseins zielt, die sich im Individuum möglichst verwirklichen sollen und doch nie vollständig verwirklichen können – zumal die Vollständigkeit der menschlichen

---

230 Vgl. dazu in dieser Arbeit Kapitel 2.1.7.

231 Vgl. dazu Luckmann 1991, Karl Gabriel 1996, Berger 1980, aus pädagogischer Perspektive z.B. Ladenthin 2006, aus theologischer Perspektive z.B. Althaus 1952 über die Annahme einer „Uroffenbarung": „Aus alledem folgt aber, dass die Theologie Gottes Wirken im Menschen noch nicht vollständig aussagt durch die Lehre vom Heiligen Geiste, sondern daß sie dieser vor- und zuordnen muß die Lehre vom Logos Gottes, der jeden Menschen erleuchtet" (Althaus 1952, S. 44). Vgl. dazu in dieser Arbeit Kapitel 2.1.

232 Schleiermacher argumentiert mit der eigenen Erfahrung: „Da ich selbst nicht weniges an mir vermisse, was zum Ganzen der Menschheit gehört" (Schleiermacher 1799/1983, S.122).

233 Das dies die Bewegungsrichtung der Bildung ist, die in dem konkreten Menschen die Möglichkeiten der Menschheit (der Gattung) anspricht, arbeitet Heydorn an Kant, Humboldt, Fichte, Marx und Schleiermacher heraus: „Der Mensch ist als Totum schon da, aber nur als Gegenüber, als »dieser Mensch dort«, wie Sokrates sagt, an dem gehandelt werden soll, noch nicht als Gesellschaftlichkeit, als volle Sichtbarwendung der Gattung. Die Entdeckung des Ganzen im Gegenüber, im Menschen, an den das Wort gerichtet ist, und der die Gattung so lange vertreten muß, bis sie hergestellt ist, zeigt somit den Ausgangspunkt an, von dem die Bildung zur Menschheit fortschreitet" (Heydorn 1969/1980, S. 8).

Vermögen inhaltlich nicht bestimmt werden kann, da diese eben nur über eine mögliche Beförderung der Entwicklung entlang der unbekannten Natur im je individuellen Lebenslauf aufweisbar seien.[234]

Wenn sich die religiöse Tätigkeit des Menschen jedoch nicht kategorial von den anderen Tätigkeiten wie Politik, Sport oder Ethik unterscheidet, dann gilt das gleiche auch für das Hervorrufen der jeweiligen „Begabung" zu dieser Tätigkeit. Eine Begabung für ein Gebiet stellt sich immer erst dann heraus, wenn schon eingewirkt und gehandelt wurde. Um also eine eventuell vorhandene sportliche Begabung entfalten zu können, müssen Sportarten vorgestellt und Sport getrieben werden. Um das religiöse Vermögen des Menschen zu wecken, bedarf es der Bekanntschaft mit und der Hineinnahme in religiöse Praxis (vgl. a.a.O. S. 126 f.).

Als *Perspektive*, aus der Schleiermacher für religiöse Bildung plädiert, weist er die eines religiösen Menschen aus und gesteht deshalb freimütig ein, dass das Bestreben der Religion ist, Proselyten zu machen.[235] Er will demnach Agitator in eigener Sache sein. Deshalb beschäftigt ihn die Frage, wie es geschehen kann, dass Menschen zum Glauben gebracht werden können. Die in der Kirchengeschichte beliebte Option des Zwangs auch in den intergenrationellen Beziehungen scheidet für Schleiermacher klar aus.[236] Die Möglichkeiten eines allgemeinen schulischen Religionsunterrichtes sieht Schleiermacher ebenfalls eng begrenzt. Dieser könne bestenfalls Faktenwissen vermitteln, nicht jedoch das religiöse Gefühl selbst.[237]

Aufschlussreich ist jedoch, wie sehr Schleiermacher bei diesem Bildungsprozess auf die *Sinne* setzt. Sie dürfen vor allem nicht verstellt werden, nimmt Schleiermacher einen Gedanken Rousseaus zur negativen Erziehung auf.[238] Dahinter steht die Idee einer gleichsam naturwüchsigen Religiosität, eines „Geschmacks fürs Universum" der gar nicht eigentlich befördert werden muß,[239]

---

234 Dass in diesen Prozess der Selbstwerdung immer ein Moment der Verfehlung und des Scheiterns mit hineinspielt, wird bei Humboldt allerdings eher zum Thema als bei Schleiermacher.

235 „Was ich selbst bereitwillig eingestanden habe als tief im Charakter der Religion liegend, das Bestreben, Proselyten machen zu wollen aus den Ungläubigen" (a.a.O. S. 121).

236 „Und nie werden wir versuchen, unsere Religion aufzudringen, auf irgendeinem andern Wege weder diesem noch dem künftigen Geschlechte" (a.a.O. S. 122).

237 „Was durch Kunst und fremde Tätigkeit in einem Menschen gewirkt werden kann, ist nur dieses, dass Ihr ihm Eure Vorstellungen mitteilt und ihn zu einem Magazin Eurer Ideen macht, dass Ihr sie so weit an die seinigen verflechtet, bis er sich ihrer erinnert zu gelegener Zeit: aber nie könnt Ihr bewirken, dass er die, welche Ihr wollt, aus sich hervorbringen" (a.a.O. S. 123).

238 „Was muss man tun, um diesen seltenen Menschen heranzubilden? Zweifellos viel: nämlich verhindern, dass etwas getan wird" (Rousseau 1762/1995, S. 14).

239 „Aus dem Innersten seiner Organisation (des Geistes – H.S.) aber muß alles hervorgehen, was zum wahren Leben des Menschen gehören und ein immer reger und wirksamer Trieb in ihm sein soll. Und von dieser Art ist die Religion" (Schleiermacher 1799/1983, S. 123).

wohl aber durch äußere Einflüsse gehemmt werden und verkümmern kann.[240] In
den Reden fasst Schleiermacher eine solche Bildung der Religion weitgehend
passiv, in den weniger beachteten Monologen tritt auch ein Moment der Sponta-
neität hinzu (vgl. Erhardt 2005, S. 208f.).

2.3 Kontraste

Was für Luther demnach wichtig war – ein fundierter Unterricht in religiösen
Dingen und in der Basis des religiösen Wissens überhaupt – wird von Schleiermacher anscheinend gering geschätzt. Religionsunterricht könnte nur ein Magazin von fremden Ideen erzeugen, nicht jedoch reflektierte Religiosität. Die
scheinbar unversöhnlichen Auffassungen über die religiöse Bildung könnten sich
aus den eingangs geschilderten unterschiedlichen Argumentationskontexten der
Autoren, ihrem *Sitz im Leben*, erklären lassen. Für Luther stand die Tatsache der
Frömmigkeit nicht in Frage, sondern lediglich ihr angemessenes Verständnis. In
dieser Frage konnte Luther darauf vertrauen, dass die Vermittlung basalen Wissens zur Fähigkeit der Reflexion der eigenen Frömmigkeit helfen würde. Die
eigene Lektüre der Bibel macht es möglich, dass manches von dem angezweifelt
wird, was der Priester als vorgebliches Gotteswort verkündet.

Für Schleiermacher konnte solche basale Bildung als Gegeben vorausgesetzt werden. Sein Problem war nicht die rechte und selbstreflexive Interpretation der Frömmigkeit, sondern die Tatsache, dass es Menschen ohne Frömmigkeit
sogar unter den Hochgebildeten gab. Einem solchen Mangel an Frömmigkeit ließ
sich weder mit staatlichem Zwang noch mit einem verbindlichen Religionsunterricht abhelfen.[241] Vielmehr muss das missionarische Prinzip der freiwilligen
Begeisterung für den Glauben die Grundlage der Bildung des Religiösen darstellen auch auf die Gefahr eines misslingenden Ausgangs dieser Mission. Dass
dieser so angeregte Glaube jedoch kein schlichter Abklatsch des Glaubens eines
anderen sein kann, sondern immer selbstreflexiver Glaube ist, macht Schleier-

---

240   „Kurz, auf den Mechanismus des Geistes könnt Ihr wirken, aber in die Organisation desselben,
      in diese geheiligte Werkstätte des Universums, könnt Ihr nach Eurer Willkür nicht eindringen,
      da vermögt Ihr nicht irgend etwas zu ändern oder zu verschieben, wegzuschneiden oder zu er-
      gänzen, zur zurückhalten könnt Ihr seine Entwicklung und gewaltsam einen Teil des Gewäch-
      ses verstümmeln" (Schleiermacher 1799/1983, S. 123).
241   Schleiermacher unternimmt sogar selbst Bemühungen, die Pflicht zur Religionsausübung
      abzuschaffen. In seinem „Vorschlag zu einer neuen Verfassung der protestantischen Kirche im
      preußischen Staat" schlägt er im § 1 die Abschaffung jeglichen Religionszwangs und in § 7 die
      des Parochialzwangs vor (vgl. Schleiermacher 1808/1969). Sein Bestreben ist dabei freilich
      nicht die Religion abzuschaffen, sondern sie gleichsam von staatlichen Zwängen zu befreien
      und ihr somit zu neuem Leben zu verhelfen.

macher unmissverständlich deutlich.[242] Wie bei Luther ist demnach die Religiosität im *Vollzug* an kritische Reflexivität gebunden, aber ihr *Vorhandensein* ist schon nicht mehr selbstverständlich, wie es noch bei Luther war. Schleiermachers Anregung wurde in der Leitung von Kirche und Staat nicht aufgenommen.[243] Die Stiehlschen Regulative von 1854 machten stattdessen deutlich, wie die staats-kirchliche Reaktion auf mangelnde Frömmigkeit der Untertanen gemeinhin ausfiel (vgl. Krueger 1970, S. 237-331).

2.4 Der Böckenförde-Satz

Kirchenpolitisch schloss die junge Bundesrepublik an Lösungen der Weimarer Republik an. Zwar blieben Staat und Kirche getrennt, aber durch die Anerkennung der Kirche als Institution des öffentlichen Rechts, durch die Fortzahlung der staatlichen Alimentierungen, die aus der Säkularisierung von Kirchengütern hervorgegangen waren oder die Einziehung der Kirchensteuer durch die Finanzämter, unterschied sich das bundesdeutsche System deutlich von einem Laizismus nach französischen oder amerikanischen Vorbild.[244] Dieses Ineinander von Staat und Kirche zeigt sich am deutlichsten an der Verankerung des konfessionellen Religionsunterrichtes als einzigem Schulfach im Grundgesetz (Art. 7,3). Obwohl es dort diese prominente Stellung zugewiesen bekommt und zum Regelfach erklärt wird,[245] ist es doch von Anfang an ein Fach, zu dessen Teilnahme niemand gezwungen werden kann. Eine solche Merkwürdigkeit ist zwar in ihrem Entstehungszusammenhang historisch zu erklären, aus dem „das war schon immer so" ist jedoch noch keine systematisch tragfähige Konstruktion für eine Begründung dieses Konzepts abzuleiten (vgl. Tenorth 2004).

---

242 In Fragen der Frömmigkeit könne es nicht eigentlich einen Meister geben, der Schüler um sich schart, vielmehr wird einer nur bestenfalls dadurch zum Meister, dass ihn Schüler als ihren Meister erwählen. Der Schüler wird sich nach dem er gelernt hat was vom Meister zu lernen ist, selbst in der Religiosität fortbilden oder einen anderen Meister suchen (vgl. Schleiermacher 1799/1983 S. 124).

243 Auch ein zweiter Verfassungsentwurf Schleiermachers wurde zwar von Friedrich Wilhelm III. persönlich gelesen und an den Innenminister – Graf Dohna – weitergereicht, blieb jedoch ebenso wirkungslos (vgl. Leipold 1997, S. 15).

244 In der DDR wurde dagegen der Religionsunterricht recht bald aus den Schulen zurückgedrängt und fand, nach dem Vorbild der Bekennenden Kirche im NS in den Gemeinden statt (vgl. Hoenen 2003; siehe auch: Kluchert/Leschinsky 1998, Reiher 1998, Henkys/Schweitzer 1998). Auch die anderen europäischen Nationen haben in Bezug auf die religiöse schulische Unterweisung ein zur Bundesrepublik differentes Konzept etabliert (vgl. Fauth 2003, Heimbrock 2004, Ballestrem 2005, Jackson 2007).

245 Mit den wenigen Ausnahmen in denen die sogenannte „Bremer Klausel" (Art. 141) gilt (vgl. dazu in dieser Arbeit Abschnitt 0).

Ernst Wolfgang Böckenförde, der Staatsrechtler und Verfassungsrichter, stellte ein Argumentationsmuster bereit, das wie kein zweites immer wieder zur systematischen Begründung der besonderen Stellung des konfessionellen Religionsunterrichtes herangezogen worden ist.[246] Besondere Karriere machte dabei ein einziger Satz: „Der freiheitliche, säkularisierte Staat lebt von Voraussetzungen, die er selbst nicht garantieren kann" (Böckenförde 1976, S. 60). Bevor jedoch die Wirkungsgeschichte dieses Satzes beleuchtet wird, soll kurz rekonstruiert werden, wie Böckenförde selbst argumentierte.

Der Aufsatz, aus dem der berühmte Satz stammt, ist in seinen ersten Teilen eine Theorie der Entstehung des modernen Staates. Er wählt den Ausgangspunkt beim Investiturstreit im 11. und 12. Jahrhundert. Böckenförde sieht, dass zu Beginn des Investiturstreites das mittelalterliche holistische Weltbild noch ungebrochen war. Weltliche und geistliche Macht waren Teil der gleichen umfassenden göttlichen Weltordnung als „reichskirchliches Weltganzes" (Böckenförde 1976, S. 45, bezugnehmend auf Mirgeler 1961, S. 109f). Eine prinzipielle Konkurrenz zwischen beiden Bereichen war undenkbar. Der Investiturstreit stelle nun erstmalig eine solche Konkurrenz dar. Die Frage, wer Bischöfe einsetzen darf, wurde zwar letztlich zugunsten des Papstes entschieden, aber allein die Tatsache dieses erbittert ausgefochtenen Streites machte deutlich, dass es nun um die Vormachtstellung von Kirche über den Staat oder den Staat über die Kirche ging. Zwar siegte die Kirche, aber wenn es nun eine Hierarchie von Kirche und Staat gab, dann war damit prinzipiell auch eine umgekehrte Hierarchie vorstellbar (vgl. Böckenförde 1976, S. 43-49).

Der Anspruch auch auf weltliche Herrschaft durch die in der Kirche repräsentierte Wahrheit sei solange relativ unproblematisch gewesen, solange es nur eine solche Wahrheit gegeben habe. Mit der Reformation entstand aber ein Streit um die Wahrheit. Die Idee des säkularen Staates stellte eine Lösung der ganz Europa verwüstenden Glaubenskonflikte bereit, indem sie die Herrschaftsfrage von der Wahrheitsfrage abkoppelte. Frieden wurde nicht mehr mit der Durchsetzung der Glaubenswahrheit, sondern sehr profan und formal, über die Abwesenheit militärischer Gewalt definiert. Der moderne Staat hatte sich darauf zu beschränken, die Sicherheit nach innen und nach außen zu gewährleisten. Die Glaubensüberzeugungen seiner Bürger mussten ihn nicht interessieren und er konnte ihnen gegenüber tolerant gegenübertreten und gerade so den Frieden sichern.[247]

Im dritten Teil des Aufsatzes (a.a.O. S. 57-61) weist Böckenförde darauf hin, dass die Emanzipation des Staates von der Religion keineswegs zwangsläufig

---

246 Weitere Argumentationsmuster analysiert und kritisiert Bellmann 2006b.

247 Böckenförde zitiert Michel de l'Hopital 1568 aus einer Denkschrift an den König: „Er gibt ihnen eine Gewissensfreiheit oder vielmehr er läßt ihre Gewissen in Freiheit" (Böckenförde 1976, S. 52).

bedeutet, dass auch die einzelnen Bürger sich vom Glauben emanzipieren müssen. Im Gegenteil sind sie gerade durch die religiöse Neutralität des Staates für die persönliche Glaubenswahl und Ausübung freigestellt. Sodann kommt er zu der Frage, in deren Antwort sich der bekannte und oben zitierte Satz findet. Die Frage lautet: „Woraus lebt der Staat, worin findet er die ihn tragende, homogenitätsverbündende Kraft und die inneren Regulierungskräfte der Freiheit deren er bedarf, nachdem die Bindungskraft aus der Religion für ihn nicht mehr essentiell sein kann?" (a.a.O. S. 59). Seine Antwort ist der Satz, dass auch der moderne säkulare Staat von Voraussetzungen lebt. Wenn der Staat solche Voraussetzungen aber selbst verordnen wolle – hießen sie nun Religion oder Nationalität oder anders – so wäre er eben selbst nicht mehr säkular. Denn gerade um die Freiheit zu sichern, war dieser Staat ja angetreten. So leitet er im letzten Absatz des Aufsatzes eine entscheidende Wendung der Argumentation ein, die in der Wirkungsgeschichte des „Böckenfördesatzes" geflissentlich übersehen wird.[248] Deutlich wird, Böckenfördes Adressaten sind (katholische) Christen. Der Appell an sie lautet, sich nicht mehr ultramontan nach Rom hin und von Bonn wegzukehren, sondern die Freiräume, die auch ein formal nichtchristlicher Staat seinen Bürgern bietet, zu nutzen, denn diesem Staat selbst, so Böckenförde, ist um seiner eigenen Stabilität willen an den tieferliegenden Überzeugungen seiner Bürger gelegen.

Aus dieser Ermutigung für besonders nach dem Kulturkampf dem deutschen Staat skeptisch gegenüberstehende katholische Kreise wurde in der Wirkungsgeschichte des „Böckenfördesatzes" das zentrale Argument für den Religionsunterricht an staatlichen Schulen. Lautete bei Böckenförde das Argument: ‚Die Säkularisierung des Staates ist das erfolgreiche Konzept, das als Antwort auf das in Glaubensfeden untergehende Europa gefunden wurde. Dennoch kann auch dieser säkularisierte Staat nur bestehen, wenn er von seinen Bürgern getragen wird. Dazu wiederum sind tieferliegende Wertüberzeugungen der Bürger vonnöten. Glaubensüberzeugungen vermögen solche Wertüberzeugungen bereit zu stellen'; so kehrt sich dies Argument in der Wirkungsgeschichte faktisch wie folgt um: ‚Der Staat darf die Wertgrundlagen zwar selbst nicht legen – da er ein weltanschaulich neutraler Staat ist – wenn sie aber nicht gelegt werden, so fällt er zwangsläufig auseinander. Deshalb muss er – bei Strafe seines Untergangs – daran interessiert sein, dass jemand anders – und wer könnte das besser als die etablierten Konfessionen – subsidiär diese Aufgabe für ihn übernimmt. Der Reli-

---

248 Diese Wendung wird mit folgendem Satz eingeleitet: „So wäre denn noch einmal – mit Hegel – zu fragen, ob nicht auch der säkularisierte weltliche Staat letztlich aus jenen inneren Antrieben und Bindungskräften leben muß, die der religiöse Glaube seiner Bürger vermittelt. Freilich nicht in der Weise, dass er zum ‚christlichen' Staat rückgebildet wird, sondern in der Weise, dass die Christen diesen Staat in seiner Weltlichkeit nicht länger als etwas Fremdes, ihrem Glauben Feindliches erkennen, sondern als die Chance der Freiheit, die zu erhalten und zu realisieren auch ihre Aufgabe ist" (a.a.O. S. 61).

gionsunterricht muss also die Wertgrundlage bilden, die auch der Staat für sein
Bestehen braucht. Deshalb muss der Staat den Kirchen das Privileg eines schulischen Regelfaches einräumen.'
    In manchen Varianten dieser Argumentation ist damit zugleich ein Exklusi-
onskriterium gewonnen. Nicht alle Religionsgemeinschaften nämlich seien in der
Lage, diesen Dienst für die Gewährleistung der Existenz des Staates zu erbrin-
gen. Es seien dies nur die mit dem Wertekanon des Grundgesetzes harmonisie-
renden Religionen also die beiden christlichen Kirchen.[249]
    Mindestens zwei Probleme allerdings müssen bei dieser Art der Aufnahme
des Böckenfördesatzes thematisiert werden.
    1. In Böckenfördes Aufsatz wird nicht ausgeschlossen, dass es auch andere
Quellen für Wertefundamente von Bürgern geben könne, die ebenso stabilisie-
rend wirken und dem säkularen Staat zugutekommen. Vielmehr ist dies gerade
die neue Möglichkeit des säkularen Staates, die Pluralität der Werthaltungen
seiner Bürger zu ermöglichen und selbst davon zu profitieren, dass die Bürger
Werthaltungen mitbringen die sie im Staat nicht nur ein kurzfristiges Eigen-
Nutzenkalkül erblicken lassen. Die Umkehrung, der Staat sei verpflichtet, lediglich bestimmten Religionen ein privilegierten Zugang zur staatlichen Schule in
Form eines regulären Unterrichtsfaches anzubieten, läuft demnach der Definition
des säkularen Staates bei Böckenförde gerade zuwider. Dieser soll eben nicht
bestimmte Religionen protegieren, sondern die freie Religionsausübung (oder
Nichtausübung) seiner Bürger garantieren.
    2. Steht bei dem Einlassen auf diese Argumentation der Religionsunterricht
in der Beweislast, ob er so etwas wie Werthaltungen überhaupt ‚produzieren'
oder herstellen kann? Der Religionsunterricht wird in dieser Argumentationsstra-
tegie nicht etwa durch den Eigenwert einer Befähigung für den „mündigen
Gebrauch der grundgesetzlich garantierten Religionsfreiheit" (EKD 1994) für
unverzichtbar gehalten, sondern in seiner vermeintlichen Dienstleisterfunktion
als Wertelieferant. Ob und inwiefern der Religionsunterricht allerdings diese
Erwartung erfüllen kann und es überhaupt sollte, ist in hohem Maße fraglich.

2.5 Konfessioneller Religionsunterricht und Pluralität

Das Modell dieses Religionsunterrichtes geriet jedoch durch zwei Tendenzen in
Bedrängnis. Zum einen zeichnete sich bereits die späte alte Bundesrepublik
durch zunehmende Pluralisierung und Individualisierung auch für den Bereich
der Religion aus (vgl. Berger 1980). Zum anderen kam durch die Wiedervereini-

---

249 Mit der Ausnahme eines jüdischen Religionsunterrichtes freilich, der aber zahlenmäßig nie ins
      Gewicht fiel.

gung die Problemlage der massiven Religionsferne auf die bundesdeutsche Religionspädagogik zu.

Auf das erste genannte Problem entwickelte der Nestor der evangelischen Religionspädagogik, Karl Ernst Nipkow, eine Antwortstrategie.[250] Neben die negative Religionsfreiheit trete eine, durch das Grundgesetz ebenso verbürgte, positive Religionsfreiheit (a.a.O. S. 283).[251] In diesem Rahmen habe der konfessionelle Religionsunterricht die Aufgabe, den Heranwachsenden zu ermöglichen, „sich individuell im Rahmen ihrer Allgemeinbildung religiös zu orientieren und religiöse Urteilsfähigkeit zu erwerben" (ebd). Der Vorschlag der EKD einer verbindlichen Fächergruppe „Religion – Ethik/Philosophie" nehme diese Vorgaben auf. Auch dem Islam solle im Rahmen der Fächergruppe das Recht auf einen deutschsprachigen Religionsunterricht eingeräumt werden.

Die exklusive Tendenz gegenüber anderen Religionen, die manchen Auslegungen des Böckenförde-Arguments noch zu Eigen war, findet sich in Nipkows Argumentation dezidiert nicht. Vielmehr wird der religiöse Pluralismus zu einer Basis religiöser Bildung an der Schule. Freilich ist für Nipkow adäquate religiöse Bildung nur im Durchgang durch die (je eigene) Religion und Konfession vorstellbar. Da die religiöse Bildung an der Schule jedoch zugleich dem religiösen Pluralismus und damit der individuellen Religionsfreiheit der Schülerinnen und Schüler gerecht werden soll, spricht sich Nipkow auch für einen islamischen Religionsunterricht aus.[252] Dieses Konzept, sosehr es auch die veränderte Ausgangslage der späten Bundesrepublik berücksichtigt, birgt jedoch mindestens zwei Problemlagen.

1. Konstitutiv für das Nipkowsche Konzept ist der Dual von Identität und Verständigung. Identität wird dabei wesentlich durch die Herkunftsreligion bestimmt. War es im ständischen System selbstverständlich, dass die Kinder dem Beruf, dem Stand, der Religion der Eltern folgten, ist es ein Kennzeichen der

---

250 Der im Folgenden näher beleuchtete Aufsatz „Religiöse Bildung im Pluralismus" erschien in der Neuen Sammlung 2/2000 (Nipkow 2000a). Die deutsche Wiedervereinigung lag zu diesem Zeitpunkt bereits fast 10 Jahre zurück. Unter ähnlichem Titel und mit z.t. deutlich anders akzentuiertem Inhalt sind von Nipkow eine Anzahl von verschiedenen Publikationen in weiteren Zeitschriften und als selbständige Veröffentlichungen erschienen, die deutlich machen, als wie zentral er den Pluralismus als Herausforderung für die Religionspädagogik sieht. Nicht zuletzt sind Überlegungen auch in die EKD-Denkschrift: Identität und Verständigung eingeflossen (EKD 1994). Zum Problem des Pluralismus in der Religionspädagogik vgl. z.B. Schweitzer/Englert/Schwab/Ziebertz 2002, Schreiner 1997, Englert 2003, Grethlein 1999a, Schieder 2003, Schlag 2003, Schweitzer/Schlag 2004, Winter 2006.

251 Pointiert und grundsätzlich zugleich erörtert Nipkow 2004, weshalb der Pluralismus für die protestantische Theologie seit Luther „von innerem pluralitätsträchtiger Dynamik" (Nipkow 2004, S. 38) ist. Diese Argumentation greift zu Recht weiter aus als die hier vorgestellte juristische.

252 Zur Situation des Islamischen Religionsunterrichts in Deutschland vgl. für einen Überblick: Kraft 2007, Grethlein 2007b, detailliert: Mohr 2000 und 2006.

Moderne, dass der Stand, der Beruf der Eltern nicht mehr zwangsläufig den Stand und den Beruf der Kinder vorgeben.[253] In dem Konzept der „Identität" wird diese Möglichkeit zwar gesehen, aber dennoch in der Wirkungsgeschichte kaum genügend berücksichtigt,[254] denn es wird als Normalfall vorausgesetzt, dass die Religion der Eltern immer auch die ‚eigene' Religion der Kinder sei.[255] 2. Auch wenn Nipkow sächsische Zahlen zum Beleg bringt, dass der Religionsunterricht in den neuen Bundesländern erhebliche Bedeutung hat, so zeigen doch eben diese Zahlen wie problematisch diese Situation auch ist. Inklusive der von Nipkow angegebenen fast 50% Konfessionsloser besuchen insgesamt nur knapp 20% eines Jahrganges den Religionsunterricht. D. h. auf der Rückseite, auch in Sachsen, wo der Religionsunterricht reguläres Unterrichtsfach ist, besuchen 80% der Schülerschaft den konfessionellen Religionsunterricht nicht.[256] Auf die dramatische Situation, nämlich einer religiösen Nichtbildung von 80% der Schülerschaft gibt Nipkows Konzept keine Antwort.[257] Im Land Brandenburg wächst der Religionsunterricht seit seiner Einführung kontinuierlich sogar gegen den Trend einer schrumpfenden Zahl von Schülerinnen und Schülern.[258]

Auch Konzepte eines konfessionsübergreifenden Unterrichts (vgl. Mokrosch 1996, Lähnemann 1998, Scheilke/Frieling 1999) oder solche einer „christlichen

---

253 Schon in Lessings Ringparabel taucht zumindest theoretisch in der als Falle gestellten Frage des Sultans Aladin an Nathan die Möglichkeit eines Religionswechsels auf (vgl. Lessing 1778/1979).

254 Dieses Muster ist noch in jüngeren Veröffentlichungen Nipkows zu entdecken. In seiner Auseinandersetzung mit dem religionspädagogischen Konzept des Kantons Zürich und dem verbindlichen gemeinsamen und staatlich verantworteten Fach „Religion und Kultur" beruft sich Nipkow auf Dietrich Benner als Bildungstheoretiker und Dieter Mersch als Philosoph, wenn er die Frage der Überschrift „Vom Eigenen her das Fremde begreifen lernen?" eher bejaht. Empirische Ergebnisse zur Frage eines multireligiösen Religionsunterrichtes, wie z.B. in England, seien uneindeutig, wiesen aber auf eine Überforderung besonders der jüngeren Kinder hin (Nipkow 2005, S. 243f.).

255 Die Begründung könnte z.B. pragmatisch vorgehen, indem sie wie D. Pollack religionssoziologisch aufweist, die meisten Kinder in der Konfession (oder auch Konfessionslosigkeit) der Eltern bleiben oder systematisch, dass gerade der Zwang zur dauernden Wahl der die zweite Moderne kennzeichnet, das Gebiet der Religion nicht erreicht hat, da diese so sehr Privatsache ist, dass zwar die Möglichkeit zur Wahl besteht, nicht jedoch der Zwang von dieser Freiheit auch Gebrauch zu machen und so auf dem Gebiet der Religion eine Entlastung vom Zwang zur Wahl gesehen wird, der dazu führt, dass die Herkunftsreligion auch zur eigenen wird (vgl. Pollack 1993, hier Kap. 2.1.6). Um dieser Problematik der z.T. nicht vorhandenen „eigenen Religion" gerecht zu werden, haben Dietrich Benner, Rolf Schieder, Joachim Willems und der Autor in den DFG-Projekten zur Erhebung der im Religionsunterricht vermittelten religiösen Kompetenz Ru-Bi-Qua/KERK den Begriff „Bezugsreligion" eingeführt (vgl. hier Kap. 2.3).

256 Hier sind besondere didaktische aber auch unterrichtsorganisatorische Konzepte gefragt. Vgl. Wermke 2008.

257 Vgl. Nipkow 2000a, S. 284 mit Verweis auf Hanisch/Pollack 1997, S. 38. Neuere Daten: Hanisch/Kinder 2003, für Thüringen: Wermke 2006.

258 Zu der Schilderung der Entwicklung vgl. Borck/Schluß 2009.

Pädagogik" (vgl. Pirner 2008) würden daran für den Osten Deutschlands nichts Entscheidendes ändern, weil die Zahl der Katholiken oder Christen anderer Konfessionen in den meisten Gebieten verschwindend gering ist. Ob das Hamburger Modell „Religionsunterricht für alle" hier weiterführen könnte, entscheidet sich daran, inwiefern es von konfessionslosen Schülerinnen und Schülern angenommen wird (vgl. Doedens/Weiße 1997, Doedens 2000, Doedens (o.J.), Doedens 2009, Weiße 1999, Mokrosch 1999, Nipkow 2000b). Auch hier bleibt zu beachten, dass die Abmeldemöglichkeit von dem Unterricht nicht aufgehoben ist. „An diesem „RU für alle" nehmen alle Schülerinnen und Schüler gemeinsam teil – unabhängig von ihren jeweiligen religiösen und weltanschaulichen Überzeugungen. Dies gilt ungeachtet der rechtlich garantierten Möglichkeit, sich von diesem Unterricht abmelden zu dürfen bzw. ab Klasse 9 zwischen dem RU und dem Alternativfach Ethik bzw. Philosophie wählen zu können" (Doedens/Weiße 2007, S. 52). Derzeit werden verschiedene Kooperationsmodelle des „Religionsunterrichts für alle" mit dem Fach Ethik erprobt (Doedens/Weiße 2007, S. 64). Erschwerend kommt hinzu, dass die Katholische Kirche derzeit erstmals auf die Einrichtung eines eigenen Religionsunterrichts dringt und auch ein eigener islamischer Religionsunterricht Befürworter findet (Doedens/Weiße 2007, S. 62).

Die zwei genannten offenen Fragen zusammenführend bleibt mit Annette Scheunpflug zu konstatieren: „Religionen können – aufgrund der Vielfalt der Religionen und der gesellschaftlichen Säkularisierung – nicht mehr von einer *selbstverständlichen religiösen Sozialisation* ausgehen. Religiöse Erfahrung ist nicht mehr selbstverständlich teilbar, sondern bedarf, will sie nicht abgrenzend wirken, intensiver, interreligiöser Sprachfähigkeit" (Scheunpflug 2006, S. 80).

2.6 Fazit

War zu Luthers Zeiten (gleich ob katholisch oder lutherisch) die theologische Bildungsbedürftigkeit unumstritten, war doch die Notwendigkeit allgemeiner Bildung keineswegs einsichtig. Luther begründet die Notwendigkeit der Allgemeinbildung (neben ihrem Selbstzweck) als Mittel zur religiösen Bildung. Eine solche Begründung der Allgemeinbildung wäre heute ganz unvorstellbar obschon die religiöse Bildung die Allgemeinbildung noch immer voraussetzt. Das liegt daran, dass die Allgemeinbildung so selbstevident geworden zu sein scheint, dass sie kaum noch einer Begründung bedarf (zumindest was eine gewisse Grundbildung – ausgedrückt in Basiskompetenzen – angeht. Stattdessen steht nun die zu Luthers Zeiten unhinterfragte religiöse Bildung auf dem Prüfstand. Es ist keineswegs mehr plausibel, dass Religion zum Bildungskanon gehört. Das wichtigste Argument für religiöse Bildung an der staatlichen Schule ist, dass Bildung auf religiösem Gebiet zur Allgemeinbildung hinzugehört und die

Gewährleistung einer Allgemein- oder Grundbildung die Aufgabe der Schule ist. Hierin findet sich geradezu die Umkehrung des Lutherischen Arguments. Nicht mehr die religiöse Bildung kann die Notwendigkeit der Allgemeinbildung begründen, sondern weil zur Allgemeinbildung auch eine zumindest basale religiöse Kompetenz gehört, begründet diese nun die Notwendigkeit jener.

Das Schleiermachersche Argument, einer Anregung zum religiösen Gefühl und ein Affekt gegen einen Religionsunterricht, der bestenfalls ein Wissensarsenal bereitstellen kann, kann vor diesem veränderten Hintergrund ebenfalls nicht mehr überzeugen. Schleiermacher ging in seinen Reden ausdrücklich von der Position des Religiösen aus. Dies kann ein zu weltanschaulicher Neutralität verpflichteter Staat nicht leisten.[259] Für das Interesse einer Allgemeinbildung kann das Erwecken eines religiösen Gefühls nicht Ziel des Unterrichts sein. Wenn es jedoch, anders als in Schleiermachers Zeit der Staatskirche, bei der weit überwiegenden Anzahl der Schülerinnen und Schüler bislang so gut wie keine Erfahrungen auf dem Gebiet der Religion gibt, dann muss ein bloßer Faktenwissenserwerb im wahrsten Sinne „sinnlos" bleiben, weil die Erfahrungen fehlen, um das Gelernte verstehen und einordnen zu können. Insofern kommt ein solcher Basisunterricht auf dem Gebiet des Religiösen auch um die Bereitstellung von religiösen Erfahrungsmöglichkeiten nicht herum.

Das Begründungsmuster für den Religionsunterricht als Regelfach, das auf dem Böckenförde Argument fußt, büßt aus mindestens zwei Gründen zunehmend an Bedeutung ein. Zum ersten zeigt die Normativität des Faktischen, dass obgleich ein immer größer werdender Teil der Bevölkerung der Bundesrepublik religionslos ist, dennoch das Staatsgefüge nicht auseinanderbricht. Zum zweiten wurde deutlich, dass Böckenförde von und für eine katholische Gemeinschaft argumentiert, die er in ihrem gesellschaftlichen und politischen Engagement bestärken will. In eine Argumentation des neutralen Staates zum schulischen Religionsunterricht ist dies nicht ohne weiteres zu überführen. Dies dürfte deshalb zunehmend problematisch werden, weil die Zugehörigkeit zu einer Glaubensgemeinschaft keineswegs mehr überall gesellschaftliche Normalität ist. Der konservative Charakter des Rechts mag dazu führen, dass die Gesetzgebung dieser gesellschaftlichen Veränderung noch über einen gewissen Zeitraum hinterherhinkt, auf Dauer sind jedoch Szenarien wie in Sachsen kaum vorstellbar, dass bei einer Größenordnung von ca. als 20% Kirchenmitgliedern und einem Anteil der Konfessionslosen von fast 80% der Religionsunterricht das Regelfach ist und die Alternative den Status eines Ersatzfaches hat.[260]

---

259 Zum Begriff der weltanschaulichen Neutralität und seinen Interpretationsmöglichkeiten vgl. Schluß 2003, S. 131 – 138. Zu den möglichen Folgen eines vornehmlich juristischen Diskurses im Bereich der Pädagogik vgl. Schluß 2004.
260 Vgl. Sächsisches Schulgesetz vom 16.7.2004, § 18 und 19.

Die Perspektive Nipkows hilft in den neuen Ländern nur bedingt weiter.

1. Auf die Herausforderung, die sich angesichts von Säkularisierung und religiöser Pluralität als entgegengesetzten Signaturen der religionspädagogischen Situationsbeschreibung[261] stellt, nämlich die des interreligiösen Gespräches, gibt dieses Konzept bestenfalls den ersten Teil der Antwort, nämlich die sich gewählte Religion besser kennen zu lernen. Auf die zweite Herausforderung, nämlich die verbale, friedliche Auseinandersetzung zwischen den Religionen zu ermöglichen, hat das Konzept weniger plausible Antworten bereit. Wie soll der Dialog gelingen, wenn jeder nur „seine" Religion kennen lernt, viele aber gar keine Religion haben und mitbringen?[262]

2. Ist in den neuen Bundesländern weniger die religiöse Pluralität einer religiösen Minderheit kennzeichnend, sondern die Religionslosigkeit der Mehrheit. Religionslosigkeit aber als einen Fall von religiöser Pluralität zu fassen, wird dem Selbstverständnis dieser sich selbst als religionslos bezeichnenden nicht gerecht. Vielmehr sind beides, Religionslosigkeit wie religiöse Pluralität Phänomene, die durchaus in entgegengesetzte Richtung weisen und dennoch (im Osten wie im Westen Deutschlands, wenn auch mit unterschiedlicher Verteilungshäufigkeit) gleichzeitig auftreten und in dieser sich wechselseitig auszuschließen scheinenden Gemeinsamkeit die größte Herausforderung für die Bildung auf religiösem Gebiet ausmachen.[263]

2.7 Konsequenzen für die religiöse Bildung

Vor dem Hintergrund der soeben skizzierten Signaturen kann deutlich werden, worin gegenwärtig das öffentliche Interesse an religiöser Bildung bestehen kann:

---

261 Zur Analyse dieser Situationsbeschreibung die Tagungsdokumentation vgl. Schluß 2009a.

262 Die von Nipkow vorgeschlagenen Phasen der Kooperation sind ein hilfreiches Angebot, wo sie realisiert werden. In der gegenwärtigen Situation Berlins ist die Kooperation zwar nicht ausgeschlossen, aber auch nicht verpflichtend. Nach den Vorstellungen des Senats geschehen Kooperationen zudem nur im sogenannten „Fenstermodell" in dem die Religionen in einem kleinen Fenster des Ethik-Unterrichts vorgestellt werden (vgl. Zimmermann 2009) Erschwerend kommt für Berlin hinzu, dass im Berliner Ethik-Rahmenplan und noch signifikanter im gebräuchlichsten Ethik-Buch für Berlin Religion so gut wir nicht vorkommt (vgl. Schluß 2006c und 2008d, Winter 2009).

263 „Eine Religionspädagogik, die auf diese Signaturen der Gegenwart konstruktiv reagieren will darf weder Traditionsabbruch noch Pluralismus als Defizite diagnostizieren, sondern muss sie als religionspädagogische Herausforderungen begreifen" (Obst 2007, S. 106).

2.7.1 Antifundamentalistische Selbstaufklärung der Bezugsreligionen

Öffentliches Interesse an religiöser Bildung besteht mit Blick auf die Pazifizierung der Gesellschaft an einer antifundamentalistischen Selbstaufklärung der jeweiligen Bezugsreligionen.

Dieses Interesse wird verständlich, wenn bedacht wird, dass ein großer Teil des Fundamentalismus der Unkenntnis dessen geschuldet ist, was für die eigene Religion gehalten wird. Auch wenn gegenwärtig vor allem Beispiele aus dem Islam diskutiert werden, ist jedoch keine Religion von sich aus immun gegen Fundamentalismus. Auch die Epoche der europäischen Aufklärung vermag die christliche Religion keineswegs für immer von fundamentalistischen Tendenzen zu bewahren, wie die Creationisten in den USA oder die extremen Varianten der sogenannten „Lebensschutzbewegungen" zeigen. Michael Meyer-Blancks Bonmot: „Bildung ohne Religion ist unvollständig und Religion ohne Bildung ist gefährlich" (Meyer-Blanck 2003, S. 280) spielt darauf an, dass aufgeklärte Religionen vermeintlich weniger zu Fundamentalismus neigen als solche, die sich der aufklärerischen Bildung enthalten (vgl. dazu auch Schieder 2001b, Meyer-Blanck/Klie 2002). Allerdings lässt sich diesem Bonmot auch in seiner Umkehrung Sinn abgewinnen: „Religion ohne Bildung ist unvollständig, Bildung ohne Religion ist ebenso gefährlich". Dass religiöse Bildung kein Luxusproblem ist, zeigt das Erleben der Jugendlichen in den multikulturellen Quartieren deutscher Großstädte nachhaltig. Gerade in diesen Quartieren ist wenig für einen Hauptschüler so nötig, wie religiöse Kompetenz, um im multikulturellen und damit auch multireligiösen Alltag zurechtzukommen.[264] Am meisten im Licht der Öffentlichkeit stehen diesbezüglich Themen wie die „Kopftuchfrage", „Ehrenmorde", „Fundamentalismus", „Märtyrer", etc. Gegen das Verhandeln dieser Themen unter dem Stichwort religiöser Grundbildung wird man einwenden können, dass diese gar nichts mit Religion zu tun hätten. Aber eben deshalb tut religiöse Aufklärung Not, um zu wissen, welche Handlungen sich eben nicht religiös begründen lassen. Deshalb muss von religiöser Bildung an der öffentlichen Schule erwartet werden, dass sie *Selbstaufklärung* ihrer Religion betreibt.[265]

Diese Erwartung gilt für jede Religion, denn ein großer Teil des Fundamentalismus ist der Unkenntnis dessen geschuldet, was für die eigene Religion gehalten wird. Der antifundamentalistische Effekt religiöser Bildung beginnt so noch vor der Religionskritik. Selbst eine affirmative religiöse Bildung kann über manche gewalttätigen Missbräuche von Religion aufklären. So besteht ein weitgehender Konsens unter muslimischen Rechtsgelehrten darin, dass der Koran

---

264 Eine Ahnung davon vermittelt der Film: „Knallhart" von Detlef Buck, der eine Jugendgeschichte aus Berlin Neukölln erzählt und 2006 bei der ufa als DVD erschienen ist.
265 Vgl. in diesem Sinne die Berliner Rede zur Religionspolitik von Wolfgang Schäuble 2005.

Selbstmord verbietet und keineswegs als probates Mittel zum Eingang ins Paradies anpreisen würde.
    Eine religiöse Bildung an der öffentlichen Schule muss allerdings über solche Positionen noch hinausgehen, indem sie auch Fragen der Religionskritik mit behandelt. Die Frage nach der Entstehung des Korans darf dabei so wenig tabuisiert werden, wie die Frage nach der Entstehung der Bibel. Fundamentalistische Antworten auf diese Fragen sollen nicht ausgeklammert werden, zumal sie im Alltag der Religionen immer präsent sind, sondern müssen in einen pluralen Diskurs von Antworten einbezogen werden und kritisch reflektiert werden können.

2.7.2 Verständigung zwischen den Religionen

Ebenfalls im Sinne des gesellschaftlichen Friedenserhalts (vgl. Beck 2009, S. 32-33) besteht das öffentliche Interesse an religiöser Bildung in einer Verständigung zwischen den Angehörigen verschiedener Religionen, die sich auch auf religiöse Themen bezieht. Über mathematische Themen lernen die Schülerinnen und Schüler miteinander zu sprechen, über Probleme der Geographie und der Politik, jedoch Probleme der Religion werden entweder in verschiedenen Fächern oder überall dort, wo es keinen Religionsunterricht gibt, oder die Schülerinnen und Schüler nicht an ihm teilnehmen, überhaupt nicht an der Schule thematisiert. So wird Religion als exklusives Moment etabliert (vgl. Scheunpflug 2006). Es ist jedoch von eminentem öffentlichem Interesse, dass nicht ein religiöser Blick eingeübt wird, der den anderen vor allem als „nichtzugehörig" wahrnimmt. Hier kann von Diskussionen aus anderen Bereichen der Erziehungswissenschaft gelernt werden. Zu denken ist insbesondere an die Frage des integrativen Unterrichts von behinderten und nichtbehinderten Schülerinnen und Schülern, der in der Sonderpädagogik diskutiert und praktiziert wird. Besonders aufschlussreich erscheint dabei, dass – wie auch immer die Einschätzungen zum integrativen Unterricht im Einzelnen ausfallen – unstrittig ist, dass die Notwendigkeit einer Sonderpädagogik als eigenständiger Disziplin auch bei den Vertretern weitgehend integrativer Lösungen nicht in Zweifel gezogen wird (vgl. Ellger-Rüttgert 1995 und 1997).
    Bislang ist es in den Rahmen- und Lehrplänen des Fächer im Bereich des konfessionellen Religionsunterrichts aufgegeben, *über* die anderen zu informieren. Die Perspektive des *mit* anderen kommt dagegen viel seltener in den Blick. Dies ist jedoch für das Zusammenleben im Kontext vieler Religionen ein entscheidendes Motiv. Ziel einer solchen angestrebten Verständigung zwischen Religionen und Weltanschauungen kann nicht ein harmonisierendes Vereinheitlichen aller positiven Religionen sein, sondern es ist eher in der *Erkenntnis und Reflexion von Gemeinsamkeiten und Differenzen der Religionen und Weltan-*

schauungen zu suchen. Mit einem Überdecken und Kaschieren von Unterschieden ist so wenig gewonnen wie mit einer Variante der Toleranz, der *alles* egal ist. Religiöse Bildung besteht weder darin zu sagen, „ist mir doch egal was Du glaubst" noch darin zu meinen, „im Prinzip glauben wir doch alle das Gleiche". Religiöse Bildung äußert sich vielmehr darin, Gemeinsamkeiten aber ebenso sehr auch Differenzen erkennen und anerkennen zu können (vgl. Dressler 2006).

Wilhelm von Humboldt wies in seinem Konzept der Bildung auf diese Problematik hin, wenn er Bildung als Antwort auf die Ausdifferenzierung der Welt verstand.[266] Einheit sei nicht mehr in der Welt herzustellen, sondern jedes Individuum wird sich andauernd um ein solches Zusammenbringen dieser verschiedensten Anforderungen der Welt in den eigenen Lebenszusammenhängen bemühen müssen. Die auseinanderfallende Welt könne dies nicht mehr leisten.[267] Auch wenn Humboldt selbst der religiösen Bildung durchaus reserviert begegnete, so lässt sich doch das von ihm entwickelte bildungstheoretische Argument auch auf diesen Bereich ausdehnen. Religiöse Bildung muss dann ein entsprechendes „Sich Verhalten Können" zu religiösen Differenzen zum Ziel haben. Differenzen treten dabei keineswegs nur zwischen den Religionen sondern auch innerhalb der einzelnen Religionen und Weltanschauungen auf. Gerade die Thematisierung von solchen Differenzen innerhalb einer Religion, Konfession oder Weltanschauung wird zur Bildung der je individuellen religiösen Identität der

---

266 Am Beispiel der Definition des Bildungsbegriffs: „Der wahre Zweck des Menschen [...] ist die höchste und proportionierlichste Bildung seiner Kräfte zu einem Ganzen. Zu dieser Bildung ist Freiheit die erste, und unerlässliche Bedingung. Allein ausser der Freiheit erfordert die Entwikkelung der menschlichen Kräfte noch etwas andres, obgleich mit der Freiheit eng verbundenes, Mannigfaltigkeit der Situationen" (Humboldt 1960, S. 64). Am Beispiel des Verhältnisses von Staat und Individuum: „Die reale Möglichkeit einer in diesem Sinne neuzeitlichen Daseinsweise des Menschen ist nach Humboldt unmittelbar daran zurückgebunden, dass die Staaten ihrer Wirksamkeit enge Grenzen setzen und die Bestimmung ihrer Bürger nicht mehr teleologisch auf einen vorgegebenen Gesamtzweck des Staates hin konzipieren. Die Idee neuzeitlicher Bildung zielt damit auf eine dialektische Vermittlung zwischen der individuellen und der gesellschaftlichen Daseinsweise des Menschen" (Benner 1990, S. 47). Auf dem Hintergrund der Entwicklungen im ökonomischen System zeigt Heydorn: „Die persönliche Erfahrung ist früh durch den Widerspruch des aufkommenden industriellen Zeitalters geprägt. Momente der romantischen Agonie sind erkennbar, reale und imaginäre Welt treten heillos auseinander" (Heydorn 1969/1980, S. 21). Zu einer weniger emphatischen Interpretation des Bildungsbegriffs, vielmehr als Spiegel des „deutschen Sonderweges" als Reich der Bildung, dass die „Reichsidee" mit anderen Mitteln fortsetzt vgl. Prange 2006.

267 „Angesichts der erkennbar werdenden rationalen Interdependenz der anhebenden Industriegesellschaft, ihres vom Menschen abstrahierenden Charakters, versteht sich der Ausgangspunkt des Bildungsgedankens als ein groß angelegter Versuch den Menschen über einen ausgesparten Raum durch Reflexion auf sich selber zurückzuwerfen. Es geht hier gerade nicht darum, ihn der Realität zu entfremden, vielmehr wird ausschließlich beabsichtigt, seine Handlungsfähigkeit wiederherzustellen. Der Auslieferung des Menschen an die Gewalten soll eine Grenze gesetzt, eine Möglichkeit seiner Selbsterfahrung angeboten werden" (Heydorn 1969/1980, S. 12).

Heranwachsenden besonders wichtig sein, da dies die Chance bietet, Religionen nicht nur als homogenen Block wahrzunehmen, sondern durch die Darstellung ihrer Binnendifferenzierungen zur individuellen Positionierung zu ermutigen.[268]

2.7.3 Traditionsabbruch und Konfessionslosigkeit als pädagogische Herausforderungen

So multireligiös die Gesellschaft der Bundesrepublik auch zuweilen scheint, eine wachsende Zahl ihrer Bürger ist in keiner Religionsgemeinschaft eingeschrieben, geschweige denn aktiv. Für die Konfessionslosen im Osten Deutschlands gilt dabei die Besonderheit, dass sie zumeist nicht einmal mehr selbst aus der Kirche ausgetreten sind, sondern das bereits deren Eltern und Großeltern getan haben (vgl. Pollack 1993; Pollack 1994; Pollack 1996 und in dieser Arbeit Kap. B2.2). Religion als Dimension des Menschlichen kommt in diesen Familien kaum mehr vor (vgl. Domsgen 2004; Domsgen 2005a). Insofern kann auch nicht mehr darauf vertraut werden, dass die religiöse Sozialisation im Elternhaus und den Kirchgemeinden stattfindet (vgl. Keßler 2003), weil die Elternhäuser areligiös sind und die Kirchengemeinden kaum noch ihre eigenen Mitglieder erreichen, geschweige denn Außenstehende (vgl. Rinn 2006). Das Wissen über Religion wird nicht mehr über diese Institutionen vermittelt (vgl. die Einzelstudien in Domsgen 2005b). Wer aber nichts mehr von Religion weiß, wird auch Geschichte, bildende Kunst, Musik, Literatur und Politik nicht verstehen können.[269] Dies gilt keineswegs nur für die Hochkultur. Häufig können auch Werbespots, Spielfilme, etc. ohne ein Mindestmaß an religiöser Bildung nicht erschlossen werden.[270]

Gerade der Verlust der Religiosität zeigt, in welchem Maße unsere Kultur auf religiösen Fundamenten ruht. Wenn Schule den Auftrag hat, Schülerinnen und Schülern allgemeine Bildung so zugänglich zu machen, dass diese zu mündigen Teilhabern der Gesellschaft werden können, dann kommt sie gerade in

---

268 Annette Scheunpflug schlägt vor, solche Differenzen, aber auch die zwischen Wahrheitsansprüchen unterschiedlicher Religionen oder zwischen Wissenschaft und Religion auf einem evolutionstheoretischen Hintergrund zu analysieren, was den Vorteil habe, an Aufklärung festhalten zu können. Gleichzeitig müsse aber ein Verlust der Möglichkeit von Kritik in Kauf genommen werden, da der feste Bezugspunkt einer solchen Kritik nicht mehr vorhanden sei. Inwiefern solches evolutionstheoretisches Paradigma allerdings in Bezug auf die Religionspädagogik mit ihren normativen Implikationen bezogen werden könne, lässt Scheunpflug bewusst offen (vgl. Scheunpflug 2004 und 2006, S. 82-84).

269 Vgl. dazu zahlreiche Perspektiven in Gräb/Weyel 2002.

270 Anhand von Beispielen aus einem Dokumentarfilm, der Werbung der 1990er Jahre und eines aktuellen Spielfilmausschnitts vgl. Schluß 2008b. Vgl. auch Heumann/Schulte 1998.

religionslosen Zeiten ohne eine religiös bildende Funktion nicht aus.[271] Gerade weil andere Institutionen der Gesellschaft dies nicht mehr leisten, ist es Aufgabe der Schule, diese Lücke zu schließen, um dem Auftrag der Allgemeinbildung gerecht werden zu können.[272]

Die Ebene eines eigenen religiösen Weltzuganges ist dabei noch nicht erreicht. Viel spricht dafür, Religion mit Schleiermacher als einen eigenen Weltzugang neben anderen zu verstehen,[273] dem dann auch entsprechende Bildungsanstrengungen zukommen, um diese Dimension des Menschlichen überhaupt erleben zu können.[274] Davon sollte hier jedoch nicht gehandelt werden, sondern hier sind andere Bereiche des Menschseins angezielt, für die religiöses Basiswissen notwendig ist, um angemessen an ihnen partizipieren zu können. *Aufgabe der Schule ist demnach die Vermittlung religiöser Bildung für alle.* Gerade weil andere Institutionen der Gesellschaft dies nicht (mehr) leisten.

2.7.4 „Pädagogisch arrangierte Erfahrungsmöglichkeiten" als Grundlegung eines reflexiven Unterrichts nach dem Traditionsabbruch

Die Frage der religiösen Bildung in der Schule kennt grundsätzlich zwei widerstreitende Antwort-Konzepte. Entweder wird sie so verstanden, dass religiöse Bildung selbst in irgend einer Weise religiös sei, oder sie erfolgt so, dass sie zwar über Religion(nen) informiert, sich selbst jedoch einer Position enthält und insofern die Religion wie die Geographie behandelt, die im älteren Titel dieses Faches auch als „Erdkunde" bezeichnet wurde. Der Religionsunterricht im Typus der „Kunde" wird pointiert deutlich, wenn er mit der „Sexualkunde" relationiert wird. Hier ist gemeint, Sexualität soll im schulischen Unterricht im aufklärerischen Sinne thematisiert, jedoch keinesfalls praktiziert werden.

---

271 Dies gilt besonders für ein Verständnis, das Erziehungswissenschaft als Kulturwissenschaft zu verstehen sucht, die sich wissenschaftlich mit der Praxis beschäftigt, die die Einführung der Heranwachsenden in die Kultur leistet (Brumlik 2006).

272 Zum Verhältnis von Kultur, Bildung und Gesellschaft vgl. Caruso 2006.

273 Siehe dazu z.B. die hier in unterschiedlicher Perspektive unter 2.1.2 und 2.2 verhandelte Dritte Rede über die Religion: Über die Bildung zur Religion (1799/1983) oder die Paragraphen 3 und 4 von Schleiermachers Glaubenslehre (1830/1960).

274 Diese spezielle Bildung kann Schleiermacher sehr zurückgenommen, eher im Sinne eines geschehen lassen als aktiver Unterweisung verstehen: „Der Mensch wird mit der religiösen Anlage geboren wie mit jeder andern, und wenn nur sein Sinn nicht gewaltsam unterdrückt, wenn nur nicht jede Gemeinschaft zwischen ihm und dem Universum gesperrt und verrammelt wird – dies sind eingestanden die beiden Elemente der Religion –, so müsste sie sich auch in jedem unfehlbar auf seine eigne Art entwickeln; aber das ist es eben, was leider von der ersten Kindheit an in so reichem Maße geschieht zu unserer Zeit" (Schleiermacher 1799/1982, S. 126).

Ganz anders die Intention des Sprachunterrichtes mit dem das andere Konzept des Religionsunterrichtes verglichen werden kann. Hier soll keinesfalls nur eine Grammatik und ein Wissen über die Geschichte und Verwendungskontexte einer Fremdsprache eingeübt werden, sondern die Sprache selbst soll beherrscht werden. Das wird nicht gelingen, ohne dass im Unterricht diese Sprache gelesen und gesprochen wird und zwar nicht nur von den Lehrern, sondern von den Schülern selbst.[275]

Die Frage ist also, ob sich religiöse Bildung im schulischen Kontext angemessen im Paradigma einer Kunde oder nach dem Modell des Sprachenunterrichts beschreiben lässt. In der Debatte um den sogenannten performativen Religionsunterricht ist diese Frage aufgenommen worden (vgl. z.B. Meyer-Blanck 1998, Englert 2002 und 2006, „Performativer Religionsunterricht" 2002, Dressler 2003a, Dressler 2003b, Leonhard/Klie 2003, Klie 2004, Obst 2007). Hier soll eine Antwort auf diese Frage entwickelt werden, die mehrere Bestandteile hat und somit komplexer als die beschriebene Alternative ist.

Der erste Teil der hier vertretenen These ist, dass *Erfahrungen nicht das Ziel von schulischem Unterricht sind.*

Über das Ziel von Schule geben die Präambeln der jeweiligen Schulgesetze in der Regel Auskunft. Die großen Leitlinien pädagogischen Handelns werden somit noch einmal kodifiziert. Allerdings haben die dort vorfindlichen Begriffe wie „Mündigkeit" häufig den Nachteil, dass sie kaum konkret bestimmt werden können (vgl. Rieger-Ladich 2002). Vor allem im Zuge der Nach-PISA-Diskussion hat sich deshalb in Bezug auf das Ziel von schulischer Bildung die Frage an Bedeutung gewonnen, was das Ziel von fachlichem *Unterricht* sei. Dieses Ziel wird im Erwerb von Kompetenzen beschrieben. In den fachspezifischen Fähigkeiten, die Schülerinnen und Schüler erwerben.[276] PISA hat solche Kompetenzen für die Muttersprache oder Fremdsprachen oder Mathematik beschrieben. Darüber hinaus ist es jedoch durchaus sinnvoll, sich auch über Kompetenzen Gedanken zu machen, über die die Schülerinnen und Schüler verfügen können sollten, wenn sie den Religionsunterricht genossen haben, also über „religiöse Kompetenzen". In dem DFG-

---

275 Die Sprach-Metapher für den Religionsunterricht gebraucht z.B. Richard Schröder immer wieder. Vgl. z.B. Schröder 2009.

276 Kompetenz wird hier im Sinne von Klieme verstanden: „In Übereinstimmung mit Weinert verstehen wir unter Kompetenzen die bei Individuen verfügbaren oder von ihnen erlernbaren kognitiven Fähigkeiten und Fertigkeiten, bestimmte Probleme zu lösen, sowie die damit verbundenen motivationalen, volitionalen und sozialen Bereitschaften und Fähigkeiten, die Problemlösungen in variablen Situationen erfolgreich und verantwortungsvoll nutzen zu können. Kompetenz ist nach diesem Verständnis eine Disposition, die Personen befähigt, bestimmte Arten von Problemen erfolgreich zu lösen, also konkrete Anforderungssituationen eines bestimmten Typs zu bewältigen. Die individuelle Ausprägung der Kompetenz wird nach Weinert von verschiedenen Facetten bestimmt: Fähigkeit, Wissen, Verstehen, Können, Handeln, Erfahrung, Motivation" (Klieme 2003, S. 59).

Forschungsprojekt KERK werden solche religiösen Kompetenzen beschrieben und empirisch erhoben. Die Formulierung von Kompetenzen für den Religionsunterricht umfasst dabei nicht alles, was den Lebensbereich der Religion ausmacht, sondern nur den Teil von Religion, der im Sinne des Konzepts empirisch mess- und bewertbar ist (zum Konzept von KERK und dem Berliner Modell Religiöser Kompetenz vgl. Kap. B2.3).

Der zweite Teil der These besagt: *Erfahrungen sind die Voraussetzung für schulischen Unterricht, der Erfahrungen (wissenschaftlich) erweitern soll.*

Wenn dieser Satz nicht bloße Tautologie sein soll, muss sich seine Berechtigung als analytischer Satz erweisen lassen. Ein solches Können, wie es in fachspezifischen Kompetenzen beschrieben wird, setzt nicht nur Wissen voraus, sondern auch Erfahrungen mit dem Gegenstand (vgl. Englert 2000). Im Fall der unterrichtlich angestrebten religiösen Kompetenz also Erfahrungen mit Religion. Im DFG-Projekt KERK wurde dieser Dreischritt aus Erfahrung, Wissen und Kompetenz mit folgendem Schema zu verdeutlichen versucht:

Religiöse Deutungskompetenz	Religiöse Partizipationskompetenz
Erfahrungen mit rel. Phänomenen	Partizipationserfahrungen
Religionskundliche Kenntnisse	
Hermeneutische Fähigkeiten	Reflexion und Stellungnahme zu rel. Partizipationsmöglichkeiten

Abbildung 7:   (Schema Religiöser Kompetenz)

Die außerunterrichtlich mitgebrachten, oder im Unterricht erworbenen Erfahrungen werden mit spezifischen unterrichtlichen Mitteln erweitert.[277] Die Erfahrung ist nicht das Ziel des Religionsunterrichtes. Sie soll und kann nicht überprüft werden. Sie ist aber eine Voraussetzung, die unterrichtlich zu einem Können im Sinne eines methodisch reflektierten Umgangs mit solchen Erfahrungen erweitert werden soll.

Wenn ein unterrichtlich zu erreichender Standard z.B. hieße: Ein Gespräch mit einem muslimischen Mitschüler zum religiösen Leben in der Diaspora führen

---

277   Diese Erfahrungen können auch als die „Religion der Schülerinnen und Schüler" beschrieben werden (vgl. Schröder 2006).

zu können,[278] so wird es für solch ein Gespräch nicht ausreichen, nur die Daten und Fakten von Muslimen in Deutschland im Kopf zu haben, sondern es geht um ein Einfühlungsvermögen in Minderheitensituationen, Fremdheit, ein Gefühl von Beheimatung in und durch Religion usw.[279] Für ein Gespräch ist es ebenso wichtig, eigene Positionen benennen und reflektieren zu können. Auch diese basieren auf Erfahrungen. Solche Erfahrungen beschreiben und reflektieren können anzuregen und anzuleiten ist die Aufgabe des Unterrichts. Der Erwerb religiöser Kompetenz ohne religiöse Erfahrung ist ebenso schlecht möglich, wie der Erwerb von Fremdsprachenkompetenz ohne das Sprechen der Fremdsprache. Erfahrungen mit Religion sind demnach Voraussetzungen für einen Unterricht im Bereich der Religion. Eine bloß informative Religionskunde greift deshalb genauso zu kurz, wie ein Glaubensunterricht zu weit ginge. Vielmehr muss der Erwerb religiöser Kompetenz darin bestehen, religiöse Erfahrungen reflektieren zu können. Diese reflektierten und unterrichtlich erweiterten Erfahrungen korrespondieren eng mit einem Bildungsziel, das die verantwortliche Wahrnahme der grundgesetzlich garantierten Religionsfreiheit beschreibt (vgl. EKD 1994).

Der dritte Teil der These besteht in der nunmehr wiederholten Feststellung, dass *Erfahrungen mit Religion vielfach nicht oder zu wenig vorhanden sind.*

Dieses Problem muss an dieser Stelle weder begründet noch allgemein interpretiert werden. Es gilt für Ost- und Westdeutschland sicherlich in unterschiedlicher Weise, da die nominelle Zugehörigkeit zu einer Kirche im Westen der Bundesrepublik noch weithin die Regel ist.[280] Quer zu den Ost-West Differenzen gibt es auch ein Nord-Süd Gefälle in der Kirchenmitgliedschaft und eine erhebliche Differenz zwischen Stadt und Land. Jedoch selbst in solchen Milieus, die bis vor 20 Jahren noch als der Hort konservativen Volkskirchentums galten, zeigen sich tiefe Risse in der selbstverständlich vermittelten Frömmigkeit.[281] Auch an konfessionellen Schulen – die ja für alle Schülerinnen und Schüler offen sind – kommen nicht nur die konfessionslosen Schülerinnen und Schüler von einem Frühstück ohne Tischgebet und nach ohne einen Kindergottesdienstbesuch am Sonntag in die Schule (vgl. Domsgen 2005a). Deutlich wird somit: Wenn es die Aufgabe Religiöser Bildung und insbesondere des Religionsunterrichts ist,

---

278 Ein vergleichbarer Standard der Jahrgangsstufen 7 und 8 aus dem Rahmenlehrplan für den Evangelischen Religionsunterricht in Berlin und Brandenburg lautet z.B.: „Sie können andere Meinungen und Positionen im interreligiösen Gespräch aushalten, eigene Positionen argumentativ entwickeln und diese Fähigkeiten als Bedingung eines fruchtbaren gemeinschaftlichen Diskurses reflektieren" (EKBO 2007, S. 55).

279 Gemeint ist dabei nicht die kritisch zu betrachtende vorschnelle Überwindung von Fremdheit durch Identifikationsangebote auf die u.a. Heimbrock 1998 und Zilleßen 1991 hinweisen.

280 Dennoch ist die Rede vom „Traditionsabbruch" auch bei nomineller Kirchenmitgliedschaft auch in den alten Bundesländern präsent (vgl. Obst 2007).

281 Vgl. die Untersuchungen zu den für die Kirchen noch erreichbaren Milieus in: Sinus 2005.

Erfahrungen wissenschaftlich zu erweitern, um so religiöse Kompetenzen aus-
bilden zu können, dann müssen diese Erfahrungen gemacht worden sein. Wenn
sie nicht von außerhalb des Unterrichts mitgebracht worden sind, wie man sich
das im volkskirchlichen Konzept dachte, dann müssen Erfahrungsmöglichkeiten
auf religiösem Gebiet „pädagogisch" arrangiert werden.

Der vierte Teil der These bezieht sich deshalb auf solche *pädagogisch zu
arrangierenden Erfahrungsmöglichkeiten.*

Wenn es also auch Aufgabe einer religiösen Bildung im öffentlichen Interesse sein muss, über religiöse Erfahrungen zu reflektieren, dann müssen die
Heranwachsenden auch Gelegenheit bekommen, eine Synagoge, eine Moschee,
einen buddhistischen Tempel zu besuchen, an einem Gebet teilzunehmen, einen
Psalm zu lesen, an einer diakonischen Einrichtung zu erleben, was tätige Nächstenliebe bedeuten kann.[282] Erfahrung wird dabei immer in einem doppelten Sinne
als aktiv und passiv zugleich verstanden. „Die aktive Seite der Erfahrung ist ein
Ausprobieren, Versuch – man macht Erfahrungen. Die passive Seite ist ein
Erleiden, ein Hinnehmen", schrieb Dewey 1916.[283]

Der Begriff religiöser Erfahrung, auf den hier Bezug genommen wird, wird
dabei in einem relativ weiten Sinne verstanden. Es geht nicht um Bekehrungser-
lebnisse, die arrangiert werden sollen. Vielmehr geht der hier verwendete Begriff
von Erfahrung davon aus, dass Begegnung mit Themen, Bereichen, Praxen, die
religiös konnotiert sind und nicht zum alltäglichen Lebenshorizont der Jugendlichen gehören, Erfahrungen bei ihnen evozieren. Um als religiöse Erfahrungen
verstanden werden zu können, bedürfen sie eines Moments, das bisherige Lebens-
zusammenhänge in gewisser Weise transzendiert. Ein Moment der Fremdheit, der
Andersheit ist diesen Erfahrungen eigen, die insofern provozierend sind, insofern
sie geeignet sind, vorgängige Erfahrungen in Frage zu stellen, noch einmal zu
überprüfen und neue Wege öffnen. Das kann im Extremfall die Erfahrung des
Todes naher Personen als das Einbrechen der Kontingenz in alltägliche Lebenszu-
sammenhänge sein. Freilich ist der Tod naher Menschen unterrichtlich nicht zu
arrangieren. Es kann aber auch ganz unspektakulär ein Projekt des diakonischen
Lernens im Religionsunterricht sein, das die Frage des Wertes von Leben, oder
des Sinns von Leben angesichts von Behinderung für die Schülerinnen erfahrbar
macht.[284] Nicht zuletzt kann auch die Begegnung mit biblischen Texten solche

---

282 Das staatliche Neutralitätsgebot (vgl. Kapitel 0 in dieser Arbeit) wird so nicht überschritten.
283 Dewey 1916/1993, S. 186. John Dewey weist in seinem 11. Kapitel von Demokratie und
     Erziehung „Erfahrung und Denken" auf diese doppelte Erfahrung hin: „Das Wesen der Erfah-
     rung kann nur verstanden werden, wenn man beachtet, dass dieser Begriff ein passives und ein
     aktives Element umschließt, die in besonderer Weise miteinander verbunden sind" (ebd.).
284 Es ist bemerkenswert, dass der Rahmenlehrplan für den Evangelischen Religionsunterricht in
     der EKBO Standards für alle Jahrgangsstufen auch für den Bereich des diakonischen Lernens
     festlegt (vgl. EKBO 2007).

Erfahrungsmöglichkeiten aufschließen. Dabei ist für Transzendenzerfahrungen kennzeichnend, dass diese nicht gemacht und damit abgeschlossen sind, die erfahrene Kontingenz quasi eingehegt und ruhiggestellt wird, sondern dass solche Erfahrungen lebensbegleitend mitlaufen können. Auch wenn sie zu unterschiedlichen Lebenszeiten je unterschiedlich präsent oder wichtig sind, wird in ihnen eine Dimension spürbar, die immer noch einmal quer zu dem Alltagsleben steht.[285]

Die Alternative, in anderen Bereichen des Lebens (z.B. im Fußball oder Rockkonzerten) die religiöse Dimension zu erschließen, kann die ganze Breite und vor allem das Zentrum religiösen Er-Lebens wohl kaum erschließen. Das Überwältigungsverbot[286] wird so nicht überschritten, sondern die Grundlagen zur Reflexion über Religion werden in ‚pädagogisch arrangierten Erfahrungsmöglichkeiten‘[287] gelegt, weil die unmittelbar lebensweltlichen Erfahrungen aus dem eigenen Familiengottesdienst, aus dem selbst erlebten Martinsumzug, oder der eigenen Firmung fehlen.

Das soeben skizzierte Modell von pädagogisch arrangierten Erfahrungsmöglichkeiten zum Zwecke unterrichtlicher Erweiterung und Reflexion könnte zwei Missverständnisse nahelegen, die im Folgenden auszuschließen sind.

Ein Missverständnis wäre es, wenn die religiöse Erfahrung somit doch zum *Ziel* religiöser Bildung wird. Erfahrung muss Voraussetzung bleiben und wird auch dann nicht abprüfbar oder gar bewertbar, wenn sie in pädagogisch arrangierten Kontexten erfolgt. Die Sätze: „Deine Erfahrung ist richtig." oder „Deine Erfahrung ist falsch", sind auch in Bezug auf religiöse Bildung sinnlose Sätze. Erfahrung bleibt etwas höchst Subjektives. Sie kann nicht verordnet werden. Es sind Arrangements möglich, in denen Erfahrungen gemacht werden *können. Ob*

---

285 Dies ist noch einmal eine deutlich andere Perspektive als die Alternative von „Reflexion über" und religiösem „Probehandeln" wie es in mancher Auseinandersetzung mit dem performativen Religionsunterricht aufscheint. Gegen dieses Probehandeln ließe sich zu Recht einwenden: „Es ist aber ein erheblicher Unterschied, ob ein Schüler zu einem gedanklichen Perspektivenwechsel angeregt und angeleitet wird oder ob er aufgefordert wird, religiöse Formen zu praktizieren, denen er selbst mit Desinteresse, Widerstand oder Verweigerung begegnen möchte. Das Probehandeln nimmt daher zum einen den Unterricht nicht ernst, überwältigt in der konkreten Situation der Schülerinnen und Schüler und entwertet gleichzeitig das religiöse Ritual und die liturgische Form selbst. Denn diese ist ja gerade keine pure Äußerlichkeit, die weder mit dem Menschen, der sie praktiziert, noch mit der Sache, die sie repräsentiert, etwas zu tun hätte (Obst 2007, S. 110).

286 Für den Bereich der politischen Bildung formuliert im Beutelsbacher Konsens (vgl. Schneider 1999). Für den Bereich der religiösen Bildung vgl. Willems 2007, als Plädoyer das Überwältigungsverbot mit den anderen Bestandteilen des Beutelsbacher Konsenses auf andere Bereiche der Pädagogik auszuweiten, Sander 2009.

287 Mit dem Begriff der „pädagogisch arrangierten Erfahrungsmöglichkeiten" sei ein Begriff Dietrich Benners (Benner 2004a) der Sache nach aufgenommen, der einen ähnlichen Zusammenhang im Begriff der „künstlichen Tradierung" beschreibt. Die Kritik Johannes Bellmanns (vgl. Bellmann 2006b) an diesem Begriff, nach der jede Tradierung künstlich sei, führt hier jedoch zur Formulierung der „pädagogisch arrangierten Erfahrungsmöglichkeiten".

sie jedoch gemacht werden und *wie*, das kann nicht didaktisch weder produziert noch dekretiert werden.

Ein weiteres Missverständnis wäre es „pädagogisch arrangierte Erfahrungsmöglichkeiten" so zu deuten, als müssten die Lehrpersonen so tun als ob sie in bestimmter Weise religiös seien, es aber tatsächlich nicht sind. Vielmehr gilt der Konsens der Religionspädagogik, dass die Begegnung mit authentisch gelebtem Glauben für die Erfahrung eben dieses Glaubens unabdingbar ist. Lehrerinnen und Lehrer müssen und können deshalb keineswegs den ganzen Kosmos von Glaubensweisen persönlich vertreten – heute pietistisch, morgen aufklärerisch skeptisch, übermorgen meditativ. An Begegnungen, Erfahrungen und Auseinandersetzung mit anderen konkreten Gläubigen werden deshalb Konzepte religiöser Bildung nicht herumkommen, weil sich nur hier Erfahrungen gewinnen lassen. Das „pädagogisch" bezieht sich deshalb nicht auf eine *künstliche Religiosität*, sondern lediglich auf das *unterrichtliche Arrangement* der Begegnung mit ebendieser gelebten Religiosität. Das kann bedeuten, dass wenn die Kinder nicht von sich aus zum Martinsumzug gehen, ein solcher dann unterrichtlich – vielleicht sogar in einem Schulprojekt – organisiert wird. Was man allerdings von Lehrerinnen und Lehrern auch im Unterricht erwarten kann ist, dass sie ihren Schülern als Personen gegenübertreten und – wie Hannah Arendt es formulierte – ihnen als den Neuen, den Heranwachsenden, gegenüber ein Stück Welt und auch ein Stück Glaubenswelt, verantworten (vgl. Arendt 1994).

Das Berührtwerden von der religiösen Erfahrung können Menschen weder bei sich selbst noch bei anderen *herstellen*. Pädagogen sind jedoch dazu aufgerufen, Räume zu öffnen, in denen sich Erfahrungen ereignen können, die die Grundlage zum Nachempfinden, zur Empathie, sogar zum Ansprechbar-Sein für das Heilige bilden. Dieses Öffnen von Räumen für Menschen, für die Bildung von Menschen kann sogar in der Schule geschehen.

2.7.5 Unbestimmte religiöse Identität

Die fünfte These ergibt sich aus den vorherigen, soll jedoch pointiert auf einen Punkt hinweisen, der häufig nicht mit der nötigen Konsequenz bedacht wird. Gefragt werden muss weiterhin im öffentlichen Interesse nach Konzepten religiöser Grundbildung die gewährleisten, *dass Schülerinnen und Schüler nicht das als religiöse Identität zugeschrieben wird, was die Religion der Eltern ist, sondern es ernst genommen wird, dass für die Entwicklung der religiösen Identität wie der Identität schlechthin das Individuum selbst verantwortlich ist und diese eben nicht mehr durch Herkunft vorgegeben ist.* Das Zitat (Kapitel 2.7.3, Fußnote 274) zeigte an, dass bereits Schleiermacher Religion als ein höchst individuelles und von Individuum zu Individuum verschiedenes Verhältnis verstand. Was in anderen Bereichen des Lebens zu einem Kennzeichen der Neuzeit geworden ist, dass nämlich weder Geburtsstände den künftigen Stand, noch Berufe der Eltern die künftigen Tätigkeiten der Heranwachsenden prädeterminieren, muss auch für die Bildung religiöser Identität gelten. Es muss im Bereich religiöser Bildung ernst genommen werden, dass für die Entwicklung der religiösen Identität – wie der Identität schlechthin – das Individuum selbst verantwortlich ist und diese eben nicht mehr durch Herkunft vorgegeben ist.[288] Das ist prinzipiell auch die Position der Evangelischen Kirche Deutschlands. Die EKD-Denkschrift „Identität und Verständigung" plädierte für ein solches Verständnis von Identität (vgl. EKD 1994). Was heute kirchliche Forderung ist, war zu Zeiten Lessings noch eine revolutionäre Ausnahme. Herausfordernd für die Zeitgenossen war die Provokation des Sultans an Nathan: „Ein Mann, wie du, bleibt da nicht stehen, wo der Zufall der Geburt ihn hingeworfen: oder wenn er bleibt, bleibt er aus Einsicht, Gründen, Wahl des Bessern" (Lessing 1778/1979, S. 81). Freilich ist dies im Stück mit einer gewissen Hinterlist gesagt, die Nathan schnell Kopf und Kragen kosten kann und soll. In der Moderne soll dieser Satz aber für jeden gelten können, da sich prinzipiell alle für oder gegen eine eigene Religiosität und für die Form dieser Religiosität entscheiden können.

Deshalb bedarf es Formen des Unterrichts, die auch strukturell diese Einsicht der Moderne abbilden können, dass Individuen sich in der Auseinandersetzung mit der mannigfaltigen Welt sich selbst bilden müssen, auch in religiöser Hinsicht.[289] Für den konfessionellen Religionsunterricht bleibt diese Anforderung eine Herausforderung, der er strukturell antworten muss.[290] Entgegen der nahe liegenden Befürchtung bieten konfessionelle Schulen strukturell sogar günstigere Voraussetzungen solcher individuellen religiösen Grundbildung, weil hier alle Schülerinnen und Schüler verbindlich am Religionsunterricht teilnehmen, unabhängig von ihrem persönlichen Bekenntnis und der Dialog und die multiperspektivische Auseinandersetzung sich so kaum vermeiden lassen (vgl.

---

288 ‚Verantwortlich' ist nicht im Sinne einer vollständig souveränen Entscheidung des Subjekts gemeint, wie dies zuweilen als charakteristisch für moderne Vorstellungen vom Subjekt beschrieben wird (vgl. Wimmer 2006), sondern gemeint sind „Entscheidungen, die nicht in einem Wissen oder einer Logik aufgehoben sind. Sie sind Entscheidungen, die angesichts von Unentscheidbarkeit, Singularität und (im Kommend bleibenden) Ereignissen zu treffen sind" (Sattler 2008, S. 37). Die Verantwortung des Individuums für seine religiöse Identität muss es gerade angesichts der es umgebenden Vorgängigkeit der Welt, Vorgängigkeit der Religionen und der nie vollständig durchschaubaren Bedingungsgefüge und zukünftiger Optionen wahrnehmen.

289 Vgl. zu dieser Position auch Kahrs 2009.

290 Die katholische Trias, der Einheit von katholischer Lehrperson, katholischen Schülern und katholischem Religionsunterricht erscheint diesbezüglich als struktureller Nachteil. In der Praxis ist diese Regelung zumindest im Bereich des Erzbistums Berlin aufgeweicht.

Schreiner 1996; 1999; 2004; 2008a, Domsgen 2008, Schlag 2006b, Standfest/ Köller/Scheunpflug 2005, Lindner/ Schulte 2007).[291]

Inwiefern Konzepte religiöser Bildung diese fünf Anforderungen an religiöse Bildung im öffentlichen Interesse umzusetzen in der Lage sind, wird im Folgenden exemplarisch an drei verschiedenen Praxisfeldern religiöser Bildung zu prüfen sein. Konzepte die die fünf genannten Kriterien nicht erfüllen, werden für das hier entwickelte Konzept eines öffentlichen Interesses an religiöser Bildung nicht zureichend sein.

---

291 Dass sich an evangelischen Schulen im Osten Deutschlands Schülerinnen und Schüler mit heterogenen Weltanschauungen und religiösen Glaubensüberzeugungen aufeinandertreffen, kann mehr noch als die Erfassung der formalen Religionszugehörigkeit die Verteilung der Teilnahme an der Jugendweihe und an der Konfirmation in evangelischen Schulen verdeutlichen. So weist z.b. die CJD-Schule in Droyßig (Sachsen-Anhalt) einen Anteil von 55,4 % an Schülerinnen und Schülern auf, die die Jugendweihe besuchen. 59,6 % lassen sich konfirmieren. Im Ostdeutschen Durchschnitt sind es freilich 72,0% aller Gymnasiasten, die sich konfirmieren lassen und 21,4 % die an der Konfirmation oder Firmung teilnehmen (Standfest/Köller/Scheunpflug 2005, S. 111).

E Ausgewählte Praxisfelder religiöser Bildung

In diesem Kapitel werden Praxisfelder von religiöser Bildung vorgestellt und diskutiert, die je spezifische Möglichkeiten einer Religionspädagogik im öffentlichen Interesse zu eröffnen versprechen. Neben dem Unterrichtsfach LER (vgl. Kap. 1) werden die Religionsphilosophischen Schulprojektwochen (vgl. Kap. 0) als eines schulkooperativen Konzepts der Kirche das Schulklassenübergreifend angelegt ist, auf ihre Möglichkeiten einer religiösen Bildung im öffentlichen Interesse befragt. Das letzte Kapitel zur Kindertheologie (vgl. Kap. 0) fällt insofern aus diesem Muster heraus, weil in ihm eine Methode diskutiert wird, die in verschiedenen schulischen aber auch außerschulischen Lehr-Lern-Arrangements eine Rolle zu spielen vermag.

Zu bemerken ist, dass der erste Text meiner Auseinandersetzung mit dem Schulfach LER hier nicht aufgenommen wurde (vgl. Schluß 2000a). Er resümierte einen Teil der damaligen Debatte und versuchte sie einzuordnen. Er wurde so selbst zum Gegenstand der Diskussion (Schweitzer 2001, Schluß 2001). Die gegenwärtige Situation vermag er jedoch nicht mehr zu treffen. Mit dem Vergleichsvorschlag des Bundesverfassungsgerichtes, den Land und Kirche akzeptierten, hat die Debatte endgültig ihre konfrontative Schärfe verloren.[292] Ein kurzes Kapitel 1 thematisiert die Grenzen der Leistungsfähigkeit von LER für die religiöse Bildung aus heutiger Sicht.

Freilich kann dies nur eine Auswahl an Konzepten sein. Mit dem Hamburger Weg wurde bereits ein über den klassischen konfessionellen Religionsunterricht hinausgehendes Konzept kurz vorgestellt (vgl. Ende Kap. D2.5) Weitere Modelle Religiöser Bildung im Kontext der Schule sind zum Beispiel das Unterrichtsfach des Kantons Zürich „Religionen und Kulturen" (vgl. Pfeiffer/Kilchsperger 2009) und das Projekt Tage Ethischer Orientierung (TEO), die in Mecklenburg-Vorpommern entstanden sind (vgl. Keßler 2009), wobei TEO – anders als die hier vorgestellten Religionsphilosophischen Schulprojektwochen – als Modell schulkooperativer Arbeit der Kirche religiöse Bildung bestenfalls als Nebeneffekt anzielt.

---

292 Eine Diskussion von vergleichbarem Ausmaß hat bei der Einführung des für alle verbindlichen Unterrichtsfaches „Ethik" in Berlin im Jahr 2007 nicht stattgefunden. Diese schien vielmehr über den regionalen Bezug kaum Wirkung entfalten zu können.

1 Die Leistungsfähigkeit von LER für die religiöse Bildung

Anfang der 90er Jahre wurde in Brandenburg ein Unterricht angedacht, der als integrativer Lebenskunde- und Religionsunterricht für alle Schülerinnen und Schüler verbindlich sein sollte.[293] Damit sollte der Tatsache Rechnung getragen werden, dass nur knapp 20% der Schülerinnen und Schüler über einen konfessionellen Hintergrund verfügen. Die Religionsfeindlichkeit der DDR besonders die sich besonders im Bereich der sogenannten „Volksbildung" niederschlug,[294] sollte somit durch eine Begegnung mit diesem Lebensbereich auch in der Schule in gewisser Weise zumindest für die nachkommenden Generationen aufgearbeitet werden. Die Landesregierung optierte dafür, dass die Kirchen sich an dem Modellversuch beteiligen sollten. Während die katholische Kirche au der Einrichtung eines regulären Religionsunterrichtes beharrte, beteiligte sich die Evangelische Kirche an der Planung und Durchführung des Modellversuchs, machte jedoch zur Bedingung, dass es im Unterricht Integrations- und Differenzierungsphasen geben sollte. An 44 von insgesamt 1200 Schulen wurde 1992 das Fach LER (Lebensgestaltung-Ethik-Religion) als Modellversuch eingeführt. Die Kooperation mit der Kirche jedoch scheiterte. Der Grund war vor allem, dass ein von der Kirche verantworteter Religionsbereich im Rahmen von LER entweder nicht zustande kam und besonders in der Integrationsphase eine partnerschaftliche Leitung des Unterrichts ausgeschlossen wurde. Trotz des Ausstiegs der Evangelischen Kirche unter diesen Bedingungen wurde 1995 – trotz zahlreicher konzeptioneller Mängel[295] – das Fach als ordentliches Lehrfach eingeführt, nunmehr jedoch in Lebensgestaltung-Ethik-Religions*kunde* umbenannt, da der Religionsbereich nicht mehr authentisch vertreten werden konnte.

---

293 Entsprechend hieß auch das erste Diskussionspapier des Ministeriums von 1991 „gemeinsam leben lernen". Zur Genese des Faches und der Lehrplanentwicklung bis 2000 vgl. Schluß 2003, S. 123-297.
294 Neubert 1996, Wie sich das im subjektiven Erleben darstellen konnte, z.B. Führer 1998.
295 Leschinsky u.a. 1996, S. 194.

Inzwischen findet flächendeckend LER von der 7. bis 10. Jahrgangsstufe statt.[296] Seit dem Schuljahr 2005/2006 wurde LER sukzessive auch im Grundschulbereich eingeführt (5./6. Jahrgangsstufe). Die Universität Potsdam hat einen grundständigen Studiengang eingeführt, der für die Ausbildung in diesem Fach verantwortlich ist und im Wintersemester 2008/9 die ersten Absolventinnen ins Referendariat entließ.

Die in der Diskussion um die Einführung des Schulfaches LER deutlich spürbare Anspannung in der Debatte ist im Verlauf der letzten Jahre einer merklichen Beruhigung und konstruktiven Weiterführung des Problems religiöser Bildung im Land Brandenburg gewichen. Vor allem ist diese konstruktive Entwicklung wohl zurückzuführen auf den Vergleichsvorschlag des Bundesverfassungsgerichtes zwischen Land und Klägern.[297] Die Ausganssituation für diesen Vergleich war dabei die Folgende: Konfessioneller Religionsunterricht gehört in Brandenburg nicht zu den ordentlichen Lehrfächern. Er ist ein freiwilliges Unterrichtsfach und untersteht den jeweiligen Kirchen. In Brandenburg findet (nach Auffassung der Landesregierung) Art. 7 Abs. 3 (1) GG aufgrund der Regelung des Art. 141 GG (Bremer Klausel) keine Anwendung.[298] Die durch die Vermittlung des Verfassungsgerichts herbeigeführte Lösung[299] besteht nun vereinfacht in einer umgekehrten Variante des Art 7, 3 GG. LER als rein staatliches Schulfach ist das Regelfach, durch eine Abmeldung können Schüler aber auch zum konfessionellen Religionsunterricht wechseln (vgl. Schluß 2002).[300] Weitergehende Bemühungen, den Religionsunterricht dem Fach LER auch in der Relevanz der Noten für den Zeugnisdurchschnitt gleichzustellen, sind bislang nicht erfolgreich gewesen. Die rechtliche Stellung des Religionsunterrichtes sowie Regelungen, die seine Durchführung und Praxis betreffen, sind im Schulge-

---

296 Zweistündig findet das Fach in der 7. und 8. Jahrgangsstufe statt, in der 9. und 10. Klasse einstündig. Die neue Verordnung für den Sek I Bereich eröffnet die Möglichkeit einer Verlagerung zur Entlastung der Abiturstufe kann das Fach zweistündig im Jahrgang 9 unterrichtet werden.

297 Klage der EKiBB, des Erzbistums Berlin, der Bistümer Görlitz und Magdeburg sowie einer Elterninitiative. Ziel der Klage war die Gleichstellung des RU mit dem Unterrichtsfach LER. Zusätzlich wurden verfassungsrechtliche Bedenken gegenüber LER formuliert, da das Fach, anders als der Ethikunterricht in anderen Bundesländern, nicht weltanschaulich neutral sei. Der Vergleichsvorschlag des Gerichts vom 11.12.2001 wurde von allen Beteiligten angenommen.

298 Anders ist die Situation in Berlin in dem das Fach Ethik im Schuljahr 2007 als verbindliches Unterrichtsfach eingeführt wurde. Eine Befreiungs- oder Abmeldemöglichkeit ist nicht eingeschlossen. Der konfessionelle Religionsunterricht als freiwilliges Angebot in Verantwortung der Kirchen gerät deshalb zusätzlich unter Druck. Die Geltung der „Bremer Klausel" für Berlin ist – anders als im Land Brandenburg – nicht umstritten (vgl. zur Berliner Situation Häusler 2007).

299 Zu den juristischen Hintergründen Lucas 2003, zur pädagogischen Bedeutung vgl. Schluß 2004.

300 Die Möglichkeit der Parallel-Steckung von LER und Religionsunterricht dort, wo keine Schülerin und kein Schüler des Religionsunterrichtes gleichzeitig an LER teilnehmen möchte (der Regelfall) ermöglicht mittlerweile auch vielfältige Kooperationen von LER und evangelischem Religionsunterricht (vgl. Kenngott 2004 a und b, Borck/Schluß 2009).

setz,[301] in der Vereinbarung zur Durchführung des Religionsunterrichts im Land Brandenburg[302] und in Verordnungen[303] niedergelegt.[304]

Trotz dieser Entspannungen in der religionspolitischen Diskussion zeigen die wenigen empirischen Untersuchungen zu den Wirkungen von LER, dass das inhaltliche Problem einer religiösen Bildung im öffentlichen Interesse mit dem Fach LER bislang nur unzureichend umgesetzt werden konnte. Die Untersuchung von Leschinsky/Gruehn wies nach, dass religiöse Themen im konkreten LER-Unterricht nur einen kleinen Teil des Umfanges ausmachen und besonders das Christentum kaum vorkommt (vgl. Leschinsky/Gruehn 2002, Gruehn 2009).

Auch erste Ergebnisse des DFG-Projekts KERK zeigen, dass die Vergleichsgruppe, die aus Schülerinnen und Schülern bestand, die in Berlin das Fach Ethik und in Brandenburg das Fach LER besuchen, zumindest im Hinblick auf interreligiöse Fähigkeiten signifikant schlechter abschneiden, als die Schülerinnen und Schüler die am Evangelischen Religionsunterricht teilnehmen. Die Aussagekraft dieser Vergleichsgruppe ist jedoch nicht sehr groß, weil sie mit ca. 60 Schülerinnen und Schülern nicht repräsentativ ist (vgl. Schluß 2009b).

---

301 Brandenburgisches Schulgesetz (BbgSchulG) in der Fassung vom 2.2.2002.
302 Vereinbarung über die Durchführung des Religionsunterrichts im Land Brandenburg vom 3.Juni 2006. Die Vereinbarung vom 1. August 2002 ist die Folge des Vergleichsvorschlags des Bundesverfassungsgerichts. Am 31. Juli 2005 wurde die Vereinbarung vom MBJS fristgemäß gekündigt. Am 2. Juni 2006 wurde eine neue Vereinbarung unterzeichnet, die keine wesentlichen Änderungen im Blick auf die Durchführung des Religionsunterrichts enthält.
303 Verordnung über den Religionsunterricht an Schulen – RUV. Vom 1. August 2002 (GVBl. II S.481; ABl.MBJS S.541).
304 Die zentralen Inhalte dieser Festlegungen sind folgende: 1. „Die Kirchen haben das Recht, Schülerinnen und Schüler in allen Schulformen und Schulstufen in Übereinstimmung mit ihren Grundsätzen sowie den Bestimmungen für den Schulunterricht zu unterrichten. 2. Der Religionsunterricht wird von Personen erteilt, die von der entsprechenden Kirche beauftragt sind. Sie sind in der Regel von der Kirche angestellt. Staatliche Lehrkräfte können bis zu 8 UWST Religionsunterricht erteilen. 3. Die Unterrichtsgruppen können klassen- und jahrgangsübergreifend gebildet werden. Es können bis zu zwei Wochenstunden Religionsunterricht erteilt werden. 4. Die Lehrkräfte sind berechtigt mündlich und schriftlich über den Religionsunterricht zu informieren. 5. Die Schulen sehen unter Nutzung aller schulorganisatorischen Möglichkeiten vor, dass der Religionsunterricht in die regelmäßige Unterrichtszeit integriert wird. 6. An Schulen, wo LER unterrichtet wird, können Schüler und Schülerinnen sich davon durch Erklärung gegenüber der Schulleitung befreien, wenn sie am Religionsunterricht teilnehmen. Durch die zeitliche Gestaltung soll nicht ausgeschlossen werden, dass die Schüler und Schülerinnen an beiden Fächern teilnehmen können. Wenn sichergestellt ist, dass kein Schüler, der an LER teilnimmt, gleichzeitig für den Religionsunterricht angemeldet ist, kann der RU parallel zum Unterricht im Fach LER stattfinden. 7. Die Leistungsbewertung wird in das Zeugnis gemäß § 58 BbgSchulG aufgenommen. Die Note hat jedoch keine Relevanz für Prüfungen oder Versetzungen. Sie fließt nicht in den Notendurchschnitt ein. 8. Der Religionsunterricht wird nach einem bestimmten Schlüssel nach Maßgabe des Landeshaushalts bezuschusst. Die Vereinbarung regelt darüber hinaus die Zuschüsse für Aus-, Fort- und Weiterbildung und die Sachkostenzuschüsse" (Borck/Schluß 2009, noch o.S.).

Das öffentliche Interesse an religiöser Bildung als integraler Teil der Allgemeinbildung ist nach gegenwärtigem Kenntnisstand mit LER nicht zu erfüllen. Insofern sind weitere Modelle einer religiösen Bildung als Bestandteil allgemeiner
Bildung auf ihre Eignung zu befragen.

2 Religionsphilosophische Schulprojektwochen – Bildungsmöglichkeit – Mission – religiöse Kommunikation?[305]

2.1 Einleitung

Mission wurde spätestens seit der Jahrtausendwende nicht nur innerhalb der Theologie wieder zu einem zentralen Begriff, sondern auch in der religionspädagogischen und darüber hinaus auch in der binnenkirchlichen Debatte um religiöse Bildung. War es bis in die Neunziger Jahre des letzte Jahrhunderts noch die kleine Schar der Evangelikalen, die von Zeltevangelisation zu Zeltevangelisation zog, oder Aktionen wie „Pro Christ", welche die Stars der nationalen und internationalen Evangelisationsszene per Videoübertragung in eine erkleckliche Anzahl von Gemeindehäusern übertrugen, so ist nunmehr auch in den Zentren der etablierten Landeskirchen von Mission die Rede. Evangelisation ist in den vergangenen Jahren in mehreren Zusammenhängen zum Thema gemacht worden. Der Theologische Ausschuss der Arnoldshainer Konferenz formuliert im Jahre 1999 das „Leitbild einer evangelisierenden Gemeinde" (Theologischer Ausschuss der Arnoldshainer Konferenz 1999). Die Synode der EKD hatte im gleichen Jahr Evangelisation zum Thema (vgl. EKD 2001a). Die Arbeitsgemeinschaft Christlicher Kirchen (ACK) hat das Thema Evangelisation aufgegriffen und einen Konsultationsprozess über die gemeinsame Aufgabe der Mission und Evangelisation in Deutschland angeregt.[306] Im Jahr 2001 legte die EKD ihr Papier: „Das Evangelium unter die Leute bringen – Zum missionarischen Dienst der Kirche in unserem Land" vor (EKD 2001b).

Auch einzelne Kirchenleitungen forderten zu missionarischen Aktivitäten ihrer Glieder auf. Nicht zuletzt in der Berlin-Brandenburgischen Kirche rückte Mis-

---

305 Das vorliegende Kapitel ist die überarbeitete Fassung eines Aufsatzes in der Pastoraltheologie 2/2003 unter dem Titel: Was hat Religion mit Erfahrung zu tun? Die Religionsphilosophische Schulwoche als religiöse Kommunikation (Schluß/Götz-Guerlin 2003). In der Debatte um den Missionsbegriff, in den sich dieser Text einbrachte, wies er anhand des Konzepts der religionsphilosophischen Schulprojektwochen ein alternatives Konzept religiöser Bildung hin, das weniger auf Mission als auf religiöse Kommunikation zielte. Die hier vorliegende Fassung ist um die Teile gekürzt, die Marcus Götz-Guerlin verantwortet hat und um die Schilderung des Verlaufs einer Religionsphilosophischen Schulprojektwochen betrafen. Erweitert ist sie vor allem um Überlegungen zum Missionsbegriff und zum Begriff religiöser Kommunikation.

306 Vgl. „Aufbruch zu einer missionarischen Ökumene", ACK 1999.

sion als Thema wieder in das Zentrum kirchenleitender Veröffentlichungen und wird in bislang nicht gekanntem Maße forciert (EkiBB 2000). Das „Wachsen gegen den Trend" wollte auch ein Initiativkreis um den Pommerschen Bischof Abromeit befördern, in dem eine erneuerte PfarrerInnenausbildung zukünftig auf „die missionarischen Herausforderungen des kirchlichen Alltags"[307] vorbereitet.

Aber es gibt auch skeptische Stimmen, welche dieser frisch erwachten Missionsbegeisterung mit Distanz gegenüberstehen. So stellten Reinhard Kähler, Jan Hermelink und Birgit Weyel eine Alternative von konsequenter Mission oder interessierter Kommunikation dar (Kähler/Hermelink/Weyel 2001, vgl. Kähler 2002a.), nicht ohne freilich teils scharfe Reaktionen aus den Reihen kirchenleitender Personen zu provozieren (vgl. z.B: Lüdtke 2002 und Abromeit 2002).

Hier soll nicht eine dieser beiden Positionen eingenommen werden, wenngleich die hier vorgetragene Argumentation davon nicht unberührt bleiben kann. Es ist nicht zu leugnen, dass „Kirche Mission ist"[308] und wer eine kirchliche Arbeitsform, die bewusst auf ein nicht-christliches und das heißt in diesem Fall auf ein areligiöses Umfeld hin konzipiert ist, analysiert, der kann die Frage „Wie hält's Du es mit der Mission?" nicht umgehen. Insofern soll in einem ersten Schritt der Frage nachgegangen werden, was unter Mission zu verstehen ist und unter welchen Bedingungen sie überhaupt möglich ist. Im wechselseitigen Aufeinanderbeziehen theologischer und humanwissenschaftlicher Einsichten soll theologisch nach dem Wesen von Mission und aus pädagogischer Perspektive nach der Struktur von Überzeugungsprozessen gefragt werden. Daran wird das hier verwendete Verständnis von Mission als religiöser Kommunikation entwickelt werden. In einem zweiten Schritt soll anhand praktischer Erfahrungen mit einer Religionsphilosophischen Schulwoche im säkularen Osten Berlins gezeigt werden, was religiöse Kommunikation dort meint, wie sie strukturiert sein kann und wie sie sich zum missionarischen Handeln von Kirche verhält.

2.2 Mission als religiöse Kommunikation

Ausgangspunkt und Grund-Satz missionarischen Handelns ist das Herrenwort aus Mt. 28,18: „Gehet hin und macht zu Jüngern alle Völker". Dies „zu Jüngern machen" ereignet sich nicht ohne Kommunikation. Somit ist eine exklusive Alternative von Mission oder religiöser Kommunikation unsinnig. Im Kontext christlich theologischen Denkens und Argumentierens wird übereinstimmend gesehen: Gott selber und kein anderer ist es, der den Glauben wirkt. Niemand kann aus sich selbst heraus glauben und niemand vermag einen anderen zum

---

307 Initiativkreis „Kontextuelle Evangelisation im gesellschaftlichen Wandel 2002.
308 Das Evangelium unter die Leute bringen (Fußnote 4), Kap. III.1.

Glauben zu bringen, nicht einmal, diesen in ihm zu „wirken". Im weithin übereinstimmenden theologischen Verständnis ist also der menschliche Beitrag zur „missio dei" deutlich begrenzt (vgl. VELKD 1999). Die Einsicht in die Begrenztheit macht ihn jedoch nicht überflüssig. Er ist notwendige, aber nicht hinreichende Bedingung des Ereignisses von Mission.

Diesem theologischen Grundsatz korrespondieren pädagogische Einsichten zur Struktur jeglicher Überzeugungsprozesse. Das Prinzip des „Nürnberger Trichters"[309] schien für das Überzeugen noch nie wirklich erfolgversprechend zu sein. Das Subjekt eines Überzeugungsprozesses ist immer der zu Überzeugende selber.[310] An ihm entscheidet sich das Gelingen oder Misslingen des Überzeugungsprozesses. Alles andere verdient es Manipulation oder Indoktrination genannt zu werden.[311] Deren Möglichkeiten stoßen jedoch an Grenzen und sind vor allem dann erfolgversprechend, wenn Informationen vorenthalten werden. Sofern aber Informationen gegeben werden, kann der Informierende über die Art und Weise der Aufnahme und Verarbeitung der Information beim Informierten nicht bestimmen.[312] Das was als das ‚Überzeugen' eines Menschen bezeichnet wird, zielt demnach darauf, dass dieser Plausibilitätsstrukturen für sich als überzeugen anerkennt.[313] Diese Selbstüberzeugung kann ihm nicht durch andere abgenommen werden, sie kann jedoch angeregt werden. In der Pädagogik wurde für diesen Prozess der Begriff einer „Anregung zur Selbsttätigkeit" geprägt.[314]

Dabei wird auch in den Humanwissenschaften immer deutlicher angemerkt, dass diese Selbstüberzeugung kein ausschließlich bewusster, kognitiver Akt ist, sondern dass hier Erfahrungen eine zentrale Bedeutung zukommt. Erfahrungen aber sind gedeutete Ereignissen. Somit können Menschen ihre eigenen Überzeugungen nicht einfach „machen". Theologisch korrespondiert dem die Einsicht,

---

309 Gedichtsammlung im 16. Jahrhundert, gebraucht wird der Begriff im Sinne des Einfüllens von Wissen oder Überzeugungen in Menschen, die dies begierig aufnehmen.

310 Freilich nicht im Sinne eines so als souverän verstandenen Subjekts, dass über all den Bedingungen seiner Existenz steht, sondern im Sinne eines Subjektverständnisses, dass durchaus gebrochen und vorläufig sich selbst zu den Bedingungen seiner Existenz ins Verhältnis setzt (vgl. Sattler 2006 a und b).

311 Zur Erörterung des Intoktrinationsbegriffs vgl. die Aufsätze in Schluß 2007a.

312 Vgl. zu diesem Argument: Tenorth 1995, 2008b. Allerdings kann Indoktrination durch Sachunterricht nicht ausgeschlossen werden, weil Inhalte eben auch immer in der durch Indoktrinationsversuche beabsichtigten Intention von den Lernern eingesetzt werden können (vgl. Demke 2007, Schluß 2007b).

313 Was Roland Reichenbach zum Überzeugen im Bereich des Politischen sagt, gilt auch hier: "Dabei wird vorausgesetzt, [...] dass zwischen Überzeugen und Überreden unter den Bedingungen meist ungenügender Information, ungenügender Kenntnisse und Zeitdruck empirisch nicht unterschieden werden kann, wiewohl die Differenz analytisch notwendig ist" (Reichenbach 2000, S. 4, Fußnote 3).

314 Der Begriff geht auf Fichte zurück (vgl. Fichte 1796/1971, S. 37ff.), entwickelte von dorther aber ein reges Eigenleben.

dass Gott selbst Autor unserer Glaubenserfahrungen ist. Weder Andere noch das Subjekt selbst können sie in sich willkürlich hervorrufen.[315] *Dass* sie sich aber ereignen, das ist an kommunikative Prozesse rückgebunden (vgl. Weyel 2002). Diese *erzeugen* die Glaubenserfahrung jedoch nicht.

Dies beschreibt bereits *Schleiermacher*: „Aber auch in den glücklichsten Zeiten und mit dem besten Willen, die Anlage zur Religion nicht nur da, wo sie ist, durch Mitteilung aufzuregen, sondern sie auch einzuimpfen und anzubilden auf jedem Wege, der dazu führen könnte: wo gibt es denn ein solches? Was durch Kunst und fremde Tätigkeit in einem Menschen gewirkt werden kann, ist nur dieses, dass Ihr ihm Eure Vorstellungen mitteilt, und ihn zu einem Magazin Eurer Ideen macht, dass Ihr sie so weit in die seinigen verflechtet, bis er sich ihrer erinnert zu gelegener Zeit: aber nie könnt Ihr bewirken, dass er die, welche Ihr wollt, aus sich hervorbringe" (Schleiermacher 1799/1983, S. 123).

Es zeigt sich also aus theologischer wie aus humanwissenschaftlicher Perspektive: Mission ist nur als kommunikativer Prozess zu verstehen. Sie hat unterschiedliche Ebenen, die in den wenigsten Teilen kognitiv, oft nicht einmal sprachlich sind. Das missionarische Gespräch zielt darauf, dass das Gegenüber sich von den Argumenten, die den Gesprächspartner überzeugen, überzeugen lässt, von der Begeisterung, die ihn begeistert, sich ergreifen lässt, sich von dem Trost, der ihn tröstet, trösten lässt – immer unter der Bedingung, dass er ihn nicht selbst überzeugen, begeistern und trösten kann. Kognition ist dabei bestenfalls eine Rahmenbedingung. Da kann es darum gehen, dass Menschen *wissen*, worauf andere Menschen vertrauen, was sie glauben. Dies bedeutet aber keineswegs, dass diese Menschen deshalb auch selbst *vertrauen* und *glauben*.

Glauben ist dann ein tastendes Sich Einlassen, bei dem sich immer wieder zeigt, dass Glauben ein selbstreferentieller Vorgang ist (vgl. Fischer 1994). Die Chance, dass jemand sich darauf einlässt, mit diesem Glauben und Vertrauen Erfahrungen selbst zu sammeln, wird dann steigen, wenn er mit demjenigen gute Erfahrungen gemacht hat, der selbst mit diesem Glauben Erfahrungen gemacht hat. Diese Struktur charakterisiert den christlichen Glaubens als „Erfahrungen mit Erfahrungen mit Erfahrungen (etc.)".[316]

Wenn Glaubende es nicht machen können, dass andere glauben, wenn der Imperativ von Glauben genauso wenig Sinn hat, wie der von Vertrauen, dann spiegelt sich darin die reformatorische Weisheit, dass Glauben kein Verdienst,

---

315 Luther beschreibt dies im Kleinen Katechismus in seiner Erklärung zum dritten Artikel des Credos so: „Ich glaube, dass ich nicht aus eigener Vernunft noch Kraft an Jesus Christus, meinen Herrn, glauben oder zu ihm kommen kann, sondern der Heilige Geist hat mich durchs Evangelium berufen..." (EG 1995, S. 1557).

316 Der Glaube ist „nicht einfach eine fixierbare Erfahrung unter anderen, sondern die verwirklichte Bereitschaft, mit der Erfahrung selbst neue Erfahrungen zu machen, so daß man ihn regelrecht als eine Erfahrung mit der Erfahrung zu definieren hat." (Jüngel 1977/31978, S. 225).

sondern Gnade ist.[317] Dieses Geschehen muss sich ereignen und kann nicht hergestellt werden. Möglich ist es aber auf diesem Weg des sich ereignenden Glaubens Wege zu ebnen und Situationen schaffen, in welchen sich Kommunikation
ereignen kann, die Anschlüsse eines Zum-Glauben-Kommens ermöglicht.

Was kommunikativ angeregt werden kann beschreibt Schleiermacher so:
„Wenn sie (die Religion, H.S) sich mit aller ihr eigenen Kraft bewegt, wenn sie
alle Vermögen des eigenen Gemüts in dem Strom dieser Bewegung zu ihrem
Dienst mit fortreißt, so erwartet sie auch, dass sie hindurchdringen werde bis ins
Innerste eines jeden Individuums, welches in ihrer Atmosphäre atmet" (a.a.O. S.,
121). Andere Mittel der Missionierung schließt Schleiermacher kategorisch und
prinzipiell aus. „Nur so durch die natürlichen Äußerungen des eigenen Lebens
will sie das Ähnliche aufregen und wo ihr das nicht gelingt, verschmäht sie stolz
jeden fremden Reiz, jedes gewalttätige Verfahre, beruhigt bei der Überzeugung,
die Stunde sei noch nicht da, wo sich hier etwas ihr Verschwistertes regen könne" (ebd.).

Insofern aber mit dem Missionsbegriff immer wieder – je nach Standpunkt
– Hoffnungen oder Befürchtungen von überwältigender Überzeugung verbunden
werden, soll im Folgenden statt dieses polarisierenden Begriffs Mission der Begriff der „Religiösen Kommunikation" verwendet werden, der das ausdrücken
soll, worum es in der vorangegangenen Rekonstruktion des Potentials des Missi-
onsbegriffs nur eigentlich gehen kann.

Bei der Verwendung des Begriffs der religiösen Kommunikation stellt sich
auch die kritische Frage nach dem „Missionserfolg" entspannter. So ist zunächst
die Rückfrage naheliegend, was denn die Kriterien eines solchen „Erfolges" sein
sollen? Sind es Kircheneintrittszahlen? Taufen? Glaubenserfahrungen? Die Rede
von den „Missionserfolgen" scheint hoch problematisch zu sein. Die theologische Einsicht, dass die Glaubenserfahrung eine Gabe Gottes und nicht von Menschen gemacht sind, befreit von missionarischem Erfolgsdruck. Gerade diese
Befreiung aber kann frei setzen zur Kommunikation über je eigene Erfahrungen
von Befreiungen. Gesprächspartner werden andere Erfahrungen haben auf die
neugierig eingegangen werden kann.[318] „Glauben" wird durch religiöse Kommunikation so wenig wie durch menschliche Missionsbemühungen erwirkt. Er
bleibt Menschen letztlich unverfügbar. Jedoch kann sich durch unsere religiöse
Kommunikationen Glauben ereignen.

---

317 So Luthers Einsicht anhand Röm. 1,17. Zu religions-pädagogischen Folgerungen vgl. Kapitel
     1. in dieser Arbeit.
318 „Faktisch leben viele Menschen wie Christen, aber die Kirche erreicht sie nicht. Das hat seinen
     Grund unter anderem darin, dass die Kirche nicht auf das Wirken des Geistes außerhalb ihrer
     Mauern neugierig ist" (Berger/Demke 2001, S. 395).

Dass „religiöse Kommunikation" jedoch nicht automatisch immun gegen fundamentalistische Versuchungen ist, kann eine Reflexion deutlich machen, die Reinhard Kähler an der Theologie Josef Lukl Hromádkas aufzeigt. Als Gründer der Christlichen Friedenskonferenz (CFK) stand Hromádka für Annäherungen an die kommunistischen Regime in Osteuropa, die auch in den dortigen Kirchen immer umstritten blieben. „Hromadka weiß zugleich um die Kultur und Kontextbedingtheit dessen, was von Menschen erkannt wird. M. E. müsste weiter nachgedacht werden über die hermeneutischen Bedingungen, unter denen Worte als Worte Gottes gehört werden. Konsequenter Weise stellt Hromadka fest: Es gehöre gerade zum Wesen des Wortes Gottes, dass es aus sich heraus ergeht; Menschen können es nur bezeugen. – Wie verhält sich das aber zur Praxis, einen Dialog zu führen? Wie fügt sich eine Theologie des Wortes Gottes in Dialog-Regeln ein und welchen Stellenwert hat der Dialog für diese Theologie? Wenn das Wort Gottes nicht als absolut erscheint, könnte überlegt werden, wie es sich als qualifizierte Arbeit mit und an sonstigen Erkenntniswegen und Weisheitssammlungen bewährt. Daran wird die Freiheit deutlicher, als wenn sie allein mit dem Wort Gottes behauptet wird. Das Gleiche gilt für die Berufung auf die Wahrheit: Ich verstehe die befreiende Bedeutung des Rufes nach Wahrheit angesichts von vernebelnder, verschleiernder, diabolischer (durcheinander werfender) Kommunikation. Gerade bei Hromadka sehe ich nun aber, dass die Berufung auf die Wahrheit nicht davor schützt, dass eben diese Überzeugung Wahrnehmungen nicht nur anregt, sondern auch mehr oder weniger beeinträchtigen oder verhindern kann. Eine Berufung auf die Wahrheit, auch wenn sie Wort Gottes heißt, mag zwar den Dialog einschließen, denkt aber doch (strukturell) so autoritätsbezogen, dass über dem Streit um die Wahrheit die Notwendigkeit von Teilhabe und Mitbestimmungsregularien übersehen wird. Dafür hatte allerdings die Tradition der christlichen Theologie insgesamt wenig gute Voraussetzungen, weder die messianische Tradition noch die naturrechtliche Tradition o. a." (Kähler 2002b, S. 61-61).

An diesem Zitat kann das Dilemma christlicher Kommunikation pointiert werden, das ein zentrales Problem dieser Arbeit darstellt. Die Auseinandersetzung mit dem im europäischen Westen wenig bekannten, im Osten Europas dafür umso bedeutenderen tschechischen Theologen Josef Lukl Hromádka eignet sich zur Darstellung dieses Problems besonders, weil er wie kaum ein anderer sich für den Dialog auch mit Menschen einer anscheinend gegensätzlichen Ideologie eingesetzt hat. Wenn sich also bei jemandem, der in seiner kommunikativen Annäherung an das Gegenüber des Gesprächs so weit geht wie Hromàdka, strukturell die gleichen problematischen Strukturen der Berufung auf „die Wahrheit" zeigen, wie sie sonst nur religiösen Fundamentalisten vorgeworfen werden, ist dann jegliche religiöse Rede per se undemokratisch? Gibt es kein Entrinnen, aus der Fundamentalismusfalle religiöser Kommunikation? Eine Lösung dieses Problems scheint in der Beschränkung der religiösen Kommunikation zu liegen. Diese dürfe nur noch in einem vorgegebenen Rahmen stattfinden. Dieser Rahmen, so wird häufig vorgeschlagen, solle, zumal in demokratisch verfassten Staaten wie der Bundesrepublik, der Rahmen der demokratischen Ordnung sein. Es ist leicht einzusehen, dass der Staat[319] Überlegungen anstellen muss, zu den Grenzen der Legitimität religiöser Unterweisung in öffentlichen Schulen.[320] Zuweilen stellen sich christliche Theologen jedoch selbst unter das Verdikt einer Verfassungskompatibilität der Religion. Friedrich Wilhelm Graf z.B. kann nur in einem solchen Verfassungsvorbehalt die Gewähr für die Legitimität der Religion gewährleistet finden (vgl. Huber/Graf 1991). Mag es auch ehrenwert erscheinen, dass eine Religion, um sich dem Fundamentalismusverdacht zu entziehen, sich selbst unter einen Verfassungsvorbehalt stellt, ist mit dieser Unterordnung der Religion unter die Politik das eigentliche Problem jedoch nicht gelöst sondern nur verschoben. Wird die Politik nun zur übergeordneten Instanz der Religion, so hat sich das Fundamentalismuspotential der Politik erheblich erhöht. In dem Maße, wie der Bereich des Politischen fundamentalistischen Versuchungen nachgibt, schlagen diese, durch die freiwillige Unterordnung der Religion, in gleichem Maße auf den gesellschaftlichen Bereich der Religion durch. Die Delegation der Demokratieverantwortung und Unterordnung unter die Politik hat die Gefahr des Fundamentalismus keineswegs gebannt, sondern eher noch verschärft.[321] Viel eher scheint hilfreich, Religion und Politik als Weltzugänge zu verstehen, die zueinander in zuweilen durchaus spannungsreicher und kritischer Beziehung stehen (vgl. Benner 2008, S. 11f).[322] Religiöse Kommunikation wird deshalb nicht vom Besitz der Wahrheit ausgehen können. Wahrheit muss, auch in theologischer Perspektive, Gott vorbehalten bleiben (vgl. Krötke 2001). Wohl aber wird religiöse Kommunikation die Frage nach der Wahrheit nicht aufgeben, sondern weiter treiben. Dies auch gerade im Gespräch mit der „heranwachsenden Generation" (Schleiermacher). Ausgangspunkt ist dafür die Bezugnahme auf den Erfahrungshorizont des eigenen Glaubens (vgl.

---

319   Staat ist hier verstanden als institutionalisierte Form des Politischen (vgl. Heydorn 1969/1980).
320   So z.B. J. Bellmann in seiner Überlegung zu der Legitimation des Religionsunterrichtes (Bellmann 2006b).
321   Die „Deutschen Christen" im NS hatten eben jene Selbstunterordnung der Religion unter die Politik vollzogen. Einer Sicherung der Demokratie hat dies freilich nicht gedient. Sprechende Beispiele in Furian 2005.
322   Mit Bezug auf Schleiermachers Diktum in den Reden: „er soll alles mit Religion tun, nicht aus Religion" auch Benner 2004b, S. 20ff. Ein markantes Beispiel für solche wechselseitig begrenzenden Überlegungen ist Wilhelm von Humboldts Schrift: „Ideen zu einem Versuch, die Grenzen der Wirksamkeit des Staats zu bestimmen" (Humboldt 1960).

Fischer 1994). Allerdings gehört das Bewusstsein der Veränderbarkeit auch der eigenen Position und Überzeugung hinzu, das Roland Reichenbach für die Politische Bildung formuliert hatte: „Wer die Arena des Politischen betritt und die anderen von seinen Ideen überzeugen will – und mag diese Arena noch so klein sein, und mögen die Akteure kaum grösser als einen Meter sein – der und die verändert mit seinem / ihrem Handeln jeweils ein Stück oder einen Teil seiner/ihrer selbst und der anderen, aber er oder sie kann nie sicher sein, welches Stück und in welcher Weise" (Reichenbach 2000, S. 6).

2.3 Religionsphilosophische Schulprojektwochen

Vor diesem Hintergrund sind nun die Religionsphilosophischen Schulprojektwochen als Beispiel für religiöse Kommunikation zu untersuchen. Als Angebot der Evangelischen Kirchen, das versucht, auf die spezifische Verortung von Religion in der ostdeutschen Gesellschaft einzugehen und im Rahmen von Schule angeboten wird, muss sie, um überhaupt eine Chance der Akzeptanz zu finden, jeden Verdacht von Missionierung von sich weisen. Bevor aber das Verhältnis von religiöser Kommunikation und kirchlichem Handeln in den Religionsphilosophischen Schulprojektwochen eingegangen wird, sollen diese vorgestellt werden:

Die Wurzeln dieser spezifischen Arbeitsform kirchlicher außerschulischer Jugendarbeit in der Schule liegen in sehr unterschiedlicher langjähriger Praxis der Arbeit mit Schülerinnen und Schülern in westlichen Landeskirchen.[323] Unterdessen sind die Religionsphilosophischen Schulprojektwochen in Ostdeutschland ein eigenständiges Arbeitsfeld geworden (vgl. Doyé/Spenn/Zampich 2006). Sie stellen eine Möglichkeit dar, mit einem kirchlichen Angebot auf religionsferne Kontexte in Ostdeutschland zu reagieren.[324]

Wie auch immer die Entfremdung von kirchlichen Traditionen, christlichen Glaubensinhalten und von bewusster Religiosität begrifflich gefasst wird,[325] wie auch immer ihre Genese beschrieben wird und welche Bewertung sie erfahren

---

323 Hier waren z.B. der „Dienst an den Schulen" der EKiR und der EKvW zu nennen. Ebenso die
     diesbezügliche Arbeit in der EKiBB (West).

324 Zur Analyse der spezifischen Ostdeutschen Situation vgl. z.B. Hermelink 2002, dort auch
     weitere Literaturangaben Bezogen auf die Religionsphilosophischen Schulprojektwochen vgl.
     Doyé 2006.

325 Helmut Zeddies macht darauf aufmerksam, dass auch der gängige Begriff „Gottesvergessen-
     heit", der den Begriff eines bewussten Atheismus zunehmend in der Diskussion verdrängt hat,
     nur sehr eingeschränkt zutrifft, da man nur etwas vergessen könne, was man einmal gewusst
     hat. Die überwiegende Anzahl der Konfessionslosen in Ostdeutschland sind jedoch nie aus ei-
     ner Kirche ausgetreten, sondern sind als konfessionslose geboren und hatten so vielleicht nie
     Kontakt zu Kirche und Religion (vgl. Zeddies 2002).

mag – die Symptome sind im Kontext schulbezogener Arbeit der Kirchen sehr deutlich zu spüren: Nur noch ein geringer Prozentsatz der Jugendlichen verbindet mit Religion eigene Erfahrungen und Kenntnisse oder bringt zumindest eine Ahnung davon aus der eigenen Familie mit. Es ist daher nicht verwunderlich, wenn der Religionsunterricht lediglich einen geringen Anteil der Schülerinnen und Schüler erreicht. Wer mit Religion und Glauben – und mit ihren kirchlich verfassten Formen zumal – nichts verbindet und keinen Zugang zu ihnen hat, der wird auch das Angebot des Religionsunterrichts, unabhängig von dessen Form und Inhalten, nicht ohne weiteres annehmen.

An die Stelle von eigenen Erfahrungen mit Kirche, Christentum oder religiöser Praxis ist bei vielen Schülerinnen und Schülern aber keineswegs eine „Leerstelle" getreten. Halbwissen, Vorurteile und blanker Unsinn bezüglich Christentum und Religion geben sich hier ein fröhliches Stelldichein. Zu dem sicheren Gefühl, in Sachen Religion bereits alles zu wissen, treten diffuse Berührungsängste und Vorbehalte gegen die Kirche und ihre – vermeintlichen – Vertreter; vermeintlich nicht zuletzt deshalb, weil in der Wahrnehmung der Schülerinnen und Schüler zuweilen auch Imame, Rabbiner und religiöse Vertreterinnen jeder Art zu „Pfarrern" werden. Reichlich präsent ist die Befürchtung, im Kontakt mit religiösen Inhalten und kirchlichen Mitarbeiterinnen und Mitarbeitern gleichsam hinterrücks missioniert und unbemerkt bekehrt zu werden. Diese Befürchtung der Missionierung findet sich in gleicher Weise bei LehrerInnen und Eltern.

Im Spannungsfeld von explizitem Desinteresse an Religion und thematischen Wissenswüsten setzt das Konzept der Religionsphilosophischen Schulprojektwochen an, indem sie ein Angebot für alle Schülerinnen und Schüler einer Jahrgangsstufe unterbreitet. Ein wesentlicher Unterschied zum Religionsunterricht ist hiermit aufgezeigt: Im Gegensatz zur Teilnahme am Religionsunterricht, zu der man sich je nach Bundesland explizit anmelden muss oder von der man sich abmelden kann, ist die Teilnahme an der Religionsphilosophischen Schulprojektwoche also für alle Schülerinnen und Schüler verpflichtend – ungeachtet ihrer Konfession oder weltanschaulichen Einstellung.[326] Die Projektwochen werden inhaltlich und organisatorisch von einer Arbeitsstelle der kirchlichen außerschulischen Jugendbildung unter Hinzuziehung einer größeren Zahl externer Referentinnen und Referenten vorbereitet und durchgeführt.[327]

---

326 Innerhalb des im Folgenden geschilderten konzeptionellen Rahmens, existiert eine große Vielfalt an konkreter Ausgestaltung in Abhängigkeit von den Möglichkeiten der Schule, der Altersstufe der Schülerinnen und Schüler und der Schulform. Das hier beschriebene Beispiel schildert Beobachtungen während einer Religionsphilosophischen Schulprojektwoche mit einer Jahrgansstufe 11 in einem Berliner Gymnasium. Eine Weiterführung mit einer stärkeren Betonung des Erfahrungsaspekts wird dargestellt in: Schluß/Götz-Guerlin 2006.

327 Im Bereich der EKBO ist diese Arbeitsstelle dem Amt für Kirchliche Dienste (AKD) zugeordnet.

Angesichts des Vorwissens der Schülerinnen und Schüler sind die Religionsphilosophischen Schulprojektwochen zu aller erst – und auch das unterscheidet sie
vom Religionsunterricht – ein religionskundliches Angebot. Den Schülerinnen
und Schülern werden einige Weltreligionen, die in Deutschland zahlenmäßig oder
historisch-kulturell ein größeres Gewicht haben, vorgestellt. Gewöhnlich sind dies
die drei monotheistischen Religionen, Judentum, Christentum und Islam, sowie
der Buddhismus. Zentrales und konstitutives Element der Religionsphilosophischen Schulprojektwochen ist hierbei, dass die einzelnen Religionen durch enga-
gierte Vertreterinnen und Vertreter der jeweiligen Religionsgemeinschaften vorgestellt werden. Hinzu treten Exkursionen zu religiösen Orten der jeweiligen
Glaubensgemeinschaft, an welchen ein konkreter Einblick in deren religiöses und
soziales Leben möglich ist. Das im – für die Mehrzahl der Schülerinnen und
Schüler allererste – Gespräch Aufgenommene und Gelernte kann so gefestigt und
in den Kontext von Erfahren mit allen Sinnen gestellt werden.

Hintergrund der Entscheidung für „authentische Begegnungen" ist die Überlegung, dass es für die veranstaltenden Vertreterinnen und Vertreter der evangelischen Kirche keinen „neutralen Punkt" geben kann, von dem aus andere Konfessionen und Religionen ebenso wie die eigene Glaubensüberzeugung dargestellt
werden könnten. Die Glaubenden der anderen Religionen vermögen religiöse und
kulturelle Identität ihrer jeweiligen Religionsgemeinschaft[328] authentisch zu ver-
körpern und die Erfahrung zeigt, dass gerade dies von den Schulen und Schülerinnen und Schülern angenommen wird. Das derart programmatisch verankerte
gleichberechtigte Miteinander der unterschiedlichen Religionen nimmt den Religionsphilosophischen Schulprojektwochen von Beginn an das Odium der (christlichen) Missionsveranstaltung.

Bei aller methodisch gewollten Eigenverantwortung der Schülerinnen und
Schüler werden diese jedoch nicht „allein gelassen". Ein prägendes Element der
Religionsphilosophischen Schulprojektwochen sind die sogenannten „Basis-
gruppen". Dies sind feste Bezugsgruppen, Kleingruppen, die von Mitarbeiterinnen und Mitarbeitern aus der außerschulischen Jugendbildung begleitet werden.
Hier wird ein Gruppenprozess ermöglicht, der eine intensive und auch persönliche Auseinandersetzung mit den im Lauf der Religionsphilosophischen Schulprojektwochen auftauchenden Fragestellungen zulässt. Die BasisgruppenleiterInnen stehen für Nachfragen zur Verfügung, sind aber auch persönliches Gegenüber, zu dem die Schülerinnen und Schüler in Beziehung treten bzw. von

---

328 Da hierbei vorwiegend eine „religionskundliche Alphabetisierung" geleistet werden soll,
     werden die Unterschiede in den einzelnen Richtungen bzw. Konfessionen innerhalb der jewei-
     ligen Religion zurückgestellt. Auf elementare Unterschiede zwischen sunnitischem und schii-
     tischem Islam oder katholischem und protestantischem Christentum wird in der Regel nicht ver-
     tiefend eingegangen; so problematisch dieses Vorgehen im Detail auch sein mag.

dem sie sich auch abgrenzen können. Dies gilt auch in besonderer Weise für Fragen des Glaubens und der Weltanschauung. Die BasisgruppenleiterInnen sollen die Schülerinnen und Schüler bei der Präzisierung ihrer eigenen weltanschaulichen und ethischen Positionen unterstützen und stehen für Respekt und Toleranz gegen die Position anderer ein – ein Vorhaben, das ohne eigene Position und gelegentlich auch Positionierung wohl kaum zu bewerkstelligen ist. Die für die Religionsphilosophischen Schulprojektwochen in ihrer Gesamtheit konstitutive religiöse und weltanschauliche Neutralität wird in der Person der GesprächspartnerInnen deshalb aufgegeben. Nicht zuletzt die Debatte um das Fach LER in Brandenburg hat immer wieder deutlich gemacht, dass eine qualifizierte Diskussion um Religion, um das „was unbedingt angeht" (*Tillich*) nicht gleichsam aus der „Vogelperspektive" geführt werden kann.[329] Das Konzept der BasisgruppenleiterInnen ist, befragbar auf und diskussionsfähig hinsichtlich ihrer eigenen Position zu sein, aber ohne den Anspruch diese den Schülerinnen und Schülern als „wahren Weg" nahe bringen zu müssen.

Diese Möglichkeit zur Kommunikation über Religion, über konkrete Religionen und über religiöse Empfindungen und Erfahrungen im eigenen Leben, heben die Religionsphilosophischen Schulprojektwochen über ein rein religionskundliches Angebot hinaus. Sie bieten den Schülerinnen und Schülern mehr als beobachtende Zur-Kenntnisnahme mehr oder weniger skurriler und exotischer Artgenossen. Die Religionsphilosophischen Schulprojektwochen sind auch ein wertorientierendes Angebot. Sie laden ein zu einer offenen und konstruktiven Auseinandersetzung mit Werten, Idealen, Lebensentwürfen und Orientierungen – seien diese nun religiös oder non-religiös begründet. In der Auseinandersetzung mit Vertreterinnen und Vertretern unterschiedlicher Religionen beginnt ein Prozess, in welchem die Schülerinnen und Schüler die Möglichkeit bekommen, ihre eigenen Wertvorstellungen und Prämissen ihres Denkens, Fühlens und Handelns zu hinterfragen. Vertieft wird diese Funktion der Religionsphilosophischen Schulprojektwochen durch thematische Angebote, die sich bemühen, Querschnittsthemen menschlichen Existierens, die in enger Beziehung zu religiösen Fragen stehen, aufzugreifen. Im sogenannten „Wahlthemenbereich" werden Fragestellungen mit einem unmittelbaren Bezug zur Lebenswelt der Schülerinnen und Schüler zur Diskussion gestellt. Dies sind z.B. Fragen nach dem eigenen Lebens- und Zukunftsentwurf, nach Sexualität und Partnerschaft, nach Gewalt und ethischen Normen. Zum häufig nachgefragten Angebot gehören hier auch Themen mit direkter religiöser Konnotation, wie z.B. Okkultismus, Sekten, Me-

---

329 „Selbst von Religionswissenschaftlern muß man dabei verlangen, daß sie den Standpunkt ihrer Beobachtungen benennen und der Tatsache eingedenk bleiben, daß auch ihren Religionsanalysen ein religiöses Interesse anhaftet" (Schieder 2001, S. 20). Zur Diskussion um LER vgl. in dieser Arbeit Kapitel 1.

ditation oder Tod und Sterben. Es wird hier also ein breites Spektrum an Fragen, von sozialethischen und politischen bis hin zu individuellen und Sinnfragen offeriert. Die Einbettung in den Kontext einer Religionsphilosophischen Schulprojektwoche verdeutlicht dabei, dass Religion für Glaubende keine separierte Existenz, gleichsam in einem „Reservat", des menschlichen Lebens führt, sondern in allen Lebensbereichen eine Rolle spielt.

Bei all diesem wird praktiziert, was hier religiöse Kommunikation genannt wird: Religion, Glaube, Weltanschauungen aber auch deren nur schemenhafte Derivate, wie unreflektierte Meinungen über das was gut und schlecht ist, werden miteinander ins Gespräch gebracht. Die Schülerinnen und Schüler begegnen in einer solchen Woche nicht nur unterschiedlichen Religionen, sondern auch verschiedenen Arten seinen Glauben zu leben – mit all den Facetten von Glaubensgewissheiten, intellektueller Reflektion und fundamentaler Frömmigkeit. Die Religionsphilosophische Schulprojektwoche wird so zu einer Woche, in der die Schülerinnen und Schüler in einzigartiger Weise die Möglichkeit haben, ihre eigenen Überzeugungen zu schärfen, sie zu prüfen und sich ein Bild vom Denken und Glauben anderer zu machen.

Ein solches Unterfangen erfordert Überzeugungsarbeit nach allen Seiten. Es gilt die Vorbehalte und Ängste bei Schülern, im Lehrerkollegium und vor allem auch bei der Elternschaft abzubauen. Ein nicht geringer Anteil gerade in der letztgenannten Gruppe hat große Schwierigkeiten, die Teilnahme ihrer Kinder an einer kirchlich verantworteten Veranstaltung zuzulassen. Wer grundsätzlich davon ausgeht, dass Kirche im Bereich des Bildungswesens keinen Raum haben soll – und dies ist im Osten Deutschlands eine große Gruppe – tut sich mit einer Religionsphilosophischen Schulprojektwoche nicht eben leicht. Umso erfreulicher ist die Erfahrung, dass nach einer abgeschlossenen Religionsphilosophischen Schulprojektwoche diese Vorbehalte der Vergangenheit angehören. Bis auf Einzelfälle lässt sich feststellen, dass die Schulen aufgrund der gemachten Erfahrungen auf regelmäßige Wiederholungen von Religionsphilosophischen Schulprojektwochen drängen.

2.4 Die Leistungsfähigkeit der Religionsphilosophischen Schulprojektwochen

Es bleibt die Frage, was die Religionsphilosophischen Schulprojektwochen leisten können. Sind sie, entgegen ihrem erklärten Ziel, am Ende doch missionarisches Instrument kirchlicher Arbeit an Schulen? Sind sie gar eine Alternative zum Religionsunterricht herkömmlicher Prägung? Oder sind sie eher kontraproduktiv, da sie der religiösen Beliebigkeit, der Patchworkreligion auf dem Markt der weltanschaulichen Ideen noch Vorschub leisten?

Die Antwort ist komplexer als es diese angeführten Alternativen nahe legen. Gewiss können die Religionsphilosophischen Schulprojektwochen in kognitiver Hinsicht Wissen und Kenntnis über Religionen vermitteln. Das ist immer nützlich und für das Verstehen seiner eigenen Umwelt, der Herkunftstraditionen wichtig – für den Glauben ist es jedoch nicht entscheidend[330] und selbst für eine anspruchsvoll bestimmte religiöse Kompetenz, die bedeutet, mündig mit der Religionsfreiheit umzugehen, ist dies Wissen allein noch unzureichend (vgl. Kapitel B2.3 in dieser Arbeit). Die Begegnungen mit Vertreterinnen und Vertretern unterschiedlicher Religionen können auch dazu beitragen, Vorurteile abzubauen und bestehende Bilder von anderen zu differenzieren. Insbesondere die lange Zeit nur spärlich vollzogene dialogische Auseinandersetzung mit dem Islam[331] ist derzeit gefragt und war auch in der Religionsphilosophischen Schulprojektwoche ein bestimmendes Thema.[332] Daneben erscheint es im areligiösen Umfeld der ostdeutschen Länder durchaus sinnvoll, wenn Jugendliche vermittels eigener Kenntnisse ein insgesamt „entspannteres" Verhältnis zur Religion gewinnen.

Über diesen Anteil an kognitiver Kenntnisvermittlung hinaus sind die Mitarbeiterinnen und Mitarbeiter als sie selbst, mit ihren Erfahrungen mit ihrem Glauben in den Religionsphilosophischen Schulprojektwochen präsent. Die eigene Glaubensüberzeugung wird nicht verborgen gehalten, die Gesprächspartner werden aber auch nicht ständig und ungefragt mit dieser konfrontiert. Wichtig ist, als authentische Ansprechpartner da zu sein. Nicht nur im organisierten Gespräch, sondern ebenso beim gemeinsamen Frühstück, bei den Exkursionen und in den Pausen. Hier ergibt sich, beim Gespräch über den letzten Kinofilm scheinbar „nebenbei", ob die GesprächspartnerInnen Menschen sind, auf deren Erfahrungen man sich auch selber einlassen möchte, oder nicht.

---

330 Anders die Leitlinien zu Mission der EkiBB (2000): „Christen sind auskunftsfähig – einmal vor sich selbst, zugleich aber auch anderen gegenüber. Sie können Antwort geben auf die beiden Kernfragen: Was glaubt ihr Christen eigentlich? Und warum gehört ihr – noch oder wieder – dazu? Zu der Bildung, die den eigenen Glauben zu verstehen und mitzuteilen hilft, gehört eine Praxis, die geistliches Leben und Frömmigkeit einübt." Leitlinie 2: Auskunftsfähigkeit fördern.

331 Der Text ist vor der Islamhandreichung der EKD „Klarheit und gute Nachbarschaft" (EKD 2007) entstanden. Die Denkschrift und die darauf folgende Debatte ließ diesen Klärungs- und Verständigungsprozess allerdings in aller Deutlichkeit präsent werden. Zur Debatte vgl. die Beiträge in Micksch 2007 und die Stellungnahme von Bischof Huber (vgl. Huber 2007).

332 Über die Tragweite und Nachhaltigkeit solcher Versuche sollte man sich aber nicht allzu leichtfertig Illusionen hingeben: Nach intensiven Diskussionen mit jugendlichen Muslimen während der ganzen Woche sagte eine Schülerin am Ende sinngemäß: Sie habe eine Menge über den Islam gelernt. Die Muslime, die sie kennen gelernt hat, seien alle ganz anders gewesen als die, die in den Medien täglich zu sehen sind. Eigentlich ganz freundliche, nette und „normale" Menschen. Nur leider sei sie sich doch recht sicher, dass sie uns eine Woche lang das Theaterstück des toleranten Mitbürgers vorgespielt hätten und in Wirklichkeit doch so denken würden, wie man es allenthalben hören könne.

Diese andere Dimension der Kommunikation ist mindestens so wichtig, wie die Sachdimension. Sich darauf einzulassen, einander zu vertrauen, so dass Menschen Lust bekommen, einander zu befragen und neugierig werden, worauf der Andere vertraut, was er glaubt. Den Mut zu finden, die eigenen Fragen und Sorgen anzusprechen, wird dann erleichtert, wenn sich ein Vertrauensverhältnis kommunikativ eingestellt hat. Damit Menschen sich darauf einlassen, über das zu sprechen, was sie am innersten bewegt, bedarf es jedoch eines Vertrauens, das über andere Kommunikationen (auch über scheinbar nebensächliches) sich allererst einstellen kann.

Ein solches Gespräch bedeutet allerdings immer, die Erfahrungen des anderen ernst zu nehmen. Ein offenes Gespräch hat ein offenes Ende. So können Gesprächspartner offen für die guten Erfahrungen der Jugendlichen sein und Lust bekommen, sich auf ihre Erfahrungen einzulassen. Hierin zeigt sich eine Pointe des Begriffs „Religiöse Kommunikation", die im Missionsbegriff zumindest nicht primär intendiert zu sein scheint – die Wechselseitigkeit.[333] Vom Anderen zu erwarten, dass er sich für die guten Erfahrungen seines Gesprächspartners öffnet kann man nur dann, wenn diese sich auch für die Erfahrungen ihres Gegenüber öffnen. Wichtig ist dabei, dies nicht als eine Handlungsanweisung zur besseren „Missionsstrategie" misszuverstehen, sondern als eine deskriptive Aussage zu begreifen. Menschen werden sich nicht denen gegenüber öffnen, von denen sie eine religiöse Überwältigung befürchten müssen. Dies zeigt auch die Erfahrung der Religionsphilosophischen Schulprojektwochen ganz deutlich. Gerade die Fähigkeit zuzuhören macht glaubwürdig und öffnet so Möglichkeiten für die religiöse Kommunikation.

Aus theologischer Perspektive ist darüber hinaus auf die Vorgängigkeit Gottes in jeder Mission aufmerksam gemacht worden. Leonardo Boff formuliert es so: „Der erste Missionar und Evangelisator ist der dreifaltige Gott selbst" (Boff 1991, S. 93). Reinhard Kähler interpretiert diese Aussage so, dass aus christlicher Perspektive mit Gottes Wirken keineswegs nur innerhalb, sondern auch außerhalb der Kirche gerechnet werden kann. „Wer mit dem ‚Vorurteil' herangeht, dass der Heilige Geist auch über Aktivitäten im Namen der Kirche hinaus wirkt und darauf neugierig ist, findet da sicher einiges. Es braucht allerdings geduldiges, aufmerksames und unaufgeregtes Interesse, um herauszufinden, wo Gott schon am Wirken ist" (Kähler 2003, S. 15). Mission ist in dieser Perspektive keine Einbahnstraße der Wahrheitsweitergabe, sondern eine Entdeckungsreise nach Zeichen von Gott in der Welt. Kriterium aus der Perspektive christlicher Theologie bleibt Jesus Christus.[334] In der Perspektive einer religiösen

---

333 Zu einem in dieser Weise offenen Missionsbegriff vgl. Sundermeier, 1999 und Feldtkeller, 1999.
334 An dieser Stelle kann nicht ausgeführt werden, dass freilich Christus nicht als direkt zugreifbares Kriterium zur Verfügung steht, sondern dass der geglaubte Auferstandene nur über z.T.

Bildung im öffentlichen Interesse kann dies als Partikularinteresse gesehen und geachtet werden. Am Begriff der religiösen Kommunikation ist für das öffentliche Interesse jedoch besonders bedeutsam, dass keine für alle verbindliche Letztinstanz für die Wahrheitsfrage außerhalb der kommunikativ ausgetauschten Erfahrungen, Einstellungen und Überzeugungen behauptet wird, die der Missionsbegriff mindestens in manchen Fassungen zu intendieren scheint.

Eine Frage allerdings bleibt: Können die Religionsphilosophischen Schulprojektwochen ein kirchliches Handlungsfeld darstellen, welches das konstitutive Ansinnen von Kirche, welches als „Mission" benannt wird, nämlich den ihre eigene Glaubensüberzeugung weiter zu tragen, aufgibt? Wird das Anliegen von Mission im Begriff der religiösen Kommunikation in die offene Beliebigkeit guter oder weniger guter Erfahrungen von Menschen mit irgendetwas aufgelöst? Wenn in religiöser Kommunikation auch eigenes zur Disposition gestellt wird, kann dann noch von Mission geredet werden? Wenn dem so wäre, ließe sich zumindest aus der Binnenperspektive fragen, weshalb die evangelische Kirche ein solches Angebot überhaupt unterbreitet.

Wird jedoch wie eingangs dargelegt berücksichtigt, dass die Rede – und die Praxis um so mehr – von Mission in Rechnung stellen muss, dass sie Kommunikation ist und insofern auch deren Regeln unterliegt, so gilt, dass Kommunikation immer auch Beziehungsaspekte enthält, die eine wechselseitige Öffnung zur Bedingung gelingender – auch gelingender religiöser – Kommunikationen macht. Die eigene Öffnung in einem Gespräch kann ebenso als Chance, wie als Risiko begriffen werden: als Chance für das Zutrauen in die Unverfügbarkeit des Wirkens Gottes und so in der Begegnung mit seinen Geschöpfen immer wieder neu ihn und sich selbst zu finden. Diese Chance ist jedoch nicht zu haben, ohne das Risiko, das eigene Selbstverständnis in der Kommunikation aufs Spiel zu setzen (vgl. Sattler 2008).

„Dialog kann deshalb niemals das Risiko ausschalten, dass er zum Ort der ‚missio Dei' wird. Auf der anderen Seite ist [...] Mission keine Mission, die sich als reine Einbahnstraße-Kommunikation verstehen würde und in der nicht auch derjenige, der die christliche Botschaft anderen ausrichten will, zugleich hören würde und um ein Verstehen bemüht wäre, welche Erfahrungen von Leben auf der anderen Seite vorhanden sind. Nicht selten wird gerade darin auch ihm Gott begegnen" (Feldtkeller 1999, S. 45).

---

sehr heterogene Zeugnisse rekonstruierbar ist. Insofern bleibt Luthers Kriterium zur Beurteilung des AltenTestaments „Was Christum treibet" gültig, jedoch ist umstritten, wie eine solche rekonstruktiv gebildete „Gestalt" Jesu in der hermeneutischen Interpretation zu bilden sei. Vgl. zu Reflexionsverfahren, die in theologischen Begründungsverfahren zur Geltung kommen können z. B. Schüssler-Fiorenza 1992, Schillebeeckx 1979, Pannenberg 1970.

Angesichts der wieder auflebenden Konjunktur von Mission daher ein – vorläufiger – Vorschlag: Hartmut von Hentig hat für die Erziehungswissenschaft in den 70er Jahren angeregt, auf einen, wenn nicht den zentralen, Begriff der deutschsprachigen Pädagogik, den Begriff der „Bildung", für eine Weile zu verzichten, weil er zu stark mit verschiedenen Konnotationen aufgeladen und so zum Kampfbegriff mutiert sei. Zwanzig Jahre später, nachdem die aufgeheizte Stimmung um diesen Begriff abgeklungen ist, schrieb er ein Büchlein mit dem schlichten Titel „Bildung" (Hentig 1996). Vielleicht sollte es die Theologie ähnlich halten und für eine Weile auf einen *Begriff* verzichten, der zum Kampfbegriff zu werden droht. Sie könnte diese Pause nutzen, über die gemeinte *Sache* intensiver nachzudenken und im Einbeziehen der Erkenntnisse anderer Wissenschaften, die sich mit Kommunikation und Vermittlung beschäftigen, danach fragen, wie eine gegenseitige Offenheit im Dialog mit dem Anliegen und der Praxis von Mission vereinbar sein kann.

3 Ein Vorschlag, Gegenstand und Grenze der Kindertheologie anhand eines systematischen Leitgedankens zu entwickeln[335]

3.1 Kindertheologie als neues Paradigma?

Kindertheologie verspricht ein neues Paradigma der Religionspädagogik zu werden. Die Herausgabe von Jahrbüchern für Kindertheologie weist auf den Anspruch hin, die Entwicklungen in diesem relativ jungen Feld der Religionspädagogik zu dokumentieren und eventuell sogar zu kanalisieren oder zu kanonisieren. Noch erinnern die Jahrbücher freilich eher an ein Forum, auf dem unter anderem geklärt wird, was eigentlich unter Kindertheologie zu verstehen sei. Den beiden ersten Jahrbücher, die die materiale Grundlage dieses Kapitels bilden, ist je ein allgemeiner Beitrag vorangestellt, der diese Fragen aus systematischer Perspektive nachgehen und eingrenzen soll. Ihnen folgen Detailuntersuchungen, Beispiele und in einem letzten Teil verschiedenartige Hinweise für die Praxis.

Schon aus dieser Anordnung lassen sich Schlüsse über das Selbstverständnis der „Kindertheologen" ziehen. Es scheint keine pädagogische Wissenschaft gemeint zu sein, die als spekulative Theorie daherkommt, sondern das was Schleiermacher eine „wirkliche Theorie" nannte, eine die auf die Praxis zielt, deshalb aber spekulative Elemente notwendig umfasst (vgl. Schleiermacher1826/1959, bes. ab S. 3).[336] Weithin unklar bleibt jedoch, welchen Umfang das mit „Kindertheologie" bezeichnete Gebiet haben soll. Friedrich Schweitzer hat am Anfang des zweiten Jahrbuches drei Vorschläge für eine Deutung des Begriffes zur Diskussion gestellt (Schweitzer 2003). Von einer „Theologie *der* Kinder" (ebd. 11f.) über eine „Theologie *mit* Kindern" (ebd. S. 12 ff.) bis hin zu einem Verständnis als „Theologie *für* Kinder" (ebd. S. 14 ff.) sieht er die mögliche Spannbreite der Kindertheologie. Die drei Aspekte sind dabei nicht alternativ

---

335 Dieses Kapitel stellt die überarbeitete Fassung eines Artikels dar, der unter gleichem Titel 2005 in der Zeitschrift für Pädagogik und Theologie erschien (Schluß 2005). Seit dem Erscheinen dieses Aufsatzes ist die Klärung um die Kindertheologie weiter vorangeschritten. Weitere Jahrbücher für Kindertheologie sind erschienen. Besonders zu nennen sind darüber hinaus die Habilitationsschrift von Petra Freudenberger-Lötz (2007a) und der Schwerpunkt der Zeitschrift Theo-Web mit Freudenberger-Lötz 2007b; Büttner 2007; Schreiner 2006; Kraft/Schreiner 2007.

336 „Bloße Empirie kann nicht wissenschaftlich sein [...]. Es muß im Gegenteil der Pädagogik das Spekulative zum Grunde liegen, da die Frage, wie der Mensch erzogen werden soll, nicht anders als aus der Idee des Guten beantwortet werden kann" (Schleiermacher1826/1959, S. 53).

zu verstehen, sondern können sich ergänzen. Darüber hinaus erinnert Schweitzer
daran, dass auch eine Kinder*theologie* nicht schlechthin religiöses Denken sei,
sondern die Meta-Ebene zu diesem, die Reflexion über religiöses Denken.

In der Mehrzahl der Beiträge werden die von Schweitzer vorgeschlagenen
Differenzierungen nicht aufgenommen. Vielmehr könnten die dort vorgestellten
Detailuntersuchungen – die Spannbreite reicht von Untersuchungen zum Gottesbild der Kinder, dem Jesuskind zwischen Christkind und Weihnachtsmann,
Nachdenken über den Tod, pädagogische Anregungen bis hin zu Informationen
für die Praxis – auch in einem religionspädagogischen Jahrbuch vorgelegt werden. Soll der Begriff „Kindertheologie" demnach den Begriff „Religionspädagogik" ablösen und all das unter sich versammeln, was bislang unter „Religionspädagogik" zusammengefasst war, von der Praxis in Gemeinde und Schule bis hin
zur universitären Disziplin? In eine solche Richtung scheinen Forderungen zu
gehen, die in den Jahrbüchern selbst erhoben werden, z.B. auch die Entwicklungspsychologie für das kindertheologische Konzept noch stärker zu berücksichtigen. Eine solche Ablösung ist sicher legitim, aber es fragt sich doch, worin
ihr Gewinn läge. Was würde es bedeuten, wenn die an den Hochschulen neben
Altem und Neuem Testament nicht mehr Religionspädagogik, sondern Kindertheologie angeboten werden würde und auf den Stundenplänen nicht mehr Religionsunterricht, sondern Kindertheologie stünde? Es zeigt sich bei einem solchen
Gebrauch des Begriffes, dass dieser noch weniger trennscharf als die herkömmlichen Unterscheidungen ist, denn Kindertheologie kann anscheinend gleichermaßen die ausgeübte Praxis wie die institutionalisierte Reflexion bezeichnen. Es
steht zu befürchten, dass mit einer solchen Ausweitung des Begriffs seine spezifische Leistungsfähigkeit verloren gehen würde.

In einem erneuten Ansatz soll deshalb gefragt werden, worin denn die spezifische Leistungsfähigkeit des Begriffs „Kindertheologie" bestehen könnte.

3.2 Kindertheologie als Ernst-Nehmen der Kinder

Sieht man die Jahrbücher in dieser Hinsicht durch, dann fällt ein Topos ins Auge,
der immer wiederkehrt. Bereits das Vorwort der ersten Auflage akzentuiert dieses Thema, indem es beginnt: „Jesus stellte das Kind in die Mitte und erhob es
zum Vorbild" (Herausgeber 2002, S. 7.) Überschieben ist dies Vorwort denn
auch: „Das Kind in der Mitte". Eher fragend greift Anton Bucher dies auf, wenn
er formuliert: „Führt sie (die Kindertheologie) nicht zur Konsequenz, auf intenti-
onale religiöse Erziehung zu verzichten? Warum religiöse Belehrung, wenn
Kinder ohnehin ‚weiter denken als Erwachsene'" (Bucher 2002, S. 10). Schon
zuvor hat er sich dafür ausgesprochen, in der Kindertheologie „weniger eine
Theologie *für*, sondern vielmehr eine Theologie *der* Kinder" zu sehen (ebd. S. 9).

Auf den Punkt bringt Bucher dies Anliegen der Kindertheologie in einer Analogie mit der Kinderphilosophie. Diese konkretisiere „sich dahingehend, dass die Fragen der Kinder [...] ernst genommen und nicht vorschnell beantwortet werden" (ebd. S. 16).

Sandra Eckerle beginnt ihren Aufsatz im gleichen Jahrbuch mit dem Satz: „Entgegen mancher Zweifel kann man selbst im Kindergarten problemlos Fragen nach Gott stellen" (Eckerle 2002, S. 57). Sie beendet ihn mit der Einsicht: *„Erwachsene müssen den Gott der Kinder ernst nehmen und kennenlernen.* Entscheidend ist *richtiges Hinhören*, um entsprechend auch *Anregungen zum Weiterdenken* an die Kinder geben zu können" (ebd. S. 68 – Hervorhebungen im Original). In eben diesem Sinn beschreibt die erste Überschrift im Text von Hilger/Dregelyi eine Lernaufgabe für Erwachsene: „Theologie von Kindern wahrnehmen lernen" (Hilger/Dregelyi 2002, S. 69). Miriam Schambeck resümiert am Ende ihres Aufsatzes: „Auch wenn hier nur einige Ansatzpunkte für ein Gespräch mit der Theologie angerissen werden konnten, so zeigt sich allein schon darin, welches theologische Potential in Äußerungen von Kindern liegt" (Schambeck 2002, S. 113).

Für einige Autoren ist der hier umschriebene Topos jedoch keineswegs ein von vornherein feststehender. Im zweiten Jahrbuch zählt Peter Müller im ersten Kapitel seines Textes eine erhebliche Anzahl von Gründen auf, die dagegen zu sprechen scheinen, „Kinder als Exegeten" (Müller 2003, S. 19) zu bezeichnen (vgl. Müller 2003, S. 19f.). Auch Robert Zimmermann sieht die Möglichkeit einer Kinderexegese keineswegs von vornherein positiv beantwortet, sondern stellt erst nach Abschluss seiner Untersuchung fest: „Ein entscheidendes Kriterium für die Evaluierung der Kinderauslegung ist ihre *Textgemäßheit*. Gerade das Abweisen realistischer Erklärungsmuster, die aufgrund der konkret-operationalen Entwicklungsphase der Kinder am ehesten zu erwarten gewesen wären, ist m.E. ein Indiz dafür, dass in der Auslegung wirklich Impulse aus dem Text aufgenommen werden" (Zimmermann 2003, S. 44 – Hervorhebungen im Original).

Dieser Querschnitt durch diese sehr verschiedenen Texte zur Kindertheologie spricht dafür, in diesem wiederkehrenden Topos das Leitmotiv der Kindertheologie zu sehen. Auf den Begriff gebracht könnte es lauten: *Kinder als (theologische) Gesprächspartner ernst nehmen.*

Um dieses Ernstnehmen der Kinder als theologische Gesprächspartner noch weiter zu konkretisieren wird vorgeschlagen, dieses Ernstnehmen so zu verstehen, dass damit eine symmetrische Kommunikation angestrebt wird. Eine solche symmetrische Kommunikation wäre in pädagogischen Zusammenhängen freilich eine kennzeichnende Besonderheit. Weithin wird es geradezu als ein Charakteristikum pädagogischer Kommunikation – im Unterschied z.B. zur Kommunikation im Kontext eines demokratischen Politikverständnisses[337] – verstanden, asymmetrisch zu kommunizieren.[338]

Für Schleiermacher war es die Aufgabe der Pädagogik die Heranwachsenden „abzuliefern" an die großen Gesellschaften wie Staat und Kirche als Individuen, die zu symmetrischer Kommunikation befähigt sind. Nicht jedoch sollte die Pädagogik selbst symmetrisch kommunizieren, sondern dem Pädagogen stehen verschiedene Methoden wie fördern, missbilligen und entgegenwirken zur Verfügung, um eben dieses Ziel späterer symmetrischer Kommunikation in den „großen Gemeinschaften" zu erreichen. (A.a.O.).[339]

Mit dem Verweis auf Schleiermacher soll problematisiert werden, dass wenn es in pädagogischen Prozessen wesentlich um Lehr-Lern-Prozesse geht und nicht schlechthin um alle sozialen Einflüsse von Menschen auf Menschen, dann damit dem Begriffe nach pädagogischen Prozessen eine bestimmte Asymmetrie inhärent ist. Jemand der lehrt weiß oder kann mehr als jemand der belehrt wird und dabei vom Lehrenden lernt. Wird Pädagogik über Lehr-Lern-Prozesse definiert, kommt man um die Annahme von Asymmetrie nicht herum. Es ist demnach die Frage, ob und inwiefern die Annahme symmetrischer (theologischer) Kommunikation der Kindertheologie überhaupt im Rahmen klassisch pädagogischer Konzepte zu verstehen ist, oder ob hier tatsächlich ein in gewisser Weise „postpädagogisches" Paradigma vorliegt.

Freilich ist auch die Postulierung symmetrischer Kommunikationssituationen im pädagogischen Diskurs nicht neu. Vor allem die Antipädagogik hat seit den 70er Jahren konsequent asymmetrische Verhältnisse im Umgang von Erwachsenen mit Kindern zu bekämpfen versucht (vgl. von Braunmühl 1978). Die

---

337 Das Politische muss dabei keineswegs über das Ideal des rationalen oder gar herrschaftsfreien Diskurses bestimmt werden. Vielmehr ist es auch möglich, Roland Reichenbach zu folgen: „Als 'politisch' seien hier – in enger Anlehnung an Hannah Arendt jene kommunikativen Sozialpraktiken verstanden, in denen Menschen, welche einander nicht befehlen können (oder wollen) in einem – Öffentlichkeitscharakter aufweisenden – Überzeugungs- und Überredungskampf und mit einem „Willen zur Macht" die soziale Welt in bestimmter Hinsicht dauerhaft verändern wollen" (Reichenbach 2000, S. 122). „Macht" versteht Reichenbach mit Arendt als Gegenbegriff zu „Gewalt". Entscheidend ist, dass im Unterschied zur Pädagogik als Praxis des Lehr-Lern-Verhältnisses der Politik eine „Symmetrie zwischen den Streitenden" attestiert wird, auch wenn diese Symmetrie freilich lediglich einen „prinzipiellen und normativen, nicht aber empirischen Charakter hat" (ebd.).

338 Vgl. mit sehr unterschiedlichen Konzepten, dennoch das asymmetrische des pädagogischen Verhältnisses betonend: Herbart 1806/1965, Schirlbauer 1988, Benner 2001 bes. S. 92ff., Prange 2005, Tenorth 2006, Schluß 2007c oder am Beispiel des Unterrichts Walter/Leschinsky 2008, in dieser Arbeit bei Luther Kapitel 1.5.

339 Von der Möglichkeit, jegliche soziale Einwirkung als Erziehung zu bezeichnen, hielt Schleiermacher nicht viel, denn dies würde den Gegenstand der Pädagogik über Gebühr ausdehnen denn ein auf alle gesellschaftlichen Bereiche in denen eingewirkt (interagiert) wird ausgedehnter Begriff bezeichne nichts spezifisches mehr und tauge nicht zur Unterscheidung des Pädagogischen z.B. vom Politischen.

etablierte Pädagogik entgegnete, hier werde „Wissen mit leichter Hand durch Wahrhaftigkeit und Echtheit einer personalen Beziehung ersetzt" (Meyer-Drawe 1984, S. 251).

Die Lektüre der in den Jahrbüchern versammelten Aufsätze zeigt allerdings, dass es keineswegs das Anliegen der Kindertheologinnen und Kindertheologen ist, den Wissenserwerb zugunsten der Echtheit personaler Beziehungen zu verabschieden. Vielmehr kann nach den Gesprächen mit Kindern resümiert werden: „Hier (bei den Kindern) bewirkt das Gespräch einen Erkenntnisfortschritt, der zur Relativierung bestimmter Vorstellungen führt" (Fricke 2003, S. 53). Der pädagogische Impuls, der auf eine „Verbesserung" oder „Weiterentwicklung" zielt, bleibt demnach auch den kindertheologischen Konzepten eigen. Die Kindertheologinnen und Kindertheologen legen Kriterien an, an denen ein solcher „Fortschritt" messbar wird. Dies ist in einem konsequent symmetrisch gedachten Konzept freilich nicht möglich, denn wie will der eine Gesprächspartner dem anderen einen Fortschritt in der Argumentation oder im Erkennen attestieren?[340] Ein solches Konzept der Weiter-Entwicklung, das im demokratischen Diskurs nicht akzeptabel ist, ist im pädagogischen Konzept von Lehr-Lernprozessen jedoch enthalten.

Die hier vertretene These ist darum, den zentralen Topos von Kindertheologie so näher zu bestimmen, dass Kindertheologie sich mit dem Ernstnehmen der Kinder um eine größtmögliche Symmetrie der Kommunikation bemüht, die aber das asymmetrische Gefälle in der pädagogischen Situation nicht ignoriert, sondern anerkennt und zu überwinden sucht. Das Mittel dafür ist eine möglichst symmetrische Kommunikation. Das Einlassen der Kindertheologin auf das Fragen der Kinder, auf ihre Gespräche kann in diesen Gesprächen selbst zu einem Aufbrechen bislang unreflektierter Vorannahmen der (kindlichen) Religiosität führen. So können in der Kommunikation neue Horizonte von den Kindern selbst erarbeitet und entdeckt werden.[341]

In mehreren kindertheologischen Texten geht die Konstruktion noch über die angestrebte Symmetrie hinaus und kommt wiederum zu einer – nun allerdings umgekehrten – Asymmetrie.

Ruben Zimmermann kommt zu dem Schluß, dass „der Auslegung der Kinder in der Fachexegese mehr Gehör geschenkt werden" müsse (Zimmermann 2003, S. 45). Rainer Oberthür konstatiert, Kinder hätten „ihre eigene, uns Erwachsene(n) nicht selten überlegene Weise, sich selbst, Gott und die Welt wahrzunehmen und zu deuten" (Oberthür 2002, S. 95).

---

340 Das wäre so, wie wenn der Wähler der Partei x dem Gesprächspartner einen Fortschritt attestieren würde, weil dieser sich von einem Wähler der Partei y zu einem der Partei x (weiter-)entwickelt habe.

341 Einen solchen Prozess hatte Fichte im Blick, wenn er von der „Aufforderung zur Selbsttätigkeit" als der Aufgabe des Pädagogen sprach (Fichte 1796/1962, S. 40).

Eine Möglichkeit solche Passagen zu verstehen wäre, in ihnen einen Ausdruck der ambivalenten Kindesverherrlichung des „Romantizismus" zu sehen, der – wie Anton Bucher zeigt – eine Quelle der Kindertheologie bildet (Bucher 2002, S. 11-13). Sie bedeutet allerdings das Kind zum Ideal zu erheben und den Erwachsenen als defizitär zu verstehen. Mit einem solchen Verständnis würde – Käte Meyer-Drawe paraphrasierend – nicht nur das Lern-Ziel des Wissenserwerbs mit leichter Hand vom Tisch gefegt, vielmehr würde das Heil auch für die Erwachsenen in einem Vergessen von Wissen gesehen, das von den Kindern zu lernen sei.

Der evangelischen Theologie sind solche Auseinandersetzungen um die Notwendigkeit von allgemeiner Bildung im Hinblick auf die theologische Befähigung nicht fremd, wenn sie sich auch lange Zeit scheinbar erübrigt hatten.[342] In den Wirren der Reformation musste Martin Luther die Notwendigkeit allgemeiner Bildung und im besonderen des Sprachenlernens gegen die schwärmerischen Täuferbewegungen und auch die Hussiten verteidigen, die meinten, der unmittelbar wehende Geist offenbare Gottes Wort direkter als das Studium der Bibel in den Originalsprachen (vgl. Luther 1524, in dieser Arbeit Kapitel B1). Auf der anderen Seite scheint das Herrenwort Mk. 10,14 (Par.) zu stehen, „Wer das Reich Gottes nicht empfängt ein Kind, der wird nicht hineinkommen".

Die Analyse der Argumentationsstruktur in den kindertheologischen Texten hat eine Aporie sichtbar gemacht. Einerseits zielt Kindertheologie symmetrische Kommunikation an. Andererseits ist sie, solange sie Pädagogik sein will, auf eine gewisse Asymmetrie angewiesen, die sich zwangsläufig aus dem Gefälle im Lehr-Lernprozess ergibt. Darüber hinaus legen manche kindertheologischen Texte sogar eine umgekehrte Asymmetrie nahe, die Erwachsene oder gar die Fachexegese von den Kindern lernen heißt.[343]

---

342 Vgl. dazu Kapitel D2.3 in dem die Konzepte religiöser Bildung Luthers und Schleiermachers kontrastiert werden. Während Luther gegen die Schwärmer aus dem Interesse an religiöser Bildung für die Allgemeinbildung optierte, hatte sich die Situation zur Zeit Schleiermachers bereits soweit gewandelt, dass die Notwendigkeit allgemeiner Bildung außer Frage stand. Fraglich war die religiöse Bildung und die Religiosität überhaupt geworden. Im Bezug auf die Kindertheologie steht nun infrage, ob die Position der Kindertheologie mit der schwärmerischen Antithese zu Luther vergleichbar ist, zugunsten der Unmittelbarkeit des Geistes auf die Umwege über exegetische Theologie zu verzichten.

343 Eine weitere Problematik der Kindertheologie, die hier nur angedeutet werden soll, bezieht sich auf die Frage, inwiefern die Kindertheologie eigentlich Theologie ist und nicht vielmehr Religionsphilosophie. „Kindertheologie eröffnet – ausgehend von der Seh-, Denk- und Erfahrungsweise der Kinder – Zugänge zur jüdisch-christlichen Tradition. Sie geht dabei von einem breiten, mehrdimensionalen Reflexionsbegriff aus, der sich nicht in der Vermittlung von Antworten der Tradition erschöpft, sondern religiöse Lehr-Lernprozesse primär unter dem Aspekt der Aneignung betrachtet." (Kraft/Schreiner 2007, 6. These) Deutlich wird hier, dass die Religiosität der Kinder und ihre Transzendenzerfahrungen Ausgangspunkte der Kindertheologie sind. Diese sind jedoch nicht von sich aus im Horizont der jüdisch-christlichen Tradition verortet, auf den die Kindertheologie als christliche Theologie jedoch zielt, sondern müssen pädago-

3.3 Bearbeitungsvorschlag der kindertheologischen Aporie

Die Aporie, in die das Konzept der Kindertheologie führen kann ist, dass es drei gegensätzliche Kommunikationsformen zu gleicher Zeit zu behaupten scheint. Das Ernstnehmen des Kindes deutet auf Symmetrie hin. Das Beharren auf dem pädagogischen Aspekt des Lehrens und Lernens auf ein asymmetrisches Gefälle vom Lehrer zum Lernenden und die konstatierte Lernmöglichkeit des Erwachsenen von den Fragen der Kinder auf eine umgekehrte Asymmetrie. Diese Aporie ist solange nicht auflösbar, solange nicht genauer gefragt wird, in Bezug worauf Erwachsene und Kinder kindertheologisch symmetrisch kommunizieren sollen oder in Bezug worauf ein asymmetrisches Verhältnis zugunsten des Lehrenden besteht und in Bezug worauf möglicherweise ein asymmetrisches Verhältnis zugunsten des Kindes besteht.

Die systemische Kommunikationstheorie bietet eine Basis für Differenzierungen innerhalb der Kommunikation. Paul Watzlawick unterscheidet zwischen einer Inhalts- und einer Beziehungsebene der Kommunikation (vgl. Watzlawick u.a. 1990, S. 53ff.).[344] Wird diese Unterscheidung zugrunde gelegt, dann ließe sich argumentieren, die *traditionelle Asymmetrie* des Lehr-Lernprozesses muss auf der Inhaltsebene der Kommunikation verortet werden. Der Lehrende ist deshalb Lehrender, weil er von der Sache mehr weiß als der Lernende. Den Lernenden macht gerade diese Differenz und ihre gemeinsame Bearbeitung zum Lernenden.

Die pädagogische Erfahrung seit Sokrates sowie die empirische Lehr-Lernforschung hat freilich gezeigt, dass diese Bearbeitung der Wissens-Differenz zwischen Lehrenden und Lernenden nicht nach einem mechanischen Modell des Austausches Erfolg versprechend gedacht und gestaltet werden kann. Das Modell kommunizierender Gefäße beispielsweise ist schon deshalb nicht treffend, weil der Lehrende ja nicht in dem Maße weniger weiß, wie der Lernende mehr weiß. Ebenso wenig Erfolg versprechend sind Transfermodelle wie sie mit der sprichwörtlich gewordenen Bezeichnung eines Gedichtbandes, des Nürnberger Trichters, verbunden sind. Der Mensch ist keine *tabula rasa*, die durch Auftragen von Wissen durch den Lehrer Schritt für Schritt beschrieben wird, sondern Lernen ist ein höchst aktiver Vorgang.[345] Jeder Lehrende weiß zu seinem Leidwesen, wie wenig sich gelehrtes und gelerntes Wissen entsprechen. Die Verbindung auf der Inhaltsebene der Kommunikation ist keine starre, sondern Sender und Empfänger kalibrieren das

---

gisch – z.B. über die Auswahl der Medien, Themen, Gegenstände, Texte etc. religionspädagogisch eingespeist werden. Intensiver wird diese Problematik erörtert in Schluß 2008d.

344 Friedemann Schulz von Thun hat dieses Modell erweitert, in dem er vier Ebenen der Kommunikation unterscheidet (vgl. Schulz von Thun 1993).

345 Zum Lernen als pädagogischem Begriff unter verschiedenen Aspekten vgl. den Sammelband Mitgutsch/Sattler/Westphal/Breinbauer 2008.

Verständnis der thematisierten Sache durch Kommunikation, Resonanzen, durch Rückkopplung und Steuerungsvorgänge, ohne dabei jemals zu einer Identität im Sinne von absoluter Übereinstimmung zu gelangen.[346]

Die in der Kindertheologie praktizierte *Symmetrie* ließe sich als eine verstehen, die vorrangig auf der Beziehungsebene angesiedelt ist. Ein asymmetrisches Gefälle auf der Inhaltsebene muss in dieser Interpretation nicht zwangsläufig einen asymmetrischen Habitus auf der Beziehungsebene nach sich ziehen. Dies Motiv des „Kinder Ernst Nehmens" ließe sich sehr gut vor allem auf der Beziehungsebene verstehen. Lehrende müssen im Gespräch nicht in den Gestus des besserwissenden Belehrenden verfallen. Vielmehr scheinen die Ergebnisse der kindertheologischen Detailstudien nahe zu legen, dass gerade die Symmetrie auf der Beziehungsebene dazu beigetragen hat, sich intensiver auf die Sache einzulassen, eben weil die Argumente der Kinder ernst genommen wurden und sie nicht eine besserwisserische Belehrung fürchten mussten.

Für die beobachtete *umgekehrte Asymmetrie* stellt das Modell Watzlawicks keine Form bereit. Deshalb ist zu fragen, worin diese umgekehrte Asymmetrie bestehen könnte, um eine solche Kommunikationsebene einzuführen. Wenn Stefan Alkier seinen Artikel mit den Worten beendet; „was für ein Glück: seit Florian auf der Welt ist, kann ich die Bibel auch anders lesen!" (Alkier 2003, S. 63), dann besteht dieser von Alkier erfahrene Mehrwert nicht darin, dass er eine Information über die neuesten Ergebnisse der historisch-kritischen Exegese dieses Textes von seinem Sohn erhalten hätte. Die Differenz scheint vielmehr eine zu sein, die weder der Inhaltsebene noch der Beziehungsebene zuzuordnen ist.[347] Es geht um eine Ebene der Kommunikation die ein Aufbrechen von selbstverständlich gewordenen Vor-Verständnissen betrifft, eine Ebene die damit zur Vorbedingung der Möglichkeit neuer Sichtweisen wird. Ob diese Ebene wirklich eine eigene kommunikative Ebene ist, bliebe zu diskutieren. Deutlich ist, dass dieses umgekehrt asymmetrische Moment nicht in den anderen genannten Ebenen aufgeht, sondern eine eigene Form der kommunikativen Asymmetrie darstellt. In aller Zurückhaltung sei deshalb diese Ebene als *Ebene des Staunen Könnens* beschrieben.

Schlüsselt man die Ebenen der Kommunikation in dieser Weise dreifach auf, dann löst sich die eingangs skizzierte kindertheologische Aporie auf. Die divergierenden asymmetrischen, symmetrischen und umgekehrt asymmetrischen Ziel-

---

346 Zur Kritik von Transfermodellen in der Pädagogik und einer alternativen Bestimmung des Transformationsbegriffs vgl. Schluß 2003, S. 30ff. Zugleich sei dem Missverständnis gewehrt, als sei hier für den Konstruktivismus als erkenntnistheoretische Grundlage der Pädagogik das Wort geredet. Näheres dazu: Sattler 2009, Schluß 2009c beide unter Bezugnahm auf Sander 2009 sehr grundlegend: Loh 2001.

347 Auch die von Schulz von Thun vorgeschlagenen zusätzlichen Selbstoffenbarungs- und Apellebenen, und treffen nicht das hier Gemeinte (vgl. Schulz von Thun 1993, S. 54-61).

setzungen kindertheologischer Kommunikation lassen sich drei unterschiedlichen kommunikativen Ebenen zuordnen und widerstreiten sich somit nicht gegenseitig. Vielmehr weisen die empirischen Erfahrungen in der kindertheologischen Praxis auf ein produktives Zusammenwirken dieser unterschiedlichen Gefälle hin. Wenn der Erwachsene merkt, dass er durch ein gleichberechtigtes sich-Einlassen auf der Beziehungsebene erleben kann, wie eben diese symmetrische Kommunikation mit Kindern ihm Perspektiven auf vertraut und bekannt Geglaubtes eröffnet, die ihm bislang verschlossen waren, wird diese Erfahrung dazu beitragen, künftig Kinder noch eher als gleichberechtigte Gesprächspartner ernst zu nehmen. Umgekehrt gilt für Kinder: Auch sie können erfahren, dass wenn sich Erwachsene auf ihre Fragestellungen einlassen, sie das zu weiterem Nachdenken provoziert und so Wege eröffnet, die ihnen vorher verschlossen waren.

Die Schwierigkeit des Konzeptes eines asymmetrischen Verhältnisses ist die Frage, wie die Fähigkeit zur symmetrischen Kommunikation entstehen soll, wenn bislang mit den Heranwachsenden lediglich im Modus der Asymmetrie kommuniziert worden ist. Kant bringt dies Dilemma in der Formulierung auf den Punkt, „Wie kultiviere ich die Freiheit bei dem Zwange? (der Erziehung)" (Kant 1983a, S. 711). Wird Symmetrie jedoch immer schon auf der Beziehungsebene jedenfalls auch oder tendenziell erfahren, so ist es nicht mehr notwendig, hier einen plötzlichen Umschlag mit Erreichen von Mündigkeitsgrenzen anzunehmen, sondern Heranwachsende erfahren immer schon, dass nicht nur sie Lernende sind, sondern auch die Erwachsenen, wenn auch auf einer anderen Ebene, von ihnen lernen – was wiederum die Symmetrie der Beziehungsebene stärken kann.[348]

3.4 Grenzen der Kindertheologie

Damit sinnvoll von Kindertheologie gesprochen werden kann ist es nicht nur notwendig herauszuarbeiten, was das Leitmotiv kindertheologischer Praxis und Theorie sein kann, sondern auch was deshalb alles *nicht* Kindertheologie genannt werden sollte. Das rekonstruierte Leitmotiv „Kinder ernst zu nehmen" muss sich also

---

348 Mit dem Konzept lässt sich auch das Phänomen beschreiben, dass Kinder, in bestimmten Hinsichten, auch auf der Inhaltsebene mehr wissen als die Lehrenden. So kehrt sich das asymmetrische Verhältnis auf der Inhaltsebene zumindest zeitweise um. Ein solches (Miß-)Verhältnis wäre dann leichter zu ertragen, wenn auf der Beziehungsebene von einem symmetrischen Verhältnis ausgegangen wird und es kann die Erfahrung einer wechselnden Asymmetrie der Inhaltsebene die Bereitschaft zur Symmetrie auf der Beziehungsebene stärken. Umgekehrt wird deutlich, dass eine umgekehrte Asymmetrie auf der Inhaltsebene der Kommunikation zwischen Lehrer und Schüler zu einer Erosion der etablierten Asymmetrie auf der Beziehungsebene beiträgt (vgl. Schluß 2007c).

nicht nur darin bewähren zu beschreiben was Kindertheologie ist, sondern es muss auch Kriterien nahe legen die erlauben zu sagen, was Kindertheologie nicht ist. Dazu soll noch einmal gefragt werden, was dieses Motiv der „Kinder Ernst Nehmens" bedeutet. Anton Bucher verwies bei der Analyse der Herkunft des kindertheologischen Ansatzes auf Rousseau, der als „Entdecker der Kindheit" die Romantiker zu ihrer Idealisierung der Kindheit inspiriert habe. Bucher weist darauf hin, dass Rousseau selbst die Möglichkeit einer Kindertheologie vehement bestreitet (vgl. Bucher 2002, S. 10f.). Es lohnt sich jedoch in diesem Zusammenhang noch einmal genauer hinzusehen, weshalb Rousseau als der Entdecker der modernen Kindheit bezeichnet wird. Die Kindheit war freilich schon viel länger, nach einem „Vergessen" im Mittelalter wieder bekannt (vgl. Ariès 1975). Rousseau proklamierte nicht eine bestimmte Kindheit, die er entdeckt hätte, sondern vielmehr hatte er entdeckt, dass die Kindheit etwas Unbekanntes ist (vgl. Rousseau 1762/1995, S. 5; Benner 1999, S. 5-7). Erwachsene wissen nicht, was die Kindheit ist. Erwachsene waren zwar selbst einmal Kinder, aber indem sie Erwachsen wurden haben sie vergessen, was die Kindheit ist. Jedes Bezugnehmen auf die vorgeblich bekannte Kindheit ist deshalb eine Konstruktion von Erwachsenen und kann die Kindheit der Kinder immer nur verfehlen. Unbeschadet dessen, dass Rousseau selbst diesen Grundsatz zuweilen nicht beachtet und normative Aussagen über das Wesen der Kindheit macht,[349] soll hier doch das Argument der unbekannten Kindheit aufgenommen werden. Dies eröffnet mindestens zwei Optionen:

a) Diese unbekannte Kindheit eben deshalb zu erforschen weil sie Erwachsenen unbekannt ist. Unbekanntheit soll auf diese Weise (künstlich) in Bekanntheit verwandelt werden.

b) Dieses Unbekanntsein der Kindheit als prinzipielle Unmöglichkeit einer Umwandlung des Unbekanntseins der vergessenen Kindheit in Bekanntheit zu interpretieren. Auch durch noch so raffinierte Forschungsprojekte, so ließe sich diese Position argumentieren, kann das Vergessen der Kindheit nicht rückgängig gemacht oder künstlich eingeholt werden. Solche Bemühungen führten nur dazu, die Kindheit unter den Kategorien von Erwachsenen zu fassen und müssen die Kindheit deshalb notwendig verfehlen.

Diesen zwei prinzipiellen Optionen des Umgangs mit der unbekannten Kindheit ließen sich nun verschiedene wissenschaftliche Positionen zuordnen. So ließe sich von der Entwicklungspsychologie oder von der Psychoanalyse oder auch von der Soziologie sagen, sie habe sich u.a. zur Aufgabe gemacht, die bislang unbekannte Kindheit zu erforschen. Indem diese mit wissenschaftlichen Methoden analysiert wird steigt die Chance, die Vorurteile über der Kindheit, die

---

349 So z.B. die, dass Kinder nicht theologisieren könnten, oder die das Mädchen von Natur aus putzsüchtig seien (vgl. Rousseau, 1762/1995).

Erwachsene über sie haben, zu revidieren und so die unbekannte Kindheit zumindest approximativ in eine bekannte zu verwandeln.

Durch entwicklungspsychologische Forschung kann so von der Kindheit gewusst werden, welche Stufen der Entwicklung einander ablösen, wann Kinder durchschnittlich auf einer bestimmten Stufe ihrer logischen, moralischen oder auch religiösen Entwicklung anzutreffen sind. Es lassen sich auch psychoanalytisch Aussagen über den Prozess der Ablösung von der identitätsähnlichen ursprünglichen Mutterbindung über Übergangsobjekte in einem intermediären Raum machen oder es lassen sich statistische Aussagen zu den Chancen von Kindern mit fremdsprachlichem Herkunftshintergrund in der Bildungshierarchie des dreistufigen Schulsystems Deutschlands machen. All dies sind Modi, die unbekannte Kindheit auf dem Wege der Forschung in eine bekannte(re) zu verwandeln.

Hier wird dagegen vertreten, dass ein kindertheologisches „Ernst Nehmen der Kinder" in diesem Kontext bedeutet, die von Rousseau entdeckte Unbekanntheit der Kindheit in der zweiten skizzierten Weise zu verstehen, als ein *prinzipielles* Unbekanntsein, das auch durch wissenschaftliche Forschung nicht überwindbar ist. Die Reaktion auf diese Einsicht des Unbekanntseins ist jedoch keine Resignation, sondern der Versuch einer Kommunikation angesichts der Unbekanntheit. Dies bedeutet, sich radikal von der Vorstellung zu verabschieden, dass Erwachsene wüssten, was Kinder sind, erstens weil sie selber Kinder waren und zweitens weil die Kindheit durch zunehmende Forschung immer besser erkannt wird. Die Gefahr dieses Modus' einer solchen doppelt bekannten Kindheit müsste in diesem Konzept der unbekannten Kindheit namhaft gemacht werden. Die Gefahr besteht darin, im Wissen um die wissenschaftliche Erforschung der Kindheit nun doch zu wissen, was je die Kindheit ist. Die Erinnerung an die prinzipielle Unbekanntheit der Kindheit kann warnen, dass gerade durch eine solche übersteigerte Erwartung die Kindheit individueller Kinder umso mehr verfehlt wird. Kindertheologie könnte somit ein Balancegewicht zu anderen religionspädagogischen Theorie-Konzepten bilden, die sich eben diese Erforschung der Kindheit in der Absicht zum Programm erhoben haben, um in der religionspädagogischen Praxis angemessener, nämlich in Bezug auf die nun bekannte Kindheit, handeln zu können. Kinder ernst zu nehmen bedeutete so, Kinder nicht immer schon besser verstehen zu wollen als diese sich vorgeblich selbst verstehen könnten, indem ihre Äußerungen vor dem Horizont ihrer vermeintlichen entwicklungspsychologischen Stufe, ihrer psychoanalytischen Mutterablösung oder ihres soziologischen Familienhintergrundes interpretiert werden, sondern im Modus einer möglichst symmetrischen Kommunikation sich mit ihnen über religiöse und theologische Themen zu verständigen.

Kindertheologie kann und muss in diesem Verständnis auf andere religionspädagogische Ansätze bezogen bleiben, aber der Modus dieses Bezuges muss vor allem der einer wechselseitigen Kritik sein, wenn sie nicht in diesen Ansätzen aufgehen will. Der Gewinn einer solchen Kritik kann der eines Schutzes vor totalitären Fehlinterpretationen aller Ansätze (auch des kindertheologischen selbst) sein. Ein Beispiel dafür ist dem Text von Peter Müller entnommen: „Dass dieses Verhalten und Handeln enger oder weiter mit dem eigenen Erfahrungsbereich verknüpft werden kann, hängt mit dem unterschiedlichen Entwicklungsstand der Kinder zusammen, wobei allerdings interessant ist, dass die erste hier zitierte Antwort einer Neunjährigen das Gleichnis eher erfasst als die zuletzt angeführte eines elfjährigen Mädchens" (Müller 2003, S. 29) In einer dogmatischen Anwendung entwicklungspsychologischer Erkenntnisse hätte ein Religionslehrer die Antwort des neunjährigen Mädchens möglicherweise sanktioniert, weil diese den beschriebenen Entwicklungsstand noch gar nicht haben *könne*. Das kindertheologische Herangehen kann eine solche dogmatische Fehlinterpretation der Entwicklungspsychologie korrigieren, indem es religionspädagogischen Praktikern in Gemeinde und Schule auch eine andere Interpretationsmöglichkeit der Kinderäußerungen eröffnet.

Durch dies Ernst-Nehmen im Gespräch wird wieder klarer sichtbar, dass ein Kinder (wie auch Erwachsene) nicht auf bestimmte Stufen ihrer Entwicklung festgelegt sind, sondern sie in unterschiedlichen Gesprächen zu unterschiedlichen Argumentationen und Interpretationen fähig sind, die die Entwicklungspsychologie auf unterschiedlichen Stufen der Entwicklung verortet.[350] Die Gefahr des Missverständnisses, von der allgemeinen Theorie auf jeden Einzelfall deduzieren zu können, kann durch sich wechselseitig kritisierende Ansätze vermindert werden.

Die in den Jahrbüchern vertretenen Aufsätze die sich mit Gleichnissen beschäftigen plädieren dafür, sich über biblische Gleichnisse schon mit jüngeren Kindern auszutauschen, auch wenn aus entwicklungspsychologischer Sicht davon häufig abgeraten wird, weil die Kinder den metaphorischen Gehalt dieser Geschichten noch nicht erfassen könnten.[351] Auch hier scheint die wechselseitige Kritik sinnvoll. Kindertheologie kann deutlich machen, dass ein prinzipielles Verdikt gegen bestimmte Textsorten in bestimmten Altersstufen nicht angemes-

---

350   Sandra Eckerle formuliert dies aufgrund ihrer empirischen Untersuchung so: „Da es kein einheitliches Gottesbild gibt und lediglich Schwerpunkte und Tendenzen zu erkennen sind, ist eine allgemeine Einbindung in Stufen unsachgemäß. Es kann eben nicht davon ausgegangen werden, dass alle Fünfjährigen eine anthropomorphe Gottesvorstellung haben" (Eckerle 2002, S. 67f.).

351   Müller sieht z.B.: „Insgesamt zeigt die Umfrage sehr deutlich, dass Kinder schon mit 7 oder 8 Jahren den Gleichnischarakter des Textes sehr klar erfassen, während es älteren Kindern teilweise noch nicht gelingt, die Ebene der Konkretion zu verlassen" (a.a.O. S. 30) und Karweick/Alkier beschreiben die Gleichnisinterpretation von Max folgendermaßen: „Mit einer für einen neunjährigen erstaunlichen Klarheit differenziert Max nicht nur zwischen Märchen und Ereignisbericht […], sondern fügt als dritte Kategorie die ‚Erzählung' an" (Karweick/Alkier 2003, S. 59).

sen ist. Entwicklungspsychologie kann deutlich machen, in welchen Altersgruppen welche Verstehenshindernisse von biblischen Texten besonders wahrscheinlich sind, wodurch Kindertheologie wiederum mit besonderer Sensibilität für diese Fallstricke des Verstehens gewappnet sein kann.

Die begriffliche Konkretisierung der Kindertheologie hat über die Klärung der Beziehungen zu anderen Varianten der Religionspädagogik hinaus noch eine wichtige Funktion für die Unterscheidung dessen, was Kindertheologie ist und was sie nicht ist. Findet das Kriterium des Ernstnehmens der Kinder in der hier vorgeschlagenen Interpretation Zustimmung, so gehören Texte die vornehmlich psychoanalytisch, entwicklungspsychologisch, religionssoziologisch oder nach anderen Modellen der Katechese und Religionsdidaktik verführen nicht in den Horizont kindertheologischer Arbeiten.

Auch diese These kann an einem Beispiel veranschaulicht werden. Gerhard Büttner geht in seinem Aufsatz „Das Jesuskind zwischen Christkind und Weihnachtsmann" zuerst folgender Fragestellung nach: „Wie haben wir uns die Herausbildung der ersten religiösen Vorstellungen der Kinder vorzustellen? Welche biologisch-natürlichen Bedingungen für eine Rezeption kann man annehmen? Auf welche Weise gestaltet sich die Rezeption von entsprechenden Impulsen durch die Außenwelt (Eltern, Fernsehen)?" (Büttner 2002, S. 28).

Zur Beantwortung dieser Fragen skizziert Büttner ein Modell, in dem die theoretischen Konzepte verschiedener, vor allem aus der Psychoanalyse stammender, Autoren zueinander in Beziehung gesetzt werden. Die u.a. vorgestellte Theorie der Übergangsobjekte wird an der Beobachtung des Mädchens Pia und ihrem Umgang mit dem Schmusetuch illustriert: „Der sorgfältig beobachtende Vater hat in diesem Fall sehr schön die Grundlagen von Winnicotts Theorie des Übergangsobjektes beschrieben. Aus dem vorgefundenen Material, in diesem Fall dem Stück Stoff, schafft sich das Kind selbst einen Gegenstand, der offensichtlich dazu dienen kann, für Erfahrungen zu stehen, die ansonsten mit der realen Mutter oder dem Vater gemacht werden. Winnicott erläutert dies insbesondere in der Weise, dass das Übergangsobjekt für die mütterliche Brust stehe" (a.a.O. S. 30). Die Beobachtung des Mädchens Pia dient hier nur dazu, die vorher bestehende Theorie zu bebildern. Die Theorie macht sogar so weitgehende Aussagen, dass sie das Schmusetuch mit einem Symbol für die mütterliche Brust identifiziert. Legt man die hier vorgeschlagene Beschreibung von Kindertheologie und damit auch deren Grenzen zu Grunde, so muss ein solcher Ansatz eindeutig jenseits dieser Interpretation von Kindertheologie verortet werden.

Eine so starke Theorie, die besser als Pia weiß, was das Kuscheltuch für sie symbolisiert, indem sie nämlich immer schon weiß, dass es die mütterliche Brust symbolisiert, nimmt Kinder gerade nicht in dem hier für die Kindertheologie vorgeschlagenen Sinne ernst, der von dem prinzipiellen Unbekanntsein der Kindheit ausgeht. Kindertheologie würde Pia fragen, was das Tuch für sie ist und es nicht schon vor der Frage mit Gewissheit mit dem Symbol für die Mutterbrust identifizieren. Im vorsprachlichen Alter würde diese Sichtweise sich mit Interpretationen zurückhalten und würde durch nichtsprachliche Interaktion sich über die Bedeutung des Kuscheltuches zu verständigen suchen.[352]

Dies sei an einem weiteren Beispiel erläutert: ‚Auf einem Familienfest gehörte es zu einem Spiel, dass meine Frau und ich Luftballone zerstechen mussten. Unsere 1½ jährige Tochter Antonia saß dabei auf unserem Schoß. Um die Luftballone zerstechen zu können, mussten wir aufstehen und zu diesen gehen, die dann mit lautem Knall zerplatzten. Jedes Mal weinte Antonia, so dass wir schließlich das Spiel abbrachen. Ein psychoanalytisch gebildeter Freund kam zu uns und sagte, es sei ganz klar, die schönen runden Luftballone symbolisierten für das Kind die Schönheit und Ganzheit und wenn diese zerplatzen, drohe dem Kind auch das Schöne und Ganze zu zerplatzen. Wir brachten Antonia zu Bett, sangen mit ihr ein Schlaflied und sie schlief auf der Stelle ein.‘

In einem Ansatz, der von einer Unbekanntheit der Kindheit ausgeht, wären für das Weinen und sein Ende unterschiedliche Erklärungen denkbar, ohne dass letztlich gewusst würde, welche die richtige wäre. So könnte es sein, dass Antonia den Krach des Zerplatzens nicht mochte. Es könnte sein, dass sie es nicht mochte, dass wir als Eltern aufstanden und sie allein ließen. Es könnte sein, dass sie einfach müde war und ihr deshalb die ganze Aufregung des Spieles zu viel war. Auch vieles andere ist möglich. Letztlich wird dies nicht zu klären sein. Wichtig war in dem Moment, in der Interaktion herauszufinden, was Antonia gut tat. Sie zeigte es, indem sie aufhörte zu weinen und einschlief. Ein solches Verfahren der Interaktion angesichts der unbekannten Kindheit entspräche dem hier vorgeschlagenen Verständnis kindertheologischen Herangehens, in einer möglichst symmetrischen Kommunikation/Interaktion sich dem Problem anzunähern.

3.5 Kindertheologie – eine Praxis ohne Theorie?

Die vorgeschlagene Abgrenzung von einem stark theoriegeleiteten Herangehen mag das Missverständnis nahe legen, hier würde für eine theoriefreie Kindertheologie plädiert. Das ist nicht der Fall. Vielmehr braucht jegliche wissenschaftliche Arbeit Theorie. Einerseits soll die Theorie Einzelfälle verallgemeinern, damit sich Aussagen gewinnen lassen, die über den Einzelfall hinausreichen. Andererseits treffen solche wissenschaftlichen Aussagen eben deshalb keinen konkreten Ein-

---

352 Dass solch eine Art der Forschung auch in religionspädagogischen Teilbereichen betrieben wird, die sich nicht speziell als „Kindertheologie" bezeichnen, soll damit keineswegs ausgeschlossen sein (vgl. z.B. Szagun 2003).

zelfall mehr. Gleichwohl sind unterschiedliche theoretische Herangehensweisen möglich. Während es eine Variante darstellt, von den Großtheorien her die Einzelfälle zu erfassen und zu interpretieren, gehen andere theoretische Modelle von diesen Einzelfällen aus und versuchen von da her zu Verallgemeinerungen zu kommen, die einen theoretischen Status erreichen. In der Sozialwissenschaft sind solche Verfahren als „grounded theory" (vgl. Glaser/Strauss1979) bekannt. Deren theoretisches Konzept steht am Anfang der Untersuchung noch nicht fest, sondern entwickelt sich im Laufe der wissenschaftlichen Arbeiten. Kindertheologie in der vorgeschlagenen Interpretation gleicht am ehesten diesen Verfahren. Das Problem solcher Art von Theorien kommt im folgenden Verdikt Käte Meyer-Drawes zum Ausdruck: „Theorien, die versuchen, sich asymptotisch dieser polyvalenten Struktur von Praxis anzunähern, werden blind" (Meyer-Drawe 1984, S. 253). Wenn man dieses Verdikt jedoch so umformuliert, dass die Blindheit zunimmt, je weiter die Annäherung der Theorie an den praktischen Einzelfall voranschreitet, dann kann gesagt werden, dass kindertheologische Theoriebildung bestenfalls eine mittlere Reichweite erzielen kann. Metatheorien sind mit einem solchen Verfahren nicht zu etablieren, weil sie dafür zu wenig spekulativ und zu nah am jeweiligen Einzelfall sind. Dies muss jedoch kein Nachteil sein, wenn man sich der Grenzen einer solchen Theorie bewusst ist. Ihre Aufgabe könnte so vor allem auch darin bestehen, neben den in der Religionspädagogik etablierten Großtheorien den Blick für die besondere Bedeutung des Einzelfalles auch in der Religionspädagogik wach zu halten.

Literatur

Abromeit, Hans-Jürgen (2002): Kommunikationsstörungen über Mission. Warum manche für die theologische Ausbildung Verantwortlichen das missionarische Profil nicht wollen, in: PTh 91/2002, S. 146-149.

Abromeit, Hans-Jürgen (2006): Wie kann Christus der Herr auch der Religionslosen werden? Dietrich Bonhoeffers Engagement für Evangelisation. Vortrag auf der Marburger Tagung »New Perspective on Bonhoeffer« – Downloads (24. bis 26. November 2006). http://www.agorax.de/marburgertagung/marburgertagungdownloads2006/marburgerta-gungdownloads2006abromeitwiekannchristusderherrauchderreligionslosenwerden.mp3

Aland, Kurt (1983): Lutherlexikon. Göttingen 4. Aufl.

Albertz, Rainer (1986): Religionsgeschichte Israels in alttestamentlicher Zeit 1&2; ATD, Göttingen.

Albrecht, Clemens (2001): Werteerziehung und Werturteilsstreit. Die Aktualität einer alten Debatte. In: Zeitschrift für Pädagogik 47. Jg., S. 879-892.

Alkier, Stefan (2003): „Papa, ich will mal zu Jesus" – Florians Bibelverständnis. In: Bu-cher/Büttner/Freudenberger-Lötz/Schreiner (2003), S. 60-63.

Althaus, Paul (1952): Die christliche Wahrheit. C. Bertelsmann, Gütersloh.

Arendt, Hannah (1994): Zwischen Vergangenheit und Zukunft III. (9): Die Krise der Erziehung. München, 255-276.

Ariès, Philippe (1975): Geschichte der Kindheit. München.

Arnhardt, Gerhard (1993): Die Leistungen Martin Luthers und Philipp Melanchthons bei der Konstituierung des protestantischen Bildungswesens – Zum 510. Geburtstag Lu-thers. In: Pädagogik und Schulalltag, Jg. 48. H. 6, S. 562-574.

Arnhardt, Gerhard (1993): Sächsische Fürsten- und Landesschulen 1993 – Gedanken zu einem Jubiläum. In: Pädagogik und Schulalltag, Jg. 48. H. 3, S. 264-271.

Artelt, C./Stanat, P./Schneider, W./ Schiefele, U./Lehmann, R. (2004): Die PISA-Studie zur Lesekompetenz: Überblick und weiterführende Analysen. In: Schiefele, U./Artelt, C./ Schneider, W./Stanat, P. (Hrsg.): Struktur, Entwicklung und Förderung von Lesekom-petenz. Vertiefende Analysen im Rahmen von PISA 2000. Wiesbaden, S. 139-168.

Asbrand, Barbara (2007): Grundlegende Kompetenzen religiöser Bildung – Ein Kommentar aus der Perspektive der Bildungsforschung. In: Elsenbast/Fischer (2007), S. 40-50.

Ballestrem, Karl Graf (2005): Kirche und Erziehung in Europa. VS-Verlag, Wiesbaden.

Bandt, Hellmut (1974/1980): Religion und Religionslosigkeit als theologisches Problem. In: Bandt, Hellmut: Zuversicht und Verantwortung. EVA, Leipzig 1980, S. 30-40.

Barth, Karl (1946): Kirchliche Dogmatik. Evangelischer Verlag, Zürich.

Barth, Karl (1987): Kirchliche Dogmatik. Ausgewählt und eingeleitet von Helmut Goll-witzer. Piper, München-Zürich.

Barth, Ulrich (1996): Was ist Religion? In: Zeitschrift für Theologie und Kirche 93, S. 538-560.

Barth, Ulrich (2003): Religion in der Moderne. Mohr Siebeck, Tübingen.

Baumert, Jürgen/Stanat, Petra/Demmrich, Anke (2001): PISA 2000: Untersuchungsgegenstand, theoretische Grundlagen und Durchführung der Studie. In: Deutsches PISA-Konsortium: PISA 2000. Basiskompetenzen von Schülerinnen und Schülern im internationalen Vergleich. Opladen, S. 15-68.

Beck, Ulrich (1986): Die Risikogesellschaft. Frankfurt/M.

Beck, Ulrich (2008): Der eigene Gott – Friedensfähigkeit und Gewaltpotential der Religionen. Verlag der Weltreligionen, Frankfurt / M.

Bellmann, Johannes (2006a): Bildungsforschung und Bildungspolitik im Zeitalter 'Neuer Steuerung'. In: Zeitschrift für Pädagogik 52, Heft 4/2006, S. 487-504.

Bellmann, Johannes (2006b): Religionsunterricht ist ordentliches Lehrfach. Begründungen religiöser Bildung an öffentlichen Schulen. In: Ruhloff, Jörg/Bellmann, Johannes et al. (Hrsg.): Perspektiven Allgemeiner Pädagogik. Dietrich Benner zum 65. Geburtstag. Beltz, Weinheim.

Benediktson, B.-E. (1967): Christus und die Religion. Stuttgart.

Benner, Dietrich (1985): Was heißt: Durch Unterricht erziehen? In: Zeitschrift für Pädagogik, 31. Jg. S. 441-450.

Benner, Dietrich (1987): Allgemeine Pädagogik. Weinheim.

Benner, Dietrich (1990): Wilhelm von Humboldts Bildungstheorie – Eine problemgeschichtliche Studie zum Begründungszusammenhang neuzeitlicher Bildungsreform. Juventa, Weinheim und München.

Benner, Dietrich (1991): Hauptströmungen der Erziehungswissenschaft. Weinheim, 3. Aufl.

Benner, Dietrich (1996): Allgemeine Pädagogik. Weinheim, dritte Auflage.

Benner, Dietrich (1999): Der Begriff moderner Kindheit und Erziehung bei Rousseau, im Philanthropismus und in der deutschen Klassik. Zeitschrift für Pädagogik, 45. Jg. H. 1, S. 1-18.

Benner, Dietrich (2000a): Pädagogik und Kritik. Überlegungen zu einem problematischen Verhältnis und zur Abgrenzung unterschiedlicher Ansätze kritischer Erziehungswissenschaft. In: Helmer/Meder/Meyer-Drawe/Vogel (2000), S. 7-34.

Benner, Dietrich (2000b): Reflexive versus affirmative Emanzipation. In: Bildung und Emanzipation. Klaus Mollenhauer weiterdenken, hrsg. von C. Dietrich und H.-R. Müller. Weinheim/München, S. 33-41

Benner, Dietrich (2001): Allgemeine Pädagogik. Weinheim und München: Juventa, 4. Aufl.

Benner, Dietrich (2003): Kritik und Negativität. Ein Versuch zur Pluralisierung von Kritik in Erziehung, Pädagogik und Erziehungswissenschaft. In: Kritik in der Pädagogik. Versuche über das Kritische in Erziehung und Erziehungswissenschaft. 46. Beiheft der Zeitschrift für Pädagogik, hrsg. von D. Benner, M. Borrelli, F. Heyting und Ch. Winch. Weinheim, S. 96-110.

Benner, Dietrich (2004a): Erziehung und Tradierung. Grundprobleme einer innovatorischen Theorie und Praxis der Überlieferung. In: Vierteljahrsschrift für wissenschaftliche Pädagogik 80, S. 163-181.

Benner, Dietrich (2004b): Bildung und Religion. Überlegungen zu ihrem problematischen Verhältnis und zu den Aufgaben eines öffentlichen Religionsunterrichts heute. In: Wulf/Macha/Liebau, S.19-36.

Benner, Dietrich (2004c): Bildungsstandards und Qualitätssicherung im Religionsunterricht. In: Theo-Web, Zeitschrift für Religionspädagogik, Jg. 3, H. 2, S. 22-36. http://www.theo-web.de/zeitschrift/ausgabe-2004-02/benner_endred.pdf

Benner, Dietrich (2005): Schulische Allgemeinbildung versus allgemeine Menschenbildung? Von der doppelten Gefahr einer wechselseitigen Beschädigung beider. In: Zeitschrift für Erziehungswissenschaft Jg. 8, S. 563-575.

Benner, Dietrich (2007): Religiöse Bildung. Überlegungen über Gotteserfahrung als Domäne des öffentlichen Religionsunterrichts. Vortragsmanuskript zum Kongress „gottlebenberuf" in Mainz am 12.11.2007.

Benner, Dietrich (2008a): Religiöse Bildung. Überlegungen zur Unterscheidung zwischen „fudamentalen" und „fundamentalistischen" Konzepten. In: Schweitzer, Friedrich/ Elsenbast, Volker/ Scheilke, Christoph Th. (Hrsg.): Religionspädagogik und Zeitgeschichte: Festschrift für Karl Ernst Nipkow zum 80. Geburtstag. GVH Wissenschaft & Gemeindepraxis, Gütersloh.

Benner, Dietrich (2008b): Unterricht – Wissen – Kompetenz: Zur Differenz zwischen didaktischen Aufgaben und Testaufgaben. In: (Ders.): Bildungstheorie und Bildungsforschung. Grundlagenreflexionen und Anwendungsfelder. Schöningh, Paderborn, S. 229-242.

Benner, Dietrich/Göstemeyer, Karl-Franz/Sladek, Horst (2000): Bildungstheorie und Unterricht. Untersuchungen zum Verhältnis von systematischer Pädagogik, Lehrplanlegitimation und Didaktik in SBZ und DDR. In: Merkens, Hans/Benner, Dietrich: Schlussbericht der Forschergruppe Bildung und Schule im Transformationsprozess von SBZ, DDR und neuen Ländern. Untersuchungen zu Kontinuität und Wandel. Berlin, ohne durchgehende Paginierung.

Benner, Dietrich/Krause, Sabine/Nikolova, Roumiana/Pilger, Tanja/Schluß, Henning/Schieder, Rolf/Weiß, Thomas/Willems, Joachim (2007): Ein Modell domänenspezifischer religiöser Kompetenz. Erste Ergebnisse aus dem DFG-Projekt RU-Bi-Qua. In: Benner, Dietrich (Hrsg.): Bildungsstandards. Instrumente zur Qualitätssicherung im Bildungswesen. Chancen und Grenzen – Beispiele und Perspektiven. Paderborn, S. 141-156.

Benner, Dietrich/Tenorth, Heinz-Elmar (1996): Bildung zwischen Staat und Gesellschaft. In: Zeitschrift für Pädagogik. 42. Jg., S. 3-14.

Berger, Eduard/Demke Christoph (2001): Die Wunder des Geistes riskieren! Thesen zur Kirchenreform in Ostdeutschland. Deutsches Pfarrblatt 101, S. 395-397.

Berger, Peter L. (1980): Religion: Der Zwang zur Häresie. Religion in der pluralistischen Gesellschaft, Frankfurt/M.

Berliner Zeitung (1999) Lehrer bekommen genauere Vorgaben. Do. 27. 5. 1999.

Bertelsmann Stiftung (Hrsg.) (2007): Religionsmonitor 2008.

Bertelsmann Stiftung (Hrsg.) (2008): Deutschland – (k)ein Land der Gottlosen? Der neue Religionsmonitor der Bertelsmann Stiftung zum Stand von Religion und Glauben in Deutschland. Zusammenfassung der Ergebnisse. http://www.bertelsmann-stiftung.de/bst/de/media/dtl_ergebnisse-im-ueberblick.pdf

Besier, Gerhard (1995): Der SED-Staat und die Kirche 1069-1990. Propyläen, Frankfurt am Main.

Biermann, Wolf (1997): Wie man Verse macht und Lieder. Eine Poetik in acht Gesängen. Kiepenheuer & Witsch, Köln.

Birthler, M.: Das neue Brandenburger Unterrichtsfach „Lebensgestaltung – Ethik – Religion". In: Ethik und Unterricht 1992/2, S. 40-42.

Böckenförde, Ernst-Wolfgang (1976): Die Entstehung des Staates als Vorgang der Säkularisation. In: Ders. (Hrsg.): Staat, Gesellschaft, Freiheit. Studien zur Staatstheorie und zum Verfassungsrecht. Frankfurt a.M., S. 42-64.

Boff, Leonardo (1991): Gott kommt früher als der Missionar. Neuevangelisierung für eine Kultur des Lebens und der Freiheit. Düsseldorf.

Bonhoeffer, Dietrich (1981): Ethik. Hrsg. von Eberhard Bethge. 6. Aufl. Ch. Kaiser, München.

Bonhoeffer, Dietrich (1982): Widerstand und Ergebung, EVA Berlin, 5. Auflage.

Bonhoeffer, Dietrich (1998): Widerstand und Ergebung DBW 8. München.

Boos-Nünning, Ursula (1972): Dimensionen der Religiosität: Zur Operationalisierung und Messung religiöser Einstellungen. München/Mainz: Kaiser/Grünewald, 17-27.

Borck, Karin/Schluß, Henning (2009): Religion unterrichten in Brandenburg. In: Schröder, Bernd/Rothgangel, Martin Regionalisierung des Religionsunterrichts. (im Druck) xxx.

Braun, Christina von/Gräb, Wilhelm/Zachhuber, Johannes (Hrsg.) (2007): Säkularisierung. Bilanz und Perspektiven einer umstrittenen These, Lit-Verlag, Münster.

Braunmühl, Ekkehard von (1978): Zeit für Kinder. Theorie und Praxis von Kinderfeindlichkeit, Kinderfreundlichkeit, Kinderschutz. Frankfurt am Main.

Brecht, Martin (1985): Der Vermittlungsversuch des Erasmus und Luthers Widerspruch. In: O.H. Pesch (Hrsg.): Humanismus und Reformation – Martin Luther und Erasmus von Rotterdam in den Konflikten ihrer Zeit. Freiburg, S. 71-90.

Brecht, Martin (1991): Luther I. TRE, Bd. 21, Berlin, S. 513-530.

Breinbauer, Ines Maria (1999): Ethikunterricht – ein Anachronismus? In: Volker Ladenthin/Reinhard Schilmöller (Hrsg.) (1999): Ethik als pädagogische Aufgabe (Festschrift für Aloysius Regenbrecht). Leske+Budrich, Leverkusen, S. 203-222.

Breinbauer, Ines Maria (2000): Braucht denn die Vernunft Attribute? In: Helmer/Meder/Meyer-Drawe/Vogel (2000), S. 70-93.

Breitel, Heide/Metzger, Margit/Ziener, Gerhard (2006): „Die Nacht wird hell" – Kompetenzorientierter Religionsunterricht nach Bildungsstandards. Evangelischen Medienhaus GmbH, Stuttgart.

Brüggen, Friedhelm (1986): Freiheit und Intersubjektivität. Ethische Pädagogik bei Kant und Schleiermacher, Münster, Habilitationsschrift.

Brugger, Winfried/Huster, Stefan (1998) (Hrsg.): Der Streit um das Kreuz in der Schule. Zur religiös-weltanschaulichen Neutralität des Staates. Interdisziplinäre Studien zu Recht und Staat, Bd. 7, Baden-Baden.

Brumlik, Micha (2004): Die anthropologischen Wurzeln der Religion und die Multireligiosität der Weltgesellschaft. In: Wulf/Macha/Liebau (2004), S. 235-242.

Brumlik, Micha (2006): „Kultur" ist das Thema – Pädagogik als kritische Kulturwissenschaft. In: Zeitschrift für Pädagogik, Jg. 52, H. 1, S. 60-68.

Bubmann, Peter (2004a): Einführung in die christliche Lebenskunst – oder: „Wie kirchlich soll die Religionspädagogik sein?" In: Thomas Schlag/Friedrich Schweitzer (Hrsg.): Religionspädagogik im 21. Jahrhundert. Herausforderungen und Zukunftsperspektiven (RpG; 4), Gütersloh, S. 130-142.

Bubmann, Peter (2004b): Gemeindepädagogik als Anstiftung zur Lebenskunst. In: PTh 93, S. 99-114.

Bucher, Anton (2002): Kindertheologie: Provokation? Romantizismus? Neues Paradigma? In: Bucher/Büttner/Freudenberger-Lötz/Schreiner (2002), S. 9-27.

Bucher, Anton/Büttner, Gerhard/Freudenberger-Lötz, Petra/Schreiner, Martin (Hrsg.) (2002): »Mittendrin ist Gott« – Kinder denken nach über Gott, Leben und Tod. Jahrbuch für Kindertheologie Band 1, Calwer-Verlag, Stuttgart.

Bucher, Anton/Büttner, Gerhard/Freudenberger-Lötz, Petra/Schreiner, Martin (2003a): „Im Himmelreich ist keiner sauer" – Kinder als Exegeten. Jahrbuch für Kindertheologie Band 2, Calwer-Verlag, Stuttgart.

Bucher, Anton/Büttner, Gerhard/Freudenberger-Lötz, Petra/Schreiner, Martin (2003b): Vorwort – Das Kind in der Mitte. In: Dies. (Hrsg.) (2003a), S. 7-8.

Büttner, Gerhard: Das Jesuskind zwischen Christkind und Weihnachtsmann – Untersuchungen zur Genese der Weihnachtsfiguren bei Vorschulkindern. In Bucher/Büttner/Freudenberger-Lötz/Schreiner (2002), S. 28-41.

Büttner, Gerhard (2007): Kindertheologie – beobachtet. Dekonstruktive Ansichten. In Theo-Web, 6. Jg. H.1, S. 2-11.

Bundeszentrale für politische Bildung (Hrsg.) (1995): Grundgesetz für die Bundesrepublik Deutschland. Bonn.

Carstens, Lars O. (1999): Luther als Pädagoge. Studien zur Relevanz pädagogischer Grundgedanken Martin Luthers in einer wertunsicheren Welt. Aachen.

Caruso, Marcelo (2006): Der umgekehrte Pfeil. Analytische und politische Potentiale der Idee einer 'Bildungsgesellschaft'. In: Zeitschrift für Pädagogik, Jg. 52, H. 1, S. 19-26.

Clarke, Samuel (1990): Briefwechsel mit G. W. Leibnitz von 1715/1716, Hrsg. Von E. Dellian, Hamburg.

Demke, Christoph (1996): Streitpunkt Christenlehre – LER – Religionsunterricht – Randbemerkungen zu einer verwirrenden Diskussion aus der Sicht eines Bischofs. In: BTh, S. 209-212.

Demke, Christoph (1997): Institution im Übergang. Kirchenleitung nach der Wende in Ostdeutschland. In: Evangelische Theologie, S. 119-132.

Demke, Elena (2007): Indoktrination als Code in der SED-Diktatur. In: Schluß 2007a, S. 35-48.

Deutsche Shell (Hrsg.) (2000): Jugend 2000 Bd.1, Opladen, S. 157-180.

Dewey, John (1916/1993): Demokratie und Erziehung. Eine Einleitung in die philosophische Pädagogik. Weinheim/Basel.

Die Bibel. Einheitsübersetzung, Stuttgart, 1988.

Die Bibel. Revidierte Lutherübersetzung von 1984. Evangelische Haupt-Bibelgesellschaft, Berlin und Altenburg 1990.

Die deutschen Bischöfe (1996): Die bildende Kraft des Religionsunterrichtes. Zur Konfessionalität des katholischen Religionsunterrichts. (56), Bonn.

Doedens, Folkert (2000): Hamburger Modell: Religionsunterricht für alle; in: Goßmann, H. Chr./Ritter, A. (Hrsg.): Interreligiöse Begegnungen – ein Lernbuch für Schule und Gemeinde. Hamburg S. 30-54.

Doedens, Folkert (o.J.): Gemeinsame Grundsätze der Religionsgemeinschaften für einen interreligiösen Religionsunterricht? – Der Hamburger Weg: Religionsunterricht für alle http://www.hamburger-bildungsserver.de/relphil/pti/downloads/rufalle.doc

Doedens, Folkert (2009): Der Hamburger Weg – Religionsunterricht für alle – Thesen. In: Schluß 2009a, S. 54-56.

Doedens, Folkert/Weiße, Wolfram (1997) (Hrsg.): Religionsunterricht für alle – Hamburger Perspektiven zur Religionsdidaktik. Münster.

Doedens, Folkert/Weiße, Wolfram (2007): Religion unterrichten in Hamburg, in: Theo-Web. Jg. 6, H.1, S. 50-67.

Domsgen, Michael (2004): Familie und Religion. Grundlagen einer religionspädagogischen Theorie der Familie (APrTh 26), Leipzig.

Domsgen, Michael (2005a): Religionsunterricht und Familie in Ostdeutschland. Überlegungen zu einem vernachlässigten Verhältnis, in: Zeitschrift für Pädagogik und Theologie Jg. 57, H. 1, S. 65-77.

Domsgen, Michael (2005b) (Hrsg.): Konfessionslos – eine religionspädagogische Herausforderung. Studien am Beispiel Ostdeutschlands, Leipzig 2005.

Domsgen, Michael (2008): Grundlegende Einsichten verwirklichen. Überlegungen zur Profilierung christlicher Schulen als Bildungsorte. In: Schreiner (2008b), S. 119-134.

Doyé, Götz/Keßler, Hildrun (2002) (Hrsg.): Konfessionslos und religiös – gemeindepädagogische Perspektiven. Leipzig.

Doyé, Götz/Scheilke, Christoph (1997): Bildung und Religion in der allgemeinbildenden Schule für alle Kinder und Jugendlichen. Neue Sammlung 37, S. 165-186.

Doyé, Katharina (2006): Jugend ohne Gott? Zur Religiosität von Jugendlichen. In: Doyé/Spenn/Zampich (2006), S. 14-18.

Doyé, Katharina/Spenn, Matthias/Zampich, Dirk (2006) (Hrsg.): Die Religionsphilosophischen Projektwochen – Ethisch-religiöse Bildung mit Schülerinnen und Schülern. Bd. 1 der Reihe: Schnittstelle Schule, Impulse evangelischer Bildungspraxis. Comenius Institut Münster.

Dressler, Bernhard (2003a): Darstellung und Mitteilung. Religionsdidaktik nach dem Traditionsabbruch. In: Klie, Thomas/Leonhard, Silke (Hrsg.): Schauplatz Religion. Grundzüge einer Performativen Religionsdidaktik. Leipzig 2003, S.152-165.

Dressler, Bernhard (2003b): Die „Gestaltqualität" des Religionsunterrichts – ein Aufgabenfeld für die Forschung? In: Fischer/Elsenbast/Schöll (2003), S. 51-61.

Dressler, Bernhard (2006): Unterscheidungen. Religion und Bildung. Forum Theologische Literaturzeitung. 18/19. EVA, Leipzig.

Drieschner, Frank (2003): Ein Opfer für das Abendland. Der Streit um ein islamisches Symbol gefährdet eine christliche Klosterschule. Die Zeit, Nr. 42, S. 5.

Ebeling, Gerhard (1960): Luther II. Theologie. RGG, Tübingen, 3. Aufl., S. 495-520.

Eckerle, Sandra (2002): Gottesbild und religiöse Sozialisation im Vorschulalter. Eine empirische Untersuchung zur religiösen Sozialisation von Kindern. In: Bucher/Büttner/Freudenberger-Lötz/Schreiner (2002), S. 57-68.

EG (1995): Evangelisches Gesangbuch. Ausgabe für die Landeskirchen in Bayern und Thüringen. Hrsgg. von der Ev. Lutherischen Kirche in Bayern, Ev. Presseverband für Bayern e.V., München und Weimar.

Ehrhardt, Christiane (2005): Religion, Bildung und Erziehung bei Schleiermacher. V&R unipress GmbH.

EKBO (2007) (Hrsg.): Rahmenplan für den Evangelischen Religionsunterricht in den Jahrgangsstufen 1-10.

EKD (Hrsg.) (1993): Fremde Heimat Kirche – Umfrage der EKD, Hannover.

EKD (Hrsg.) (1994): Identität und Verständigung. Standort und Perspektiven des Religionsunterrichts in der Pluralität, Gütersloh.

EKD (Hrsg.) (1998): Fremde Heimat Kirche. Hannover.

EKD (2001): http://www.ekd.de/EKD-Texte/2134_ler_stellungnahme_2001.html (abgerufen am 24.10.2005).

EKD (2001a): Reden von Gott in der Welt – Der missionarische Auftrag der Kirche an der Schwelle zum 3. Jahrtausend. (http://www.ekd.de/EKD-Texte/2059_evangelium_kundgebung_2001.html), abgerufen am 24.10.2005.

EKD (2001b) Das Evangelium unter die Leute bringen – Zum missionarischen Dienst der Kirche in unserem Land (http://www.ekd.de/EKD-Texte/2059_evangelium_unter_leute_2001.html) abgerufen am 24.10.2005.

EKD (2003) (Hrsg.): Weltsichten – Kirchenbindung – Lebensstile. Vierte EKD-Erhebung über Kirchenmitgliedschaft. Hannover. http://www.ekd.de/download/kmu_4_internet.pdf

EKD (2007): Klarheit und gute Nachbarschaft – Christen und Muslime in Deutschland. http://www.ekd.de/download/ekd_texte_86.pdf

EKiBB (1994): http://www.ekibb.weitblick.de/info.doku/doku.6/ (abgerufen am 4.8.2001).

EKiBB (1999) (Hrsg.): Statistischer Bericht 1999 der Evangelischen Kirche in Berlin-Brandenburg. Berlin.

EKiBB (2000): Leitlinien kirchlichen Handelns in missionarischer Situation. Beschlossen von der Landessynode am 18. November 2000. (http://www.bb-evangelisch.de/WGDT/index.htm) abgerufen 24.5.2003.

EKiBB (2001): http://www.ekibb.com/info/religion.htm (abgerufen 4. 8. 2001).

Ellger-Rüttgardt (1995): Historische Aspekte der gemeinsamen Bildung behinderter Kinder und Jugendlicher. In: Die Sonderschule 40. Jg., S. 421-435.

Ellger-Rüttgardt (1997): Integration Behinderter – Dauerproblem für die Behindertenpolitik. In: Textor, M. (Hrsg.): Aktuelle Fragen der Sozialpolitik. Hof, S. 177-190.

Elsenbast, Volker/Fischer, Dietlind (Hrsg.) (2007): Stellungnahmen und Kommentare zu „Grundlegende Kompetenzen religiöser Bildung". Münster.

Engelhardt, Klaus/Loewenich, Hermann von/Steinacker, Peter (Hrsg.) (1997): Fremde Heimat Kirche. Die dritte EKD-Erhebung über Kirchenmitgliedschaft. Gütersloh.

Englert, Rudolf (2000): Haben wir die Theorien, die zu unserer Geschichte passen? Religionspädagogische Konzepte vor dem Hintergrund glaubensgeschichtlicher Erfahrungen. In: D. Dormeyer/H. Mölle/Th. Ruster (Hrsg.): Lebensgeschichte und Religion, Münster, S. 221-236.

Englert, Rudolf (2002): Performativer Religionsunterricht!? – Anmerkungen zu den Ansätzen von Schmid, Dressler und Schoberth. In: Religionsunterricht an höheren Schulen, 45 (2002) 1, S. 32-36.

Englert, Rudolf (2003): Vom Umgang mit Tradition im Zeichen religiöser Pluralität. In: Zeitschrift für Pädagogik und Theologie, Jg. 55, S. 137-150.

Englert, Rudolf (2004): Bildungsstandards für „Religion". Was eigentlich alles wissen sollte, wer solche formulieren wollte. In: Religionspädagogische Beiträge 53, S. 21-32.

Englert, Rudolf (2006): Religion reflektieren – nötiger denn je. ‚Religion inszenieren' und ‚Religion reflektieren' – Eine Alternative? In: Kirche und Schule H. 09, S. 9-14.

Erhardt, Christiane (2005): Religion, Bildung und Erziehung bei Schleiermacher. Eine Analyse der Beziehungen und des Widerstreits zwischen den „Reden über die Religion" und den „Monologen". V & R unipress, Göttingen.

Falcke, Heino (1972/1986): Christus befreit – darum Kirche für andere. In: Ders.: Mit Gott Schritt halten. Berlin, S. 12-32.

Fauth, Dieter (1994): Lernen in der „Schule Gottes" dargestellt vor allem an Quellen von Martin Luther und dem protestantischen Dissidentismus. In: Paedagogica historica, Jg. 30 H. 2, S. 477-504.

Fauth, Dieter (1999): Religion als Bildungsgut – Sichtweisen weltanschaulicher und religiöser Minderheiten. Würzburg 1999.

Fauth, Dieter (2000): Religion als Bildungsgut – Sichtweisen in Staat und evangelischer Kirche. Würzburg 2000.

Fauth, Dieter (2003); Staat und Kirche im werdenden Europa – Nationale Unterschiede und Gemeinsamkeiten; Religion und Kultur Verlag, Würzburg.

Feige, Andreas (2006): »Religiöse Emanzipation zu etwas – nicht von etwas« – Empirische Ergebnisse zur beruflichen Zielsetzung evang. Religionslehrer/innen. In: Rupp/Scheilke 2006, S. 57-66.

Feige, Andreas (2007): Was mir wichtig ist im Leben – Ansichten zu Alltagsethik, Werten und Religion bei Auszubildenden. Vortragsmanuskript Tagung der Ev. Berufsschularbeit/ Jugendbildungsstätte Haus Kreisau am 6. Oktober in Berlin.

Feil, Ernst (2005): Die Theologie Dietrich Bonhoeffers: Hermeneutik, Christologie, Weltverständnis. LIT-Verlag, Berlin-Hamburg-Münster.

Feldtkeller, Andreas (1999): Pluralismus – was nun? Eine missionstheologische Standortbestimmung. In: Andreas Feldtkeller/Theo Sundermeier, Mission in pluralistischer Gesellschaft, Frankfurt a. M., S. 26-52.

Feyerabend, Paul (1995): Wider den Methodenzwang. Frankfurt a.M. 5. Aufl.

Fichte, Johann G. (1796/1971): Grundlage des Naturrechts, in: Fichtes Werke, hg. von Immanuel H. Fichte, Bd. 3, Berlin.

Fichte, Johann G. (1796/1962): Grundlage des Naturrechts. In: (Ders.): Ausgewählte Werke in sechs Bänden, hrsg. von F. Medicus, Bd. 2, Darmstadt.

Fietze, Katharina (1996): Frauenbildungskonzepte im Renaissance-Humanismus. In: Kleinau, Elke (Hrsg.): Geschichte der Mädchen und Frauenbildung. Bd. 1. Vom Mittelalter bis zur Aufklärung. Frankfurt. S. 121-134.

Fischer B.-R. (1995): Die Folgen der Indoktrination an den Schulen der DDR. Anhörung vor der Enquete-Kommission des Deutschen Bundestages. In: Deutscher Bundestag 13. Wahlperiode. Enquete-Kommission "Überwindung der Folgen der SED-Diktatur im Prozeß der deutschen Einheit". Protokoll Nr. 12, S. 96-103.

Fischer, Dietlind/Elsenbast, Volker (Redaktion) (2006): Grundlegende Kompetenzen religiöser Bildung. Zur Entwicklung des evangelischen Religionsunterrichts durch Bildungsstandards für den Abschluss der Sekundarstufe I. Münster.

Fischer, Dietlind/Elsenbast, Voler/Schöll, Albrecht (Hrsg.) (2003): Religionsunterricht erforschen. Beiträge zur empirischen Erkundung religionspädagogischer Praxis. Waxmann, Münster/New York/ München/ Berlin.

Fischer, Johannes (1994): Pluralismus, Wahrheit und die Krise der Dogmatik. In: Zeitschrift für Theologie und Kirche, Jg. 91, 487-539.

Fischer, Wolfgang (1996): Ist Ethik lehrbar? In: Zeitschrift für Pädagogik. 42. Jg., S. 17-30.

Flöter, Jonas/Wartenberg, Günther (2004): Die sächsischen Fürsten- und Landesschulen – Interaktion von lutherisch-humanistischem Erziehungsideal und Eliten-Bildung. Universitätsverlag, Leipzig.

Jonas Flöter/Christian Ritzi (2009), (Hrsg.): Das Joachimthalsche Gymnasium. Beiträge zum Aufstieg und Niedergang der Fürstenschule der Hohenzollern. Klinkhart, Bad Heilbrunn.

Franke, Elk (2000): Der Sport – die Religion des 20. Jahrhunderts? In H. Schwaetzer (Hrsg.): Explicato mundi – Aspekte theologischer Hermeneutik. Roderer-Verlag, Regensburg, S. 219-239.

Fricke, Michael (2003): „Wenn Gott der Bestimmer wäre..." – Eine Schülerinnengruppe spricht über die biblische Schöpfungserzählung. In: Bucher/Büttner/Freudenberger-Lötz/Schreiner (2003a), 46-53.

Frost, Ursula (1993): Die Wahrheit des Strebens – Grundlagen und Voraussetzungen der Pädagogik Friedrich Schleiermachers. In: Vierteljahrsschrift für wissenschaftliche Pädagogik. 69. Jg., S. 466-489.

Freudenberger-Lötz (2007a) Theologische Gespräche mit Kindern – Untersuchungen zur Professionalisierung Studierender, Calwer, Stuttgart.

Freudenberger-Lötz (2007b) Theologische Gespräche mit Kindern – Chancen und Herausforderungen für die Lehrer/innenausbildung. In: Theo-Web, Jg. 6 H.1, S. 12-20.

Fühmann, Franz (1993): Das mythische Element in der Literatur. In: Ders.: Marsyas – Mythos und Traum, Leipzig, S. 400-460.

Führer, Caritas (1998): Die Montagsangst, Kiepenheuer & Witsch, Köln.

Furian, Hans-Otto (2005): Vom Kirchenkampf zum Christuskampf – Kirchliches Leben in der östlichen Neumark 1933 bis 1945. Wichern, Berlin.

Gabriel, Karl (1996): Religiöse Individualisierung oder Säkularisierung, Gütersloh.

Gabriel, Karl (2000): Religionssoziologie: Religion zwischen Säkularisierung, Individualisierung und Deprivatisierung. In: Soziologische Revue. Sonderheft 5. S. 244-254.

Gennep, Arnold van (1909(1986): Übergangsriten. Frankfurt am Main.

Gericke, Wolfgang (1989): Theologie und Kirche im Zeitalter der Aufklärung. Kirchengeschichte in Einzeldarstellungen Bd. III/2. EVA, Berlin (Ost).

Glaser, Barney G./Strauss Anselm L. (1979): Die Entdeckung gegenstandsbezogener Theorie: Eine Grundstategie qualitativer Sozialforschung. In: Hopf/Weingarten: Qualitative Sozialforschung, Klett-Cotta, Stuttgart.

Glock, Charles Y. (1969): Über die Dimensionen der Religiosität, in: Matthes, Joachim: Kirche und Gesellschaft. Einführung in die Religionssoziologie II. Reinbek bei Hamburg: Rowohlt, 150-168.

Gloy, H. (1997): Dem interreligiösen Religionsunterricht gehört die Zukunft. Neue Sammlung 37/1997, S. 231-253.

Goebel, Klaus (1985): Luther als Reformer der Schule. In Goebel, Klaus (Hrsg.): Luther in der Schule – Beiträge zur Erziehungs- und Schulgeschichte, Pädagogik und Theologie. Bochum, S. 7-26.

Goerlich, Helmut (2000): Art. 141 GG als zukunftsgerichtete Garantie der neun Länder und die weltanschauliche Neutralität des Bundes. In: Neue Zeitschrift für Verwaltungsrecht 19. Jg., S. 819-822.

Golz, Reinhard (1996): Zur Rezeption Luthers und Melanchthons in ausgewählten deutschen „Geschichten der Pädagogik" des 19. und 20. Jahrhunderts. In: Golz, Reinhard (Hrsg.): Luther und Melanchthon im Bildungsdenken Mittel- und Osteuropas. Münster, S. 327-365.

Graf, Friedrich Wilhelm 2004: Die Wiederkehr der Götter – Die Religion in der modernen Kultur. München.

Gräb, Wilhelm/Weyel, Birgit (2002) (Hrsg.): Praktische Theologie und protestantische Kultur. Gütersloher Verlagshaus.

Gräb, Wilhem (2008): Religiöse Bildung als Teil der Allgemeinbildung: Das Konzept der Spiritualität. In: Schreiner, Martin (Hrsg.): Religious literacy und evangelische Schulen. Waxmann, Münster, S. 25-42.

Grethlein, Christian (1999a): Die Verantwortung der Kirche für Bildung in einer pluralistischen Gesellschaft. In: Ammer, Chr./Karpinski, H. (Hrsg.): Die Zukunft lieben. Herausforderung zum verantwortlichen Handeln, Leipzig, S. 81-92.

Grethlein, Christian (1999b): Religionspädagogik vor alten und neuen Herausforderungen. In: Zeitschrift für Theologie und Kirche 96/1, S. 136-160.

Grethlein, Christian (2004): Eine fundamental-religionspädagogische Herausforderung: Was heißt „Religion" in der Religionspädagogik? In: Elsenbast, Volker u.a. (Hrsg.): Wissen klären Bildung stärken. Münster, S. 343-346.

Grethlein, Christian (2006): Lernorte religiöser Bildung. In: R. Schmidt-Rost/ N. Dennerlein/U. Hahn (Hrsg.): Profilierte Bildung – Der Beitrag der christlichen Kirchen zu den Bildungsaufgaben der Gegenwart. Hannover, S. 29-45.

Grethlein, Christian (2007a): „Religiöse Kompetenzen" oder „Befähigung zum Christsein" als Bildungsziel des Religionsunterrichts? In: Zeitschrift für Pädagogik und Theologie Jg. 59, S. 64-76.

Grethlein, Christian (2007b): Islamischer Religionsunterricht. In: Althaus, R./Lüdicke, K./ Pulte, M. Kirchenrecht und Theologie im Leben der Kirche (BzMK 50), Essen, S. 173-187.

Grammes, Tilman (2000): „Inseln". Lehrstücke und Reflexionsräume für Werte-Bildung in der didaktischen Tradition. In: Breit, Gotthard/Schiele, Siegfried (Hrsg.): Werte in der politischen Bildung. Schwalbach/Ts., S. 354-373.

Grünberg, W. (1994): Das befreite Gewissen als Basis der Vernunft – Anmerkungen zu Luthers Katechismuskonzeption. In: Liedtke, Max (Hrsg.): Religiöse Erziehung und Religionsunterricht. Bad Heilbrunn, S. 163-172.

Gruehn, Sabine (2009): Die Rolle der Religion(en) in Konzept und Praxis von LER (Lebensgestaltung-Ethik-Religionskunde) In: Schluß 2009a, S. 35-38.

Gruner, Petra/Kluchert, Gerhard (2001): Erziehungsabsichten und Sozialisationseffekte. Die Schule der SBZ und früheren DDR zwischen politischer Instrumentalisierung und institutioneller Eigenlogik. In: Zeitschrift für Pädagogik. 47. Jg., S. 859-868.

Gruschka, Andreas; Herrmann, Ulrich; Radtke, Frank-Olaf (2006): Das Bildungswesen ist kein Wirtschafts-Betrieb! Fünf Einsprüche gegen die technokratische Umsteuerung des Bildungswesens. In: Frost, Ursula (Hrsg.): Unternehmen Bildung. Paderborn u.a.: Schöningh, S. 12-15.

Habermas, Jürgen (2001): Glauben und Wissen. Suhrkamp, Frankfurt M., http://www.glasnost.de/docs01/011014habermas.html

Hammerstein, Notker (1996): Die historische und bildungsgeschichtliche Physiognomie des konfessionellen Zeitalters (besonders II). In: Ders. (Hrsg.): Handbuch der deutschen Bildungsgeschichte. München, S. 61-70.

Hanisch, Helmut/Pollack, Detlef (1997): Religion – ein neues Schulfach. Eine empirische Untersuchung zum religiösen Umfeld und zur Akzeptanz des Religionsunterrichts in den neuen Bundesländern. Stuttgart.

Hanisch, Helmut/Kinder, Jochen (2003): Religions- und Ethikunterricht im Freistaat Sachsen aus statistischer Sicht. In: Domsgen, Michael; u.a. (Hrsg.): Religions- und Ethikunterricht in der Schule mit Zukunft. Bad Heilbrunn/Obb: Verlag Julius Klinkhardt, S. 191-214.

Häusler, Ulrike (2007): Religion unterrichten in Berlin. In: Theo-Web. Zeitschrift für Religionspädagogik Jg. 6, H. 1, 25-49. http://www.theo-web.de/zeitschrift/ausgabe-2007-01/5.pdf

Heckmann, Dirk (1999): Verfassungsmäßigkeit des Ethikunterrichts – BverwG, DVBl 1998, 1344. In: Juristische Schulung H. 3, S.228-234.

Heid, Helmut (1994): Nicht zu fassen. Zur Frage der Bestimmung und Beurteilung von Werthaltungen in Schule und Betrieb. In: Twardy, M. (Hrsg.): Beurteilung in Schule und Betrieb. Köln, S. 3-25.

Heimbrock, Heins Günther (1998): Identifikation oder Differenz. Wie weit kommt man in den Mokassins eines Fremden? In Ders. (Hrsg.): Religionspädagogik und Phänomenologie. Von der empirischen Wendung zur Lebenswelt. Weinheim, S. 112-129.

Heimbrock, Heins Günther (2004): Religionsunterricht im Kontext Europa. Kohlhammer Verlag, Stuttgart.

Heintze, Gerhard (1958): Luthers Predigt von Gesetz und Evangelium. München.

Heitger, Marian (1991): Braucht Bildung Religion? Braucht Religion Bildung? In: Ders. (Hrsg.): Bildung zwischen Glaube und Wissen. Insbruck – Wien, S. 89-112.

Helmer, Karl/Meder, Norbert/Meyer-Drawe, Käte/Vogel Peter (Hrsg.) (2000). Spielräume der Vernunft. (Jörg Ruhloff zum 60.Geburtstag). Königshausen & Neumann, Würzburg.

Henkys, Jürgen/Schweitzer, Friedrich (1998): Eine Geschichte, die weiter zurückreicht: ost- und westdeutsche Katechetik und Religionspädagogik 1945 bis 1990 als Teil einer längeren gemeinsamen Geschichte. In: Leschinsky, Achim/Kluchert, Gerhard (Hrsg.) (1998): Christenlehre und Religionsunterricht – Interpretationen zu ihrer Entwicklung 1945-1990. Weinheim: Deutscher Studien-Verlag, S. 185-198.

Hentig, Hartmut von (1996): Bildung, München.

Hentig, Hartmut von (1999): Ach die Werte. München, 2. Aufl.

Heydorn, Heinz-Joachim (1969/1980): Ungleichheit für alle – Zur Neufassung des Bildungsbegriffs. Bildungstheoretische Schriften Band 3, Frankfurt/M., S. 7-62. (Zuerst erschienen in: Erziehungswissenschaftliches Handbuch, hrsg. von Th. Ellwein u.a., Berlin 1969).

Herbart, Johann Friedrich (1804/1982): Über die ästhetische Darstellung der Welt als das Hauptgeschäft der Erziehung. In Ders.: Kleinere pädagogische Schriften. (hrsg. von Walter Asmus), Stuttgart, 2. Aufl., S. 105-121.

Herbart, Johann Friedrich (1806/1965): Allgemeine Pädagogik. In: J.F. Herbart. Pädagogische Schriften. Hgg. von W. Asmus Bd. II. Düsseldorf/München.

Herbart, Johann Friedrich (1806/1984): Allgemeine Pädagogik aus dem Zweck der Erziehung abgeleitet. In: Johann Friedrich Herbart. Pädagogische Schriften, hrsg. von W. Asmus. Stuttgart.

Herbst, Michael (2006): Gemeinde missionarisch entwickeln. Vortrag auf dem zweiten Forum der Evangelischen Landeskirche in Baden, Rastatt den 4. Februar (http://www-alt.uni-greifswald.de/~theol/~ieeg/downloads/Vortrag_Prof._Herbst_FORUM_GE-MEINDE_MISSIONARISCH_ENTWICKELN.pdf).

Hermelink, Jan (2002): Fremde Heimat Religion. Kulturen kirchlichen Lebens in Ostdeutschland. In: Praktische Theologie, Jg. 37, S. 99-116.

Herms, Eilert (1987): Luther und Freud – Ein Theorievergleich. In: Wege zum Menschen Jg. 39, H. 5, S. 280-297.

Hesselberger, Dieter (1996): Das Grundgesetz. Kommentar für die politische Bildung. Bonn, 10.Aufl..

Heumann, Jürgen/Schulte, Andrea (1998): Religion in Alltags- und Gebrauchskulturen. Film, Werbung, Video. Oldenburg.

Heydorn, Heinz-Joachim (1969/1980): Ungleichheit für a l l e . Zur Neufassung des Bildungsbegriffs. Bildungstheoretische Schriften Band 3, Frankfurt/M., S. 7-62. (Zuerst erschienen in: Erziehungswissenschaftliches Handbuch, hrsg. von Th. Ellwein u.a., Berlin.

Hilger, Georg/Dregelyi, Anja (2002): Gottesvorstellungen von Jungen und Mädchen – ein Diskussionsbeitrag zur Geschlechterdifferenz. In: Bucher/Büttner/Freudenberger-Lötz/Schreiner (2002), S. 69-78.

Höffe, Ottfried (1979): Ethikunterricht in pluralistischer Gesellschaft. In: Ders.: Ethik und Politik. Frankfurt a.M., S.453-479.

Höffe, Ottfried (1995): Ethikunterricht in der pluralistischen Demokratie. In: Treml, Alfred (Hrsg): Ethik macht Schule. Frankfurt a.M., S. 30-34.

Hofmann, Manfred (1985): Erasmus im Streit mit Luther. In: O.H. Pesch (Hrsg.): Humanismus und Reformation – Martin Luther und Erasmus von Rotterdam in den Konflikten ihrer Zeit. Freiburg, S. 91-118.

Hoenen, Raimund (2003): Vom Religionsunterricht zur kirchlichen Unterweisung – Otto Güldenberg und die Anfänge der ostdeutschen Katechetik. EVA, Leipzig.

Hörisch, Jochen (1997): Das letzte Abendmahl – Kapitalismus als Religion, DIE ZEIT, 26. 12. S. 43.

Huber, Wolfgang (1975): Welche Volkskirche meinen wir? In: LM 14.

Huber, Wolfgang (1996a): „Bischofsbrief" Berlin, Ostern.

Huber, Wolfgang (1996b): Religion und Ethik in der Schule – Zur grundsätzlichen Bedeutung einer aktuellen Debatte. In: ZEE 40. Jg. S. 82-93.

Huber, Wolfgang / Sterzinsky, G. Kardinal (1996): Gemeinsame Stellungnahme der Evangelischen Kirche in Berlin-Brandenburg und des Erzbistums Berlin zum Entwurf des brandenburgischen Landesschulgesetzes. In: CRP 1/96, S. 19.

Huber, Wolfgang (2005): „Das Vermächtnis Dietrich Bonhoeffers und die Wiederkehr der Religion – Vorlesung in Stettin.

Huber, Wolfgang (2007): Stellungnahme des Ratsvorsitzenden der EKD zu dem Band: „Evangelisch aus fundamentalem Grund". http://www.presseportal.de/pm/55310/1061667/ekd_evangelische_kirche_in_deutschland

Huber, Wolfgang und Graf, Friedrich Wilhelm (1991): Konfessorische Freiheit oder relativistische Offenheit? Ein theologisches Streitgespräch. In: Evangelische Kommentare H. 11, S. 669-673.

Humboldt, Wilhelm von (1960): Ideen zu einem Versuch, die Gränzen der Wirksamkeit des Staats zu bestimmen. In: Humboldt, Wilhelm von: Werke in fünf Bänden. Herausgegeben von Andreas Flitner und Klaus Giel. Bd. 1, Darmstadt.

Huster, Stefan (2001): Staatliche Neutralität und schulische Erziehung. Einige Anmerkungen aus verfassungsrechtlicher und sozialphilosophischer Sicht. In: Neue Sammlung 41. Jg., S. 399-424.

Initiativkreis „Kontextuelle Evangelisation im gesellschaftlichen Wandel" (2002): Auf die missionarischen Herausforderungen des kirchlichen Alltags vorbereiten. Was sich in der Ausbildung von Pfarrerinnen und Pfarrern ändern muss, in: PTh 91/2002, S. 126-136.

Jackson, Robert (2007); Religion and Education in Europe – Religious Diversity and Education in Europe. Waxmann-Verlag, Münster.

Jörns, K.-P. (1997): Die neuen Gesichter Gottes – Was die Menschen heute wirklich glauben. München.

Jüngel, Eberhard (1977/1978), Gott als Geheimnis der Welt. Zur Begründung der Theologie des Gekreuzigten im Streit zwischen Theismus und Atheismus, Tübingen 3. Aufl..

Jüngel, Eberhard (1982): Gott als Geheimnis der Welt. Zur Begründung der Theologie des Gekreuzigten im Streit zwischen Theismus und Atheismus. Tübingen, 4. durchgesehene Auflage.

Kähler, Reinhard (1999): Was Gottesbesinnung in den Seelenlauf einstreuen kann. Manuskript.

Kähler, Reinhard (2002a): Fragen an einige Feststellungen „Was sich in der Ausbildung von Pfarrerinnen und Pfarrern ändern muss" des Initiativkreises „Kontextuelle Evangelisation im gesellschaftlichen Wandel", in: PTh 91/2002, S. 137-145.

Kähler, Reinhard (2002b): Wie wird die Kirche Christi in der Geschichte frei? Zur Ekklesiologie von Josef L. Hromadka. In: Die Freiheit der Kirche Christi in der Geschichte. Symposion zum theologischen Erbe von J.L. Hromadka anlässlich seines 110. Geburtstages und 30. Todestages. EMAN-Verlag, Benesov, S. 60-70.

Kähler, Reinhard (2003): Keimzeit – Quantität und Qualität im missionarischen Aufbruch. Wichern, Berlin.

Kähler, Reinhard (o.J.): Manuskript zum Thema Kulturprotestantismus.

Kähler, Reinhard/Hermelink, Jan/Weyel, Birgit (2001): Konsequente Mission oder interessierte Kommunikation – wie soll sich die Kirche orientieren? in: Zeitzeichen H. 11, S. 38-40.

Kahrs, Christian (2009): Öffentliche Bildung privater Religion – Plädoyer für einen "Fachbereich Religion" – obligatorisch für alle. Verlag Herder, Freiburg.

Kamp-Franke, Eleonore (1994): Ehe- und Hausstand, häusliche Erziehung und Schule – Eine Studie zu Luthers Auffassung des Verhältnisses von Gesellschaft und Erziehung. Marburg.

Kant, Immanuel (1983a): Über Pädagogik. Vorlesungen. Werke, hrsg. von W. Weischedel, Bd. 10, Darmstadt, S. 695-761.

Kant, Immanuel (1983b): Grundlegung zur Metaphysik der Sitten; Bd. 6, Darmstadt.

Kant, Immanuel (1987): Die Religion innerhalb der Grenzen der bloßen Vernunft. Reclam, Stuttgart.

Karg, H. Hartmut (1986): Reformationspädagogik – Über Erziehungslehren bedeutender Reformatoren und die Wirkung auf bestimmte Erziehungstheoretiker. Frankfurt/M.

Karweick, Felix Maximilian/Alkier, Stefan (2003): Die Arbeiter im Weinberg – Ein Bibelgespräch zwischen einem Grundschüler und einem Neutestamentler. In: Bucher/Büttner/Freudenberger-Lötz/Schreiner (2003a), S. 54-59.

Kenngott, Eva-Maria (2004a): Eigens und Fremdes. Religiöse Grundbildung in LER. In: Theo-Web. Zeitschrift für Religionspädagogik Jg. 3, S. 26-50. http://www.theo-web.de/zeitschrift/ausgabe-2004-01/kenngott_eigenes_und_fremdes.pdf

Kenngott, Eva-Maria (2004b): Religion von innen oder außen? Religiöse Grundbildung in LER. In: Rothgangel, Martin/ Fischer, Dietlind (Hrsg.): Standards für religiöse Bildung? Zur Reformdiskussion in Schule und Lehrerbildung, Münster: Lit Verlag, S. 159-178.

Keßler, Hildrun (2002): Konfirmandenarbeit – eine vertane Chance! – Auszüge aus einer Befragung unter Konfirmandinnen und Konfirmanden sowie der für die Konfirmandenarbeit Verantwortlichen. In: Christenlehre – Religionsunterricht/Praxis. H. 4, S. 59-62.

Keßler, Hildrun (2003): Wie wachsen Kinder und Jugendliche traditionell in Kirche hinein und wie sollen/ können sie in Zukunft hineinwachsen? In: AUFbrüche. Hrsg. vom PTI Kloster Drübeck, Heft 2, S. 11-13.

Keßler, Hildrun (2009): Das Projekt 'Tage Ethischer Orientierung' (TEO) in Mecklenburg-Vorpommern. In Schluß 2009a, S. 47-51.

Klie, Thomas (2004): Performativer Religionsunterricht – Von der Notwendigkeit des Gestaltens und Handelns im Religionsunterricht. http://www.rpi-loccum.de/klperf.html.

Klieme, Eckhard u.a. (2003): Zur Entwicklung nationaler Bildungsstandards. Eine Expertise. Hrsg. vom Bundesministerium für Bildung und Forschung, Bonn.

Kluchert Gerhard/Leschinsky Achim (1998): Glaubensunterricht in der Säkularität: religionspädagogische Entwicklungen in Deutschland seit 1945. In: Leschinsky, Achim/ Kluchert, Gerhard (Hrsg.): Christenlehre und Religionsunterricht – Interpretationen zu ihrer Entwicklung 1945-1990. Weinheim: Deutscher Studien-Verlag, S. 1-113.

Kraft, Friedhelm (2002): Religionsunterricht in Berlin. Der öffentliche Streit um das von den Kirchen vorgeschlagene Konzept der Fächergruppe, in: Doyé, Götz / Keßler, Hildrun (Hrsg.): Konfessionslos und religiös. Gemeindepädagogische Perspektiven, Leipzig, S. 159-183.

Kraft, Friedhelm (2007): Muslimische Kinder und das „Recht auf Religion": Der lange Weg zu einem islamischen Religionsunterricht. http://www.rpi-loccum.de/download/krisru.pdf

Kraft, Friedhelm / Schreiner, Martin (2007): Zehn Thesen zum didaktisch-methodischen Ansatz der Kindertheologie. In: Theo-Web, Jg. 6 H.1, S. 21-24.

Krause, Sabine/Nikolova, Roumiana/Schluß, Henning/Weiß, Thomas/Willems, Joachim (2008): Kompetenzerwerb im evangelischen Religionsunterricht – Ergebnisse der Konstruktvalidierungsstudie der DFG-Projekte RU-Bi-Qua/KERK. Zeitschrift für Pädagogik H.2, S. 174-188.

Sabine Krause, Claudia Kusch, Henning Schluß, Marlen Wahren (2009): Erhebung religiö-
ser Kompetenz im Konfirmandenunterricht. In: Pastoraltheologie Oktober (im Druck).
Krötke, Wolf (2001): Gottes Klarheiten. Eine Neuinterpretation der Lehre von den „Ei-
genschaften Gottes", Tübingen 2001
Krötke, Wolf (2007): Die gegenwärtige missionarische Herausforderung der Kirche im
Lichte der nichtreligiösen Interpretation biblischer Begriffe bei Dietrich Bonhoeffer
– Eine deutsche Perspektive aus einem säkularem Umfeld; Vortrag anlässlich des
Bonhoeffer-Symposiums am 6. Mai 2006 in Greifswald. In: Amtsblatt der pommer-
schen evangelischen Kirche. Heft 1, S. 2-7.
Krueger, Bernhard (1970): Stiehl und seine Regulative. Ein Beitrag zur preußischen
Schulgeschichte, Weinheim.
Kumlehn, Martina (1999): Symbolisierendes Handeln. Schleiermachers Theorie religiöser
Kommunikation und ihre Bedeutung für die gegenwärtige Religionspädagogik, Gü-
tersloh: Chr. Kaiser/Gütersloher Verlagshaus.
Ladenthin, Volker (2006): Religionsunterricht und die Bildung des Menschen. In: Zie-
bertz/Schmidt (Hrsg.) (2006), S. 115-125.
Lähnemann, Johannes (1998): Evangelische Religionspädagogik in interreligiöser Per-
spektive. Vandenhoeck & Ruprecht, Göttingen.
Laplace, Pierre-Simon de (1997): Théorie analytique des probabilities. http://visuali-
seur.bnf.fr/Visualiseur?Destination=Gallica&O=NUMM-88764 Zugriff am 19.2.2008.
Ledl, Andreas (2006): Eine Theologie des lebenslangen Lernens – Studien zum pädagogischen Epochenwandel bei Luther. Lit-Verlag, Münster.
Lehmann, Rainer (1994): Lesen Mädchen wirklich besser? Ergebnisse der IEA-
Lesestudie. In: Richter, S./Brügelmann, H. (Hrsg.): Mädchen lernen a n d e r s ler-
nen Jungen. Geschlechtsspezifische Unterschiede bei Schriftspracherwerb. Bottigho-
fen am Bodensee, S. 99-109.
Lehmann, R. H./Peek, R./Pieper, I./von Stritzy, R. (1991): Lesefähigkeiten und Lesege-
wohnheiten von Achtklässlern. Ausgewählte Ergebnisse der Pilotuntersuchung zu
einer gesamtdeutschen Lesestudie. In: Deutschunterricht, 44. Jg., Heft 6, S. 410-417.
Lehmann, R. H./Peek, R./Pieper, I./von Stritzy, R. (1992): Zum Leseverständnis von
Schülerinnen und Schülern im vereinigten Deutschland. Erste Ergebnisse der Ham-
burger Lesestudie. In: Deutschunterricht, 45. Jg.,1992, Heft 12, S. 565-573.
Leipold, Andreas (1997): Volkskirche – Die Funktionalität einer spezifischen Ekklesiolo-
gie in Deutschland nach 1945. Vandenhoeck & Ruprecht
Lenhard, Hartmut (2007): Kompetenzorientierung – Neuer Wein in alten Schläuchen? In:
Theo-Web JG. 6 Heft 2, S. 88-103 (http://www.theo-web.de/zeitschrift/ausgabe-
2007-02/13.pdf).
Lenzen, Dieter (2003): Bildung neu denken! Das Zukunftsprojekt, Opladen.
Leonhard, Silke/Klie, Thomas (2003): Performative Religionspädagogik. Religion leiblich
und räumlich in Szene setzen. In: Klie, Thomas/Leonhard, Silke (Hrsg.): Schauplatz
Religion. Grundzüge einer Performativen Religionsdidaktik. Leipzig 2003, S.7-16.
Leschinsky, Achim (2001): Zur Implementation von LER. In: Wissenschaftlicher Beirat:
Lebensgestaltung-Ethik-Religionskunde (LER). Zur Grundlegung eines neuen
Schulfachs. Potsdam, S. 197-228.

Leschinsky, Achim (2002): Religion in der Schule. In: Schweitzer, Friedrich (Hrsg.): Der Bildungsauftrag des Protestantismus. Gütersloh, S. 234-247.

Leschinsky, Achim (2003): Vom Bildungsrat zu PISA. Eine zeitgeschichtliche Studie zur deutschen Bildungspolitik. (Typoskript, Berlin).

Leschinsky, Achim et al. (1996): Vorleben oder Nachdenken? Bericht der wissenschaftlichen Begleitung über den Modellversuch zum Lernbereich „Lebensgestaltung – Ethik – Religion". Frankfurt a.M.

Leschinsky, Achim u.a. (1995): Bericht der wissenschaftlichen Begleitung über den Modellversuch Lernbereich "Lebensgestaltung/Ethik/Religion".

Leschinsky, Achim/Gruehn, Sabine (2001): LER. Eine Reforminitiative auf dem Weg zu einer realitätsgerechten Aufgabenstellung. In: Neue Sammlung 41. Jg., S. 372-392.

Leschinsky, Achim/Gruehn, Sabine (2002): Lebensgestaltung – Ethik – Religionskunde. Ein notwendiger Reformversuch unterwegs. In: Auer, Karl Heinz (Hrsg.), Ethikunterricht. Standortbestimmung und Perspektiven. Innsbruck-Wien, S. 145-165.

Leschinsky, Achim/Kluchert, Gerhard (1998): Glaubensunterricht in der Säkularität. Religionspädagogische Entwicklungen in Deutschland seit 1945. In: Dies. (Hrsg.) (1998): Christenlehre und Religionsunterricht. Interpretationen zu ihrer Entwicklung 1945-1990. Weinheim, S. 1-116.

Leschinsky, Achim/Schnabel, Kai (1996): Ein Modellversuch am Kreuzweg. Möglichkeiten und Risiken eines moralisch-evaluativen Unterrichts. In: Zeitschrift für Pädagogik. 42. Jg., S. 31-55.

Lessing, Gotthold Ephraim (1778/1979): Nathan der Weise. Reclam Leipzig.

Lilje, Hanns (1948): Luther. Nürnberg.

Lindner, Andreas/Schulte, Andrea (2007): Das evangelische Schulwesen in Mitteldeutschland. Stationen und Streifzüge (Schulen in evangelischer Trägerschaft 8). Waxmann, Münster u. a..

Link, Christoph (2002): Über die Vereinbarkeit des Hamburger Modells eines „Religionsunterrichts für alle in evangelischer Verantwortung" mit Art. 7 Abs. 3 GG. In: Weiße Wolfram (Hrsg.): Wahrheit und Dialog. Theologische Grundlagen und Impulse gegenwärtiger Religionspädagogik. Münster / New York u.a., 201-230.

Litt, Theodor (1927): „Führen" oder „Wachsenlassen". Eine Erörterung des pädagogischen Grundproblems. Leipzig.

Loewenich, Walther von (1972): Das neue in Luthers Gedanken über den Staat. In: Wolf, Gunther (Hrsg.) Luther und die Obrigkeit. Darmstadt, S. 124-137.

Lohmann, Georg (1998): Probleme der „Werteerziehung" im Ethikunterricht. In: Deutsche Zeitschrift für Philosophie 46. Jg., S. 291-303.

Loh, Werner (2001): Multilateraler Realismus. In: Werner Loh (Hrsg.): Erwägungsorientierung in Philosophie und Sozialwissenschaften. LUCIUS & LUCIUS, Stuttgart, S. 133-168.

Lott, Jürgen (1998): Wie hast du's mit der Religion? Gütersloh.

Luckmann, Thomas (1991): Die unsichtbare Religion, Frankfurt/Main.

Lüpke, Rolf (2009): Die Entwicklung des Religionsunterrichts in Berlin nach 1945 (Manuskript).

Lüdtke, Hans (2002): Zuhören und für sich gewinnen – Die ev. Kirche hat das Recht und die Pflicht zur Mission, in: Zeitzeichen H. 1, S. 46-47.

Luhmann, Niklas (2002): Die Politik der Gesellschaft. Frankfurt a.m..

Luther, Martin (1519/1884): Ein Sermon von dem ehelichen Stand. In: Dr. Martin Luthers Werke. Kritische Gesamtausgabe 2. Bd. Weimar, S. 162-171.

Luther, Martin (1520/1888): An den christlichen Adel deutscher Nation von des christlichen Standes Besserung. In: Dr. Martin Luthers Werke. Kritische Gesamtausgabe 6. Bd. Weimar, S. 381-469.

Luther, Martin (1520/1897): Von der Freiheit eines Christenmenschen. In: Dr. Martin Luthers Werke. Kritische Gesamtausgabe 7. Bd. Weimar, S. 12-38.

Luther, Martin (1523/1891): Ordnung eines gemeinen Kasten. In: Dr. Martin Luthers Werke. Kritische Gesamtausgabe 12. Bd. Weimar, S. 1-30.

Luther, Martin (1523/1900): Von weltlicher Oberkeit, wie weit man ihr Gehorsam schuldig sei. In: Dr. Martin Luthers Werke. Kritische Gesamtausgabe 11. Bd. Weimar, S. 229-281.

Luther, Martin (1524/1899): An die Ratherren aller Städte deutsches Lands, daß sie christliche Schulen aufrichten und erhalten sollen., In: Dr. Martin Luthers Werke. Kritische Gesamtausgabe 15. Bd. Weimar, S. 9-53.

Luther, Martin (1524/1983): An die Ratsherren deutschen Landes, daß sie christliche Schulen aufrichten und halten sollen. In: Hofman, Franz: Pädagogik und Reformation. Berlin, S. 70-87.

Luther, Martin (1525/1908): Ermahnung zum Frieden auf die zwölf Artikel der Bauerschaft in Schwaben. In: Dr. Martin Luthers Werke. Kritische Gesamtausgabe 18. Bd. Weimar, S. 279-334.

Luther, Martin (1530/1909): Eine Predigt, daß man Kinder zur Schulen halten solle. In: Dr. Martin Luthers Werke. Kritische Gesamtausgabe 30 II. Bd. Weimar, S. 508-588.

Luther, Martin (1538/1909): Unterricht der Visitatoren an die Pfarrherrn im Kurfürstentum zu Sachsen, jetzt durch D. Mart. Luth. corrigiert. Wittenberg, In: Dr. Martin Luthers Werke. Kritische Gesamtausgabe 26. Bd. Weimar, S. 175-241.

Luther, Martin (1884): Pädagogische Schriften. Lindner, Gustav Adolf (Hrsg.) Pädagogische Klassiker Bd. XV, Wien und Leipzig.

Luther, Martin (1951): Ausgewählte Werke. Hrsg. H.H. Borcherdt. München 3. Aufl., S. 31-38, S. 38.

Mahrenholz, Jürgen Christian (1997): Bürgerrecht auf Bildung: Luther auf schulpolitischem Kurs. Hannover.

Martens, Ekkhard (1994): Was sollten der Ethik-Unterricht und Ethik-Lehrplan leisten? In: Politische Studien Heft 338 Nov./Dez., S. 38-45.

Matthes, Joachim (1992): Auf der Suche nach dem Religiösen. Reflexion zu Theorie und Empirie religionssoziologischer Forschung. In: Sociologia Internationalis 30, S. 129-142.

Mau, Rudolf (2005): Der Protestantismus im Osten Deutschlands (1945-1990). Kirchengeschichte in Einzeldarstellungen IV/3, EVA, Leipzig.

MBJS 1994 Erstes Schulreformgesetz für das Land Brandenburg in der Fassung vom 1.7.1992 und der letzten Änderung von 13.Juli 1994, § 2,1.

Meder, Norbert (2000): Das Sprachspiel der Vernunft. In: Helmer/Meder/Meyer-Drawe/Vogel (2000), S. 232-234.

Meier, Kurt (1987): Die zeitgeschichtliche Bedeutung volkskirchlicher Konzeptionen im deutschen Protestantismus zwischen 1918 und 1945. In: (Ders.): Evangelische Kirche in Gesellschaft, Staat und Politik 1918-1945. EVA, Leipzig, S. 16-39.

Menck, Peter (1999): Geschichte der Erziehung. 2. Aufl. Auer, Donauwörth.

Mensching, G. (1961): Religion. In: RGG V, 3. Aufl. Tübingen, Sp. 961-964.

Mette, N. (1997): Das umstrittene Konfessionalitätsprinzip. Neue Sammlung 37/1997, S. 207-230.

Meyer, Johannes/Prinzhorn, Johannes (1883): Dr. Martin Luthers Gedanken über Erziehung und Unterricht. Hannover.

Meyer-Blanck, Michael (1995): Religion und Leben – Der Streit um „LER" und der künftige Religionsunterricht. In: Loccumer Pelikan. Nr. 4/4, S. 151 – 156.

Meyer-Blanck, Michael (1998): Religion und Reflexion – Zur Frage liturgischer Elemente und religiöser Praxis im Klassenzimmer. In: Wermke, Michael (Hrsg.), Rituale und Inszenierungen in Schule und Unterricht, Münster, S. 60-74.

Meyer-Blanck, Michael (2003): Tradition – Integration – Qualifikation. Die bildende Aufgabe des Religionsunterrichts an Europas Schulen. In: EvTh H. 4, S. 280-288.

Meyer-Blanck, Michael/Klie, Thomas (2002): Aufgeklärte Gewissheit: Christliche, islamische und staatsbürgerliche Identität als schulische Bildungsaufgabe: In: Sielke, S. (Hrsg.): Der 11. September 2001. Fragen, Folgen, Hintergründe, Frankfurt/Main u.a., S. 173-182.

Meyer-Drawe, Käte (1984): Grenzen pädagogischen Verstehens – Zur Unlösbarkeit des Theorie-Praxis-Problems in der Pädagogik. In: Vierteljahrsschrift für wissenschaftliche Pädagogik, S. 249-259.

Meyer-Drawe, Käte (1998): Versagte Identität – Aufgegebene Suche. In: Hellekamps, Stephanie: Ästhetik und Bildung. Weinheim, S. 171-176.

Meyer-Drawe, Käte (1999): Zum metaphorischen Gehalt von „Bildung" und „Erziehung" In: Zeitschrift für Pädagogik 45. Jg. Nr.2. S. 161-176.

Meyer-Drawe, Käte (2000): Zur „ganzen Pracht der Vernunftbehauptungen". In: Helmer/Meder/Meyer-Drawe/Vogel (2000), S. 235-250.

Micksch, Jürgen (Hrsg.) (2007): Evangelisch aus fundamentalem Grund – Wie sich die EKD gegen den Islam profiliert. Lembeck, Frankfurt a.M.

Ministeriums für Bildung, Jugend und Sport des Landes Brandenburg (MBJS 2001): Gesetz über die Schulen im Land Brandenburg (BbgSchulG) vom 12.4.1996 nach der Änderung vom 1.6.2001. http://www.bildung-brandenburg.de/index.php?id=110 (abgerufen am 4.8.2001).

Mirgeler, Albert (1961): Rückblick auf das abendländische Christentum. Mainz.

Mitgutsch, Konstantin/Sattler, Elisabeth/Westphal, Kristin/Breinbauer, Ines Maria (Hrsg.) (2008): Dem Lernen auf der Spur. Die pädagogische Perspektive. Klett-Cotta, Stuttgart.

Mohr, Irka (2000): Muslime zwischen Herkunft und Zukunft. Islamischer Unterricht in Berlin, Berlin.

Mohr, Irka (2006): Islamischer Religionsunterricht in Europa. Lehrtexte als Instrumente muslimischer Selbstverortung im Vergleich, Bielefeld.

Mokrosch, Reinhold (1996): Anmerkungen zur Notwendigkeit eines konfessionell-kooperativen, ökumenischen Religionsunterrichts. In: Informationes Europae, Internationales ökumenisches Jahrbuch für Theologie, S. 329-345.

Mokrosch, Reinhold (1999): Brauchen Kinder und Jugendliche einen konfessionell geöffneten Religionsunterricht oder werden sie damit überfordert? In: Scheilke/Freiling (1999).

Mollenhauer, Klaus (1986): Erziehung und Emanzipation. Polemische Skizzen. 7. Aufl., Juventa, Weinheim.

Mollenhauer, Klaus (1996): Anmerkungen zum Zwischenbericht "Umgang mit Indoktrination: Erziehungsintentionen, -formen und -wirkungen in deutschen `Erziehungsstaaten`". In: D. Benner / H. Merkens / F. Schmidt (Hrsg.): Bildung und Schule im Transformationsprozeß von SBZ, DDR und neuen Ländern – Untersuchungen zu Kontinuität und Wandel -, FU Berlin.

Mühlen, Karl Heinz zur (1991): Luther II. TRE, Bd. 21, Berlin, S. 530-567.

Müller, Peter (2003): „Da mussten die Leute erst nachdenken" – Kinder als Exegeten – Kinder als Interpreten biblischer Texte. In: Bucher/Büttner/Freudenberger-Lötz/Schreiner (2003a), S. 19-30.

Münchmeier, Richard (2004): Jugend und Religion. In: Wulf/Macha/Liebau (2004), S. 126-134.

Neubert, Erhard (1996): „gründlich Ausgetrieben" – Eine Studie zum Profil und zur psychosozialen kulturellen und religiösen Situation von Konfessionslosigkeit in Ostdeutschland und den Voraussetzungen kirchlicher Arbeit. In der Reihe: Begegnungen H. 13, EKD SBSB Berlin.

Nikolova, Roumiana/Schluß, Henning/Weiß, Thomas/Willems, Joachim: Das Berliner Modell religiöser Kompetenz Fachspezifisch – Testbar – Anschlussfähig. In: Theo-Web 2/2007 (http://www.theo-web.de/zeitschrift/ausgabe-2007-02/12.pdf).

Nipkow, Karl Ernst (1996a): Die Herausforderung aus Brandenburg. ZThK 93. Jg., S. 124-148.

Nipkow, Karl Ernst (1996b): Der pädagogische Umgang mit dem weltanschaulich-religiösen Pluralismus auf dem Prüfstein. Zeitschrift für Pädagogik 42. Jg., S. 57-70.

Nipkow, Karl Ernst (1998): Bildung in einer Pluralistischen Welt. Bd. 1: Moralpädagogik im Pluralismus. Gütersloh.

Nipkow, Karl Ernst (2000a): Religiöse Bildung im Pluralismus. In: Neue Sammlung, S. 281-293.

Nipkow, Karl Ernst (2000b): Religionsunterricht für alle? Stellungnahme zum Hamburger Modell. In: Zeitschrift für Theologie und Pädagogik, H. 3, S. 293-311.

Nipkow, Karl Ernst (2004): Umgang mit Differenz – Zum Bildungsverständnis des Protestantismus im Pluralismus. In: Wulf/Macha/Liebau (2004), S. 37-53.

Nipkow, Karl Ernst (2005): Der religiöse Bildungsauftrag der Schule im Pluralismus am Beispiel des Faches „Religion und Kultur" im Kanton Zürich. In: (Ders.): Pädagogik und Religionspädagogik zum neuen Jahrhundert. Bd. 2: Christliche Pädagogik und Interreligiöses Lernen Friedenserziehung Religionsunterricht und Ethikunterricht. Gütersloher Verlagshaus, Gütersloh, S. 229-253.

Nipperdey, Thomas (1985): Luther und die moderne Welt. In: Geschichte in Wissenschaft und Unterricht. Jg. 36, 12/, S. 803-813.

Noack, Renate (2004): Buddha im Klassenzimmer – Buddhistischer Religionsunterricht. an öffentlichen Schulen in Berlin. In: Chökor, Ausgabe 36, April; auch www.buddhistischer-religionsunterricht.de/downloads/budklas.pdf

Nordhofen, Eckart (1998): Bei uns bleibt Er tot. DIE ZEIT Nr. 53/98 S. 41.

Nowak, Kurt (1997): Religion, Kirche und Gesellschaft in der DDR – Deutungsprobleme – Forschungskontroversen – künftige Aufgaben. In: Zeichen der Zeit, H. 5, S. 175ff.

Oberthür, Rainer (2002): „Das Staunen Gottes ist in uns selber" – Kinder erfahren sich im Fragen nach Gott und Gott im Fragen nach sich. In: Bucher/Büttner/Freudenberger-Lötz/Schreiner (2002), S. 95-104.

Obst, Gabriele (2007): Religion zeigen – eine Aufgabe des evangelischen Religionsunterrichts? Zwischenruf zu einem aktuellen religionspädagogischen Paradigma. In: Theo-Web. Zeitschrift für Religionspädagogik Jg. 6, H. 2, S. 104-123. http://www.theo-web.de/zeitschrift/ausgabe-2007-02/14.pdf

Obst, Gabriele (2008): Kompetenzorientiertes Lehren und Lernen im Religionsunterricht. Vandenhoeck & Ruprecht, Göttingen.

Otto, Gert: Verheißungsvoller Ansatz. In: Das Sonntagsblatt Nr. 21, 26. Mai 1995 S. 22-23.

Pannenberg, Wolfhart (1970[4]): Offenbarung als Geschichte. Vandenhoeck & Ruprecht, Göttingen.

„Performativer Rerligionsunterricht?!" (2002) (Themenheft), in: Religionsunterricht an höheren Schulen Jg. 45, H. 1.

Pesch, Otto-Hermann (1967): Theologie der Rechtfertigung bei Martin Luther und Thomas von Aquin: Versuch eines systematisch-theologischen Dialogs. Mainz: Matthias-Grünewald-Verlag.

Pestalozzi Johann Heinrich (1877): Wie Gertrud ihre Kinder lehrt. Mit einer Einleitung: J. H. Pestalozzi`s Leben, Werke und Grundsätze. Einl. u. Commentar v. Karl Riedel in der Reihe: Pädagogische Klassiker. Hrsg. unter der Red. v. Gust. Adolf Lindner, Bd. 3. Wien, Pichler.

Pfeiffer, Matthias/Kilchsperger, Johannes Rudolf (2009): Religionen und Kulturen weltweit und ganz nah – Ein neues Schulfach im Kanton Zürich. In Schluß 2009a, S. 52-53.

Pirner, Manfred L. (2008): Christliche Pädagogik. Grundsatzüberlegungen, empirische Befunde und konzeptionelle Leitlinien. Stuttgart, Kohlhammer.

Pollack, Detlef (1994): Die Kirche in der Organisationsgesellschaft, Stuttgart.

Pollack, Detlef (1996a): Individualisierung statt Säkularisierung? – Zur Diskussion eines neueren Paradigmas in der Religionssoziologie. In: Gabriel, Karl (Hrsg.): Religiöse Individualisierung oder Säkularisierung, Gütersloh, S. 57-85.

Pollack, Detlef (1996b): Zur religiös-kirchlichen Lage in Deutschland nach der Wiedervereinigung. – Eine religionssoziologische Analyse. Zeitschrift für Theologie und Kirche, Jg. 93, H. 4, S. 586-615.

Pollack, Detlef (1997): „Enttäuschungssichere Selbsttäuschung der Moderne – Individualisierung statt Säkularisierung? ein religionssoziologischer Einspruch" In: Frankfurter Rundschau, 10. Juni, S. 18.

Pollack, Detlef (2003): Wandel im Stillstand. Eine traditionale Institution wandelt sich und bleibt doch dieselbe. In: EKD (2003), S. 71-75.

Pollack, Detlef (2006): Was tun? Ein paar Vorschläge trotz unübersichtlicher Lage. In: Huber, Wolfgang/Friedrich, Johannes/Steinacker, Peter (Hrsg.): Kirche in der Vielfalt der Lebensbezüge. Bd. 1. Gütersloh.

Pollack, Detlef (2009): Gibt es in Deutschland eine Wiederkehr der Religionen? In: Schluß, Henning (Hrsg.) (2009a), S 23-25.

Prange, Klaus (1958): Recht und Grenzen einer Berufung auf Luther in den neuen Bemühungen um eine evangelische Erziehung. Göttingen.

Prange, Klaus (1993): Erziehungsziel Gerechtigkeit. In Ethik und Unterricht. H.3, S. 10-14.

Prange, Klaus (1996): Lernen ohne Gnade. Zum Verhältnis von Religion und Erziehung. Zeitschrift für Pädagogik H. 3, S. 313-322.

Prange, Klaus (1998): Differentielle Identität oder: Auf der Suche nach dem verlorenen Selbst. In: Hellekamps, Stephanie: Ästhetik und Bildung. Weinheim, S. 159-170.

Prange, Klaus (2005): Die Zeigestruktur der Erziehung. Grundriss der operativen Pädagogik. Paderborn.

Prange, Klaus (2006): Erziehung im Reich der Bildung. In: Zeitschrift für Pädagogik, Jg. 52, H. 1, S. 4-10.

Prauss, Gerald (1983): Kant über Freiheit als Autonomie. Vittorio Klostermann-Verlag, Frankfurt/M.

Ramseger, Jörg (2001): LER in der Praxis – Erfahrungen mit einem neuen Schulfach in der Primarstufe. In: Hellekamps, Stepahnie/Kos, Olaf/Sladek, Horst (Hrsg.): Bildung, Wissenschaft, Kritik – Festschrift für Dietrich Benner zum 60. Geburtstag. Weinheim, S. 154-171.

Ratzinger, Josef (2005): Was die Welt zusammenhält. Vorpolitische moralische Grundlagen eines freiheitlichen Staates. In: Ders.: Werte in Zeiten des Umbruchs. Freiburg im Breisgau, S. 28-40.

Rechenberg, Wolfgang von (o.J.): TEO – Tage Ethischer Orientierung – Ein innovatives Modell schulkooperativen Zusammenwirkens in Mecklenburg-Vorpommern. http://www.dvr.de/site.aspx?url=html/presse/seminare/485_60.htm

Rekus, Jürgen (2006): Der religiöse Aspekt pädagogischen Handelns. In: Ziebertz/Schmidt (2006), S. 102-114.

Reich-Ranicki, Marcel (1999): Mein Leben. Stuttgart.

Reichenbach, Roland (2000): Die Ironie der politischen Bildung – Ironie als Ziel politischer Bildung. In: Reichenbach, Roland/Oser, Fritz, (Hrsg.): Zwischen Pathos und Ernüchterung. Zur Lage der Politischen Bildung in der Schweiz / Entre pathos et désillusion. La situation de la formation politique en Suisse. Universitätsverlag, Freiburg/CH, S. 118-130. Hier zitiert nach: http://egora.uni-muenster.de/ew/persoenlich/reichenbach/Ironie Politik.pdf

Reiher, Dieter (1996): Zu den kirchlichen Wurzeln von L-E-R – eine polemische Anmerkung In: CRP 1/96 S. 16-19.

Reiher, Dieter (1998): Zur Pädagogik der Christenlehre in der DDR. In: Leschinsky, Achim/Kluchert, Gerhard (Hrsg.): Christenlehre und Religionsunterricht – Interpretationen zu ihrer Entwicklung 1945-1990. Weinheim: Deutscher Studien-Verlag, S. 117-137.

Reininghaus, Werner. (1969): Elternstand, Obrigkeit und Schule bei Luther. Heidelberg.

Renck, Ludwig (1994): Rechtsfragen des Religionsunterrichts im bekenntnisneutralen Staat. In: Die Öffentliche Verwaltung DÖV, S. 27-32.

Retter, Hein (1996): Glaube und Anfechtung in ihrer Bedeutung für Luthers Erziehungsverständnis. In: Golz, Reinhard (Hrsg.): Luther und Melanchthon im Bildungsdenken Mittel- und Osteuropas. Münster, S. 34-57.

Richter, Edelbert (o.J.): Die neue Kirchenpolitik der SED und die Marxistische Religionskritik, Manuskript.

Rieger-Ladich, Markus (2002): Mündigkeit als Pathosformel – Beobachtungen zur pädagogischen Semantik. UVK, Konstanz.

Ringhausen, Gerhard (1989): Ist der Mensch definierbar? In: Glaube und Lernen 4. Jg.,
S. 97-100.

Rinn, Maren (2006): Die religiöse und kirchliche Ansprechbarkeit von Konfessionslosen
in Ostdeutschland. Sozialwissenschaftliches Institut der EKD, Hannover.

Rousseau, Jean-Jacques (1762/1995): Emil oder über die Erziehung. UTB, Paderborn, 12.
Aufl.

Ruff, Walter: Die Thesen von Wittenberg. Eine Einführung von. EVA, Berlin 1952.

Ruhloff, Jörg (1996): Bildung im problematisierenden Vernunftgebrauch. In: Borelli,
Michele/Ruhloff, Jörg (Hrsg.): Deutsche Gegenwartspädagogik Bd. II. Baltmanns-
weiler, S. 148-157.

Rupp, Hartmut (2006): Religiöse Kompetenz – Theorie und Praxis. In: Rupp/Scheilke
(2006), S. 95-106.

Rupp, Hartmut/Scheilke Christoph Th. (2006) (Hrsg.): Bildung in Schule und Gemeinde –
Jahrbuch für kirchliche Bildungsarbeit. Calwer Verlag, Stuttgart.

Rydl, Karel (1996): Zum „Bildungsstreit" zwischen Martin Luther und dem böhmischen
Bruder Lucas im Jahre 1523. – Anmerkungen zur ersten deutsch-tschechischen Dis-
kussion über den Sinn der höheren Bildung. In: Golz, Reinhard (Hrsg.): Luther und
Melanchthon im Bildungsdenken Mittel- und Osteuropas. Münster, S. 141-146.

Sander, Wolfgang (2009): Bildung und Perspektivität – Kontroversität und Indoktrinati-
onsverbot als Grundsätze von Bildung und Wissenschaft. In: Erwägen Wissen Ethik
– Streitforum für Erwägungskultur (EWE), Heft 2 (im Druck).

Sattler, Elisabeth (2006a): „Zur Ethik des nicht-souveränen Subjekts. Judith Butlers Einsätze für Anerkennung, Verantwortung und Menschlich Werden." In: Andreas Dör-
pinghaus/Karl Helmer (Hrsg): Ethos – Bildung – Argumentation, Würzburg: Königshausen & Neumann, S. 177-188.

Sattler, Elisabeth (2006b): „Unterwegs zu einem ‚modernen Subjekt'? Bemerkungen zu
Vincenz Eduard Mildes Anthropologie in seiner Erziehungskunde im Lichte moderner ubjektivität." In: Ines Maria Breinbauer/Gerald Grimm/Martin Jäggle (Hrsg.):
Milde Revisited. Vincenz Eduard Mildes pädagogisches Wirken aus der Sicht der
modernen Erziehungswissenschaft, Wien, Lit, S. 187-203.

Sattler, Elisabeth (2008): Souveränität und Subjektivität riskieren. Zu aktuellen (Trans-)
Formationen von ‚Bildung' und ‚Erziehung'. In: Thompson, Christiane; Weiß, Gabriele: Bildende Widerstände – widerständige Bildung. Blickwechsel zwischen Pädagogik und Philosophie. Bielefeld, S. 21-43.

Sattler, Elisabeth (2009): *Mind the differences!* Einsätze für Widerstreit und Antagonis-
men in Bildungs- und Wissen(schaft)sprozessen. In: Erwägen Wissen Ethik – Streitforum für Erwägungskultur (EWE), Heft 2 (im Druck).

Schambeck, Mirjam (2002): Riesenschwer und kinderleicht – Kinder denken über den
Tod nach. In: Bucher/Büttner/Freudenberger-Lötz/Schreiner (2002), S. 105-113.

Schäuble, Wolfgang (2005): „Religion als Herausforderung für die Politik" – 1. Berliner
Religionspolitische Rede in der Humboldt – Universität zu Berlin. 25.10.2005,
http://www.wolfgang-schaeuble.de/texte/051025hu.pdf.

Scheilke, Christoph Th. (1998): Wie hast Du's mit der Genauigkeit? – Polemische Anmerkungen zu einer polemischen Schrift. Zeitschrift für Pädagogik und Theologie
H. 4, S. 459-462.

Scheilke, Christoph Th./Frieling, Reinhard (1999) (Hrsg.): Religionsunterricht und Konfessionen. Bensheimer Hefte, Heft 88, Vandenhoeck & Ruprecht, Göttingen.

Scheunpflug, Annette (2004): Evolution und Religion. In: Wulf, Christian/Macha, Hilde-
gard/Liebau, Eckart (Hrsg.): Formen des Religiösen. Pädagogisch-anthropologische
Annäherungen. Deutscher Studien Verlag: Beltz Wissenschaft: Weinheim, S. 96 -112.

Scheunpflug, Annette (2006): Diskurs zwischen Erziehungswissenschaft und Religionspädagogik: Weltbürgerliche Erziehung, evolutionäre Pädagogik und Religion. In:
Ziebertz/Schmidt (2006), S. 76-87.

Schieder, Rolf (2001a): Wieviel Religion verträgt Deutschland? Frankfurt a. M.

Schieder, Rolf (2001b): Die Zivilisierung der Religion durch Bildung als Programm und
Problem des Protestantismus, in: Schweitzer, Friedrich (Hrsg.): Der Bildungsauftrag
des Protestantismus, Gütersloh, 36-53.

Schieder, Rolf (2003): Die soziale Verantwortung der Kirchen als Bildungsverantwortung
in der multikulturellen Gesellschaft. In: Religion, Kirche, Islam. Berlin: EVA,
S. 121-138.

Schieder, Rolf (2004): Von der leeren Transzendenz des Willens zur Qualität zur Deutungs-
und Partizipationskompetenz. In: Theo-Web. Zeitschrift für Religionspädagogik Jg. 3,
H. 2, S. 14-21. http://www.theo-web.de/zeitschrift/ausgabe-2004-02/schieder_vortrag_
endred.pdf

Schieder, Rolf (2005): Der Streit um das Kopftuch in diskursanalytischer Perspektive.
In: Zeitschrift für evangelische Ethik, Bd. 49. Gütersloh: Gütersloher Verlagshaus,
S. 9-21.

Schieder, Rolf (2007): Verordnete, gefühlte oder messbare Bildungsstandards? Konzeption und Forschungsstand eines interdisziplinären Berliner Projekts. In: Sajak, Clauß
Peter (Hrsg.): Bildungsstandards für den Religionsunterricht – und nun? Perspektiven für ein neues Instrument im Religionsunterricht, Berlin, S. 67-86.

Schillebeeckx, Edward (1979): Die Auferstehung Jesu als Grund der Erlösung. Herder,
Freiburg.

Schilmöller, Reinhard (1998): LER – ein Modell für den Religionsunterricht der Zukunft?
In: Vierteljahrsschrift für wissenschaftliche Pädagogik, S. 421-440.

Schirlbauer, Alfred (1988): – Partnerschaft zwischen Ungleichen? Argumente gegen die
Vorstellung, das pädagogische Verhältnis könne partnerschaftlich sein. In: Pädagogische Impulse, H. 3, S. 55-57.

Schlag, Thomas (2003): Die Frage nach Wahrheit in der pluralen Moderne, in: Gerd
Wanzeck/Helmut Strack (Hrsg.): Zwischen Himmel und Erde. Themen der Theologie erleben und bedenken. Ein neuer Theologiekurs für die evangelische Erwachse-
nenbildung in Baden und Württemberg. Bielefeld. S. 18-34.

Schlag, Thomas (2005): Was kann religiöse Kompetenz darstellen? – Die Kirchlichen
Richtlinien zu Bildungsstandards für den katholischen Religionsunterricht. In: Zeitschrift für Pädagogik und Theologie H. 3, S. 53-59.

Schlag, Thomas (2006a): Lehrerbildung à la Zürich – ein neues Fach „Religion und Kultur" fordert die Religionspädagogik heraus, in: Zeitschrift für Pädagogik und Theologie Jg. 58, H. 2, S. 123-135.

Schlag, Thomas (2006b): Die Frage nach dem Ethos in Schulen in kirchlicher Trägerschaft. Das Beispiel der Evangelisch-Theologischen Seminare Maulbronn und Blaubeuren, in: H.-U. Grunder / F. Schweitzer (Hrsg.): Gemeinschaft – Ethos – Schule. Eine praxisnahe Einführung für Ausbildung und Fortbildung. Weinheim/Basel 2006, S. 131-145.

Schleiermacher Daniel Friedrich Ernst (1826/1959): Theorien der Erziehung – Die Vorlesung aus dem Jahre 1826. In: Ders. Ausgewählte pädagogische Schriften. Paderborn 1959, 3. Aufl. S. 37-99.

Schleiermacher, Daniel Friedrich Ernst (1799/1983): Über die Religion. Reden an die Gebildeten unter ihren Verächtern. Dritte Rede. Über die Bildung zur Religion. In: (Ders.): Theologische Schriften. Hrsg. von Kurt Nowak. Union-Verlag Berlin. S. 121-141.

Schleiermacher, Daniel Friedrich Ernst (1808): Gedanken über Universitäten. In: (Ders.): Sämtliche Werke, III. Abteilung, 1. Band. Berlin.

Schleiermacher, Daniel Friedrich Ernst (1808/1969): Vorschlag zu einer neuen Verfassung der protestantischen Kirche im preußischen Staat. In: Gerdes, H./Hirsch, E. (Hrsg.): Friedrich Schleiermacher. Kleine Schriften und Predigten. Bd. 2, Berlin.

Schleiermacher, Daniel Friedrich Ernst (1819/1996): Hermeneutik. In: (Ders.): Schriften. Hgg. von Andreas Arndt. Deutscher Klassiker Verlag, Frankfurt, M. S. 945-992.

Schleiermacher, Daniel Friedrich Ernst (1826/27/1983): Christliche Sittenlehre. Einleitung. Hgg. von Hermann Peiter. Kohlhammer, Stuttgart.

Schleiermacher, Daniel Friedrich Ernst (1826/1959): Theorie der Erziehung – Die Vorlesungen aus dem Jahre 1826. Aus: Ders. Ausgewählte pädagogische Schriften 3. Aufl. Paderborn.

Schleiermacher, Daniel Friedrich Ernst (1830/1960): Der Christliche Glaube 1. Walter de Gruyter & co. Berlin. Hgg. von Redeker, Martin.

Schleiermacher, Daniel Friedrich Ernst (1831/1960): Der Christliche Glaube 2. Walter de Gruyter & co. Berlin. Hgg. von Redeker, Martin.

Schluß, Henning (1999): Lehrpläne im Transformationsprozeß. In: Benner, Dietrich/Göstemeyer. Karl-Franz/Sladek, Horst (Hrsg.): Bildung und Kritik. Weinheim 1999, S. 143-174.

Schluß, Henning (2000a): LER – Nie war kritisieren so einfach wie heute. In: Neue Sammlung 40. Jg. H. 2, S. 313-336.

Schluß, Henning (2000b): Martin Luther und die Pädagogik – Versuch einer Rekonstruktion. In: Vierteljahrsschrift für wissenschaftliche Pädagogik H. 3, 76. Jg. S. 321-353.

Schluß, Henning (2001): Vom Einfachen, das schwer zu machen ist. Eine Antwort auf Friedrich Schweitzer. In: Neue Sammlung 41. Jg., S. 393-398.

Schluß, Henning (2002): Von Zauberlehrlingen und Hexenmeistern. Ein Kommentar zur deutschen Schulwirklichkeit im Allgemeinen und zum Streit um LER im Besonderen. In: Ethik & Unterricht H. 4, S. 46-48.

Schluß, Henning (2003a): Wieviel Theorie braucht der Ethikunterricht? Ein Plädoyer für einen reflexiven Ethikunterricht in praktischer Absicht. In: Die Deutsche Schule. 95. Jg. H. 4, S. 420-428.

Schluß, Henning (2003b): Lehrplanentwicklung in den neuen Ländern – Nachholende Modernisierung oder reflexive Transformation? Wochenschauverlag, Schwalbach/Ts.

Schluß, Henning (2004): Das Recht des moralisch-evaluativen Unterrichts. Zur pädagogischen Bedeutung der juristischen Auseinandersetzung um den Religionsunterricht, LER und Ethik. In: Gruehn, Sabine/Kluchert, Gerhard/Koinzer, Thomas (Hrsg.): Was Schule macht. Schule, Unterricht und Werteerziehung: theoretisch, historisch, empirisch. Beltz Verlag, Weinheim, S. 257-272.

Schluß, Henning (2005): Ein Vorschlag, Umfang und Grenze der Kindertheologie anhand eines systematischen Leitgedankens zu entwickeln. In: Zeitschrift für Pädagogik und Theologie, H. 1, S. 23-35.

Schluß, Henning (2006a): Alter Wein in neuen Schläuchen? – Zur Frage der Gemeinsamkeiten und Differenzen der aktuellen und der Bildungsreform der 70er Jahre. In: Pädagogische Rundschau 1/2006, 60. Jg. S. 41-48.

Schluß, Henning (2006b): Religiöse Bildung – Stationen einer Problemgeschichte und ihre gegenwärtige Krise. In: Ruhloff, Jörg/Bellmann, Johannes et al.: Perspektiven Allgemeiner Pädagogik – Festschrift für Dietrich Benner zum 65. Geburtstag: Beltz-Verlag, Weinheim, S. 229-242.

Schluß, Henning (2006c): Das Unterrichtsfach "Ethik" in Berlin. In: Berliner Debatte Initial, 17. Jg. H.3, S. 103-104.

Schluß, Henning (Hrsg.) (2007a): Indoktrination und Erziehung – Aspekte der Rückseite der Pädagogik. VS-Verlag, Wiesbaden.

Schluß, Henning (2007b): Indoktrination und Fachunterricht – Begriffsbestimmung anhand eines Exempels. In: Schluß, Henning (2007a), S. 57-74.

Schluß, Henning (2007c): Erziehung zur Freiheit? – Zur vermeintlich paradoxen Beziehung von Erziehungszielen und Erziehungsverhältnissen. In: Die Deutsche Schule 99. Jg. H. 1, S. 30-42.

Schluß, Henning (2007d): Entwicklung religiöser Kompetenz im Konfirmandenunterricht. In: Praxis Gemeindepädagogik H. 4, S. 54.

Schluß, Henning (2008a): Religiöse Kompetenz in der religionslosen Welt? – Eine neue Zielbeschreibung des Religionsunterrichts vs. Bonhoeffers Analyse der mündig gewordenen Welt. In: Zeitschrift für Pädagogik und Theologie H.2 S. 134-146.

Schluß, Henning (2008b): Wieviel Religion braucht die Bildung? In: Martin Schreiner (Hrsg.): Religious literacy – Gott Lesen, die Welt begreifen. Waxmann, Münster / New York / München / Berlin, S. 83-101.

Schluß, Henning (2008c): Gutes lernen – Perspektiven auf das moralische Lernen. In: Konstantin Mitgutsch, Elisabeth Sattler, Kristin Westphal, Ines Maria Breinbauer (Hrsg.): Dem Lernen auf der Spur. Die pädagogische Perspektive. Klett-Cotta, Stuttgart 2008, S. 111-129.

Schluß, Henning (2008d): Rezension zu: Gemeinsam erwachsen werden. Selbstfindung – Freundschaft – Glück. Ethik 7/8, Landesausgabe Berlin, Militzke Verlag, Leipzig 2008. In: NOTBUND-aktuell Nr. 13 / Dezember S. 3.

Schluß, Henning (2008e): Kindertheologische Differenzierungen – Zwei Fragen zur Kindertheologie. In: Bucher / Büttner / Freudenberger-Lötz / Schreiner (Hrsg.): „Sehen kann man ihn ja, aber anfassen...?" Jahrbuch für Kindertheologie Bd. 7, Calwer, Stuttgart, S. 21-24.

Schluß, Henning (Hrsg.) (2009a): Religiöse Bildung zwischen Säkularität und Pluralität – Herausforderungen der Religionspädagogik. EPD-Dokumentation, Frankfurt/M., H. 20.

Schluß, Henning (2009b): Empirisch fundierte Niveaus religiöser Kompetenz – Deutung, Partizipation und interreligiöse Kompetenz. In: Volker Elsenbast, Andreas Feindt, Albrecht Schöll und Peter Schreiner (Hrsg.): Kompetenzorientierung im Religionsunterricht – Befunde und Perspektiven (Festschrift für Dietlind Fischer). Waxmann, Münster 2009, S. 57-72.

Schluß, Henning (2009c): Wie viabel ist der Konstruktivismus für die Pädagogik? In: Erwägen Wissen Ethik (EWE), H. 2 (im Druck).

Schluß, Henning/Götz-Guerlin, Marcus (2003): Was hat Religion mit Erfahrung zu tun? Die Religionsphilosophische Schulwoche als religiöse Kommunikation. In: Pastoraltheologie, H. 7, 92. Jg, S. 274-286.

Schluß, Henning/Götz-Guerlin, Marcus (2006): Entwicklungsperspektiven der Religionsphilosophischen Projektwochen aus Sicht der Erziehungswissenschaft. In: Doyé/ Spenn/Zampich (2006), S. 51-56.

Schluß, Henning/Lachmann, Stefanie (2007): Raum als pädagogische Dimension? – Untersuchungen zur pädagogischen Wirkung des Raumes. In: Bildung und Erziehung, 60. Jg; H. 1, S. 79-95.

Schluß, Henning/Sattler, Elisabeth (2000): Transformation – einige Gedanken zur Adaption eines nicht einheimischen Begriffs. In: Vierteljahrsschrift für wissenschaftliche Pädagogik H. 2, S. 173-188.

Schmidt, Günter R. (2006): Begründungen für die Thematisierung des Christentums im Erziehungsraum am Beispiel des kulturtheoretischen und des moralpädagogischen Arguments. In: Ziebertz/Schmidt (2006), S. 126-148.

Schneider, G. (1993): Offene Fragen in Brandenburg. In: Katechetische Blätter 117/93, S. 833-836.

Schneider, Hans Julius (1998): Das neue Fach „Lebensgestaltung – Ethik – Religionskunde". In: Deutsche Zeitschrift für Philosophie 46. Jg., S. 305ff.

Schneider, Herbert (1999): Der Beutelsbacher Konsens. In: Mickel, Wolfgang (Hrsg.): Handbuch zur politischen Bildung. Bonn, Bundeszentrale für politische Bildung, S. 171-178.

Schreiner, Martin (1996): Im Spielraum der Freiheit. Evangelische Schulen als Lernorte christlicher Weltverantwortung. Göttingen.

Schreiner, Martin (1998): „Wir haben´s einfach vergessen". Zur religiösen Situation von Kindern heute. In: ru heute H. 4, S. 218-221.

Schreiner, Martin (1999): Theologische und pädagogische Begründungszusammenhänge evangelischer Schulen. In: Schreiner, Martin/Scheilke Christoph (Hrsg.) (1999): Handbuch Evangelische Schulen. Gütersloh, S. 24-35.

Schreiner, Martin (2004): Religiöse Bildungsstandards: Lernort Schule in kirchlicher Trägerschaft. Thesen zum Workshop, Theo-Web 3. Jg. H. 2, 73-75, http://www.theoweb.de/zeitschrift/ausgabe-2004-02/schreiner_endred.pdf.

Schreiner, Martin (2006): „Im Himmelreich ist keiner sauer" – Kindertheologische Zugänge zu biblischen Texten. In: R. Schmidt-Rost/N. Dennerlein/U. Hahn (Hrsg.): Profilierte Bildung – Der Beitrag der christlichen Kirchen zu den Bildungsaufgaben der Gegenwart, Hannover, S. 113-127.

Schreiner, Martin (2008a): Religious literacy und evangelische Schule. In: Schreiner (2008b), S. 135-143.

Schreiner, Martin (2008b) (Hrsg.): Religious literacy und evangelische Schulen. Die Berliner Barbara-Schadeberg-Vorlesungen.Waxman, Münster.

Schreiner, Martin/Bucher, Anton A./Büttner, Gerhard/Freudenberger-Lötz, Petra (Hrsg.) (2008): Mit Kindergartenkindern theologische Gespräche führen. Beiträge der Kindertheologie zur Elementarpädagogik, Stuttgart.

Schreiner, Peter (1997): Identitätsbildung im Pluralen Europa – Perspektiven für Schule und Religionsunterricht. Waxmann, Münster.

Schröder, Bernd (2006): Die Religion der Schülerinnen und Schüler: Jugendkultur und Religions-unterricht. In: Wermke, Michael/Adam, Gottfried/Rothgangel, Martin (Hrsg.) Religion in der Sekundarstufe II. Ein Kompendium, Göttingen, S. 146-166.

Schröder, Richard (1996a): Rede zu Luthers Todestag in Eisleben am 18. Februar 1996. (Manuskript).

Schröder, Richard (1996b): Über das Gewissen – Rede zum Festakt in Worms am 21.4.1996 (Manuskript).

Schröder, Richard (2009): Religion im Kanon der Fächer. In: epd Dokumentation 2/2009: Religion an öffentlichen Schulen – Dokumentation eines Forums der Evangelischen Akademie zu Berlin, der Katholischen Akademie in Berlin, der Evangelischen Kirche in Deutschland und der Deutschen Bischofskonferenz am 4. Dezember 2008.

Schüssler-Fiorenza, Francis (1992): Fundamentale Theologie – Zur Kritik theologischer Begründungsverfahren, Mainz.

Schulte, Andrea (2002): Martin Luther and Female Education. In: Currents in Theology and Mission, published by Lutheran School of Theology at Chicago. Volume 29 ,December, Number 6, S. 437-439.

Schulz von Thun, Friedemann (1993): Miteinander Reden 1 – Störungen und Klärungen. rororo, Reinbeck.

Schulze, Gerhard (1992): Die Erlebnisgesellschaft : Kultursoziologie der Gegenwart. Campus, Frankfurt a.M. .

Schwab, Martin (1983): Luther und die Reformation: Impulse für Schulerziehung und für Schulunterricht in der Ursprungsepoche. In: Die Schleswig-holsteinische Schule. Jg. 37 H. 5, S. 103-108.

Schweitzer, Friedrich (1996): Luther und die Geschichte der Bildung. Pflichtgemäße Reminiszenz oder notwendige Erinnerung? In: Jahrbuch für historische Bildungsforschung 3, Weinheim, S. 9-23.

Schweitzer, Friedrich (2001): Ist kritisieren wirklich „so einfach"? – Nachdenkliche Bemerkungen zu dem Beitrag von Henning Schluß über die LER-Diskussion. In: Neue Sammlung 41.Jg/1/, S. 139-145.

Schweitzer, Friedrich (2003): Was ist und wozu Kindertheologie? In: Bucher/Büttner/ Freudenberger-Lötz/Schreiner (2003a), S. 9-16.

Schweitzer, Friedrich (2004): Bildungsstandards auch für Evangelische Religion? In: Zeitschrift für Pädagogik und Theologie 56. Jg., Heft 3, S. 236-241.

Schweitzer, Friedrich/Schlag, Thomas (2004): Religionspädagogik im 21. Jahrhundert. (Religionspädagogik in pluraler Gesellschaft Bd. 4) Herder, Freiburg.

Senatsverwaltung für Bildung, Jugend und Sport 2006: Rahmenlehrplan für die Sekundarstufe I: Ethik. http://www.lisum.de/Inhalte/Data/unterrichtsentwicklung/ethik/index. html/2006-06-23.5781954147

Sennet, Richard (2000): Der flexible Mensch – Die Kultur des neuen Kapitalismus. Siedler-Verlag, Berlin.

Shell (2006): Zusammenfassung der 15. Shell Jugendstudie – Jugend 2006 Eine pragmatische Generation unter Druck.

Sinus (2005): Die Religiöse und kirchliche Orientierungen in den Sinus-Milieus, Heidelberg.

SPD-Landtagsfraktion Brandenburg (1996): 22 Fragen und Antworten zu LER. Potsdam.

SPIEGEL (Hrsg.) (1996): Umfrage über Glauben und Unglauben der Deutschen: Gott oder Monstrum. Nr. 52, S. 148-153.

Stallmann, Edith (1993): Luther – Initiator protestantischer Bildung. In: Religion heute, H. 15, S. 148-157.

Standfest, Claudia/Köller, Olaf/Scheunpflug, Annette (2005): leben – lernen – glauben: Zur Qualität evangelischer Schulen. Eine empirische Untersuchung über die Leistungsfähigkeit von Schulen in evangelischer Trägerschaft. Waxmann, Münster.

Steinhäuser, Martin (2006): Kirchliche Bildungsverantwortung in Ostdeutschland. In: Rupp/Scheilke (2006), S. 36-45.

Stichweh, Rudolf (1992): Professionalisierung, Ausdifferenzierung von Funktionssystemen, Inklusion. Betrachtungen aus systemtheoretischer Sicht. In: Dewe, Bernd/Ferchhoff, W./Radtke, Frank-Olaf (Hrsg.): Erziehen als Profession. Opladen: Leske+Budrich, S. 36-48.

Stroß, Annette M. (2007): Indoktrination – ein unpädagogischer Begriff? In: Schluß, Henning (Hrsg.): Indoktrination und Erziehung – Aspekte der Rückseite der Pädagogik. VS-Verlag Wiesbaden, S. 13-34.

Sundermeier, Theo (1999): Mission und Dialog in der pluralistischen Gesellschaft. In: Andreas Feldtkeller/Theo Sundermeier, Mission in pluralistischer Gesellschaft, Frankfurt a. M., S. 11-25.

Szagun, Anna-Katharina (2003): Gibt es einen Kinderglauben? – Zwischenarbeit zu einem Versuch des Nachzeichnens individueller Bildungsprozesse. In: Fischer/Elsenbast/ Schöll (Hrsg.): Religionsunterricht erforschen. Beiträge zur empirischen Erkundung religionspädagogischer Praxis, Münster/New York/ München/ Berlin, S. 188-206

Tenorth, Heinz-Elmar (2004): Bildungsstandards und Kerncurriculum – Systematischer Kontext, bildungstheoretische Probleme) Zeitschrift für Pädagogik 5, S. 650-661.

Tenorth, Heinz-Elmar (1988): Geschichte der Erziehung. Einführung in die Grundzüge ihrer neuzeitlichen Entwicklung. Juventa, Weinheim.

Tenorth, Heinz-Elmar (1995): Grenzen der Indoktrination. In: Drewek, Peter et al. (Hrsg.): Ambivalenzen der Pädagogik – Zur Bildungsgeschichte der Aufklärung und des 20. Jh. Weinheim, S. 335-350.

Tenorth, Heinz-Elmar (2000): Geschichte der Erziehung. Einführung in die Grundzüge ihrer neuzeitlichen Entwicklung. Juventa, 3. überarbeitete Aufl. Weinheim.

Tenorth, Heinz-Elmar (2006): Macht und Regierung – oder die asymmetrische Ordnung der Bildung. In: Zeitschrift für Pädagogik, Jg. 52, H. 1, S. 36-42.

Tenorth, Heinz-Elmar (2008a): Geschichte der Erziehung. Einführung in die Grundzüge ihrer neuzeitlichen Entwicklung. Juventa, 4. überarbeitete Aufl. Weinheim.

Tenorth, Heinz-Elmar (2008b): Unterwerfung und Beharrungskraft – Schule unter den Bedingungen deutscher Diktaturen. – Befunde und Analyseperspektiven. (Manuskript) Erscheint in: Zeitschrift für Bildungsforschung, Zürich.

Theologischer Ausschuss der Arnoldshainer Konferenz (Hrsg.) (1999): Evangelisation und Mission.

Thüringer Kultusministerium (Hrsg.) (1991): Vorläufige Lehrplanhinweise für Realschule und Gymnasium – Sozialkunde. Erfurt.

Thüringer Kultusministerium (Hrsg.) (1998): Lehrplan für die Regelschule – Evangelische Religionslehre – Anhörungsfassung September.

Tiedtke, Michael/Wernet, Andreas (1998): Säkularisierte Prophetie. Z.f.Päd, 44. Jg., S. 737- 752.

Uhle, Arnd (1997): Die Verfassungsgarantie des Religionsunterrichts und ihre territoriale Reichweite – Ein Beitrag zum Verhältnis von Art. 7 Abs. 3, S.1 GG zu Art. 141 GG. In: Die öffentliche Verwaltung (DÖV) Mai /10, S. 409-417.

VELKD (1999): Gemeinsame Erklärung zur Rechtfertigungslehre des Vatikans und der VELKD. http://www.velkd.de/pub/texte/index.php3?nummer=87&jahr=1999) abgerufen am 24.10.2005.

Vogel, Johann Peter (1996): Luthers Appelle zum Schulehalten und ihre aktuellen Folgen. In: Erziehungskunst Jg. 60, H. 12, S. 1321-1327.

Wagengast, Klaus (1984): Glaube und Erziehung bei Luther. In: Braunschweiger Beiträge für Theorie und Praxis von Ru und Ku. H. 28, S. 15-23.

Wartenberg, Günther (1985): Visitationen des Schulwesens im albertinischen Sachsen zwischen 1540 und 1580. In: Goebel, Klaus (Hrsg.): Luther in der Schule – Beiträge zur Erziehungs- und Schulgeschichte, Pädagogik und Theologie. Bochum, S. 55-78.

Watzlawick, Paul/Beavin, Janet/Jackson, Don (1990): Menschliche Kommunikation – Formen, Störungen, Paradoxien. Bern.

Weber, Max (1920/1988): Die protestantischen Sekten und der Geist des Kapitalismus, In: Weber, Max: Gesammelte Aufsätze zur Religionssoziologie, Bd. 1, 9. Aufl., Tübingen, S. 207-236.

Weber, Max (1965): Die protestantische Ethik. Eine Aufsatzsammlung. Herausgegeben von Johannes Winckelmann. GTB Siebenstern, München.

Weinert, Franz Erich (2001): Vergleichende Leistungsmessung in Schulen – eine umstrittene Selbstverständlichkeit; in Weinert (Hrsg.): Leistungsmessung in Schulen, Weinheim/Basel.

Weiße, Wolfram (1999): Ökumenische Theologie und interreligiöse Dialogerfahrungen. Anstöße für die Religionspädagogik. In: Ders. (Hrsg.): Vom Monolog zum Dialog – Ansätze einer dialogischen Religionspädagogik. Waxmann, Münster 2. erw. Auflage S. 181-202.

Werbick, Klaus (1995): Vom Wagnis des Christseins.

Wermke, Michael (2005): Zwischen ‚Traditionsabbruch' und ‚Patchworkreligion' – Religion und Jugend in Ost- und Westdeutschland, in: Prüfet alles, das Gute behaltet, hrsg. v. Deutschen Koordinierungsrat der Gesellschaft für Christlich-Jüdische Zusammenarbeit, Themenheft, S. 47-51.

Wermke, Michael (2006): Religionsunterricht in Ostdeutschland. Empirische Befunde zum Teilnahmeverhalten thüringischer Schülerinnen und Schüler, Verlag IKS-Garamond Edition Paideia: RPD 2, Jena.

Wermke, Michael (2008): Religionsunterricht mit ‚Konfessionslosen', in: Noormann, Harry/Becker, Ulrich/Trocholepczy, Bernd (Hrsg.), Ökumenisches Arbeitsbuch Religionspädagogik, Kohlhammer Verlag, Stuttgart ³2008, S. 338-341.

Weyel, Birgit (2002): Mission oder Kommunikation? Zur prinzipiellen Wechselseitigkeit protestantischer Kommunikationskultur. In: Gräb, Wilhelm/Weyel, Birgit (2002) (Hrsg.): Praktische Theologie und protestantische Kultur. Gütersloher Verlagshaus, S. 249-266.

Westphal, Siegrid (1996): Reformatorische Bildungskonzepte für Mädchen und Frauen. In: Kleinau, Elke (Hrsg.): Geschichte der Mädchen und Frauenbildung. Bd. 1. Vom Mittelalter bis zur Aufklärung. Frankfurt. S. 135-151.

Wiersing, Erhard (1985): Martin Luther und die Geschichte der Erziehung – Überlegungen zum erziehungsgeschichtlichen Interesse an Mittelalter und früher Neuzeit, dargestellt am Beispiel Luther. In: Goebel, Klaus (Hrsg.): Luther in der Schule – Beiträge zur Erziehungs- und Schulgeschichte, Pädagogik und Theologie. Bochum, S. 27-54.

Wilke, Hans Hermann (1998): Religionsunterricht als „Sache der Kirchen, Religions- und Weltanschauungsgemeinschaften". Zum Berliner Weg, in: Comenius-Institut (Hrsg.), Christenlehre und Religionsunterricht. Interpretationen zu ihrer Entwicklung 1945-1990, Weinheim, Beltz, S. 244-254.

Willert, Albrecht (2004): Output-Orientierung im Religionsunterricht? In: Zeitschrift für Pädagogik und Theologie Jg. 56 Heft 3, S. 241-250.

Willems, Joachim (2007): Indoktrination aus evangelisch-religionspädagogischer Sicht. In: Schluß, Henning (Hrsg.): Indoktrination und Erziehung – Aspekte der Rückseite der Pädagogik. VS-Verlag Wiesbaden, S. 79-92.

Willems, Joachim (2009): Blickkontakt und Blickwechsel – Zum Verhältnis von Theologie und Religionswissenschaft. In: Zeitschrift für Pädagogik und Theologie H. 3 (im Druck).

Wimmer, Michael (2006): Dekonstruktion und Erziehung. Studien zum Paradoxieproblem in der Pädagogik, Bielefeld: transcript.

Wimmer, Raimund (1998): Zur Verfassungswidrigkeit eines Ethik-Unterrichts für konfessionslose Schüler (nichtamtlicher Leitsatz) VG Hannover, Beschluss vom 20.8.1997 – 6 A 8016/94 -. In: DVBl (Deutsches Verwaltungsblatt) 15.4., S. 405-408.

Winter, Jörg (2006): Religionsfreiheit in der Schule – Neuere Entwicklungen im Kontext einer pluralistischen Kultur. In: Rupp/Scheilke (2006), S. 79-93.

Winter, Friedrich (2009): Besser, aber nicht ausreichend – Rezension zu: „Eine Welt für alle. Ethik 9/10. Landesausgabe Berlin, Hg. von B. Brüning. Leipzig 2008." In: Notbund Aktuell, Nr. 15, März, S. 2-3.

Wischnath, Rolf (1994): Kein Kompromiß mehr? In: Das Sonntagsblatt vom 3.9.

Wischnath, Rolf (1996): "Schule ohne Gott?!" – Religionsunterricht und LER im Land Brandenburg. In: Einführung in das öffentliche Diskussionsforum des Ev. Arbeitskreises der CDU am 23. 3. 1996 auf Hermannswerder bei Potsdam – für den Druck in „Evangelische Theologie" redigiertes Redemanuskript.

Wulf, Christoph (2004): Religion und Ritual. In: Wulf/Macha/Liebau (2004), S. 115-125.

Wulf, Christoph/Macha, Hildegard/Liebau, Eckart (2004) (Hrsg.): Formen des Religiösen – Pädagogisch-anthropologische Annäherungen. Beltz, Weinheim und Basel.

Zeddies, Helmut (2002): Der Weg zum Fremden. Totale Gottesvergessenheit: In Ostdeutschland ist christliche Mission nur als Dialog möglich. In: Zeitzeichen Jg. 3/2, 42-44.

Ziebertz, Hans-Georg (2006): Religion und Religionsunterricht in postsäkularer Gesellschaft. In: Ziebertz/Schmidt (2006), S. 9-39.

Ziebertz, Hans-Georg/Schmidt, Günter R. (Hrsg.) (2006): Religion in der Allgemeinen Pädagogik. Herder, Freiburg – Basel – Wien.

Ziener, Gerhard: Bildungsstandards im Unterricht – Auf dem Weg zur religiösen Kompetenz: Bildungsstandards als Kompetenzstandards. In: Rupp/Scheilke (2006), S. 107-115.

Zilleßen, Dietrich (1991): Das Fremde und das Eigene. Über die Anziehungskraft von Fremdreligionen. In: Der Evangelische Erzieher Jg. 43, S. 564-571.

Zimmermann, Friedrich (1987): Martin Luthers Wirken im frühbürgerlichen Schulwesen Deutschlands. In: Pädagogische Hochschule „Ernst Schneller" (Hrsg.): Studieninformation – Beiträge zur Geschichte des deutschen Schulwesens. Zwickau, S. 1-18.

Zimmermann, Ruben (2003): Jakobs Begegnung am Jabbok (Gen. 32, 23-33) – Der „Kampf" der Exegeten und die Auslegungskunst der Kinder. In: Bucher/Büttner/ Freudenberger-Lötz/Schreiner (2003a), S. 31-45.

Manfred Zimmermann: Fachbrief Nr. 2, Ethik. Senatsverwaltung für Bildung, Wissenschaft und Forschung, Berlin. http://www.bjsinfo.verwalt-berlin.de/DokLoader. aspx?DokID=3214

Interkulturelle Pädagogik

Georg Auernheimer (Hrsg.)

Schieflagen im Bildungssystem
Die Benachteiligung der Migrantenkinder
3. Aufl. 2009. 230 S. (Interkulturelle
Studien Bd. 16) Br. EUR 24,90
ISBN 978-3-531-16351-2

Die ‚Schieflagen im Bildungssystem',
Interpretationen der PISA-Studien und bildungspolitische Schlussfolgerungen, werden in dieser überarbeiteten und aktualisierten Textsammlung diskutiert. Vor allem
die Bildungssituation von Migrantenkindern wird ergänzend beleuchtet und
verschiedene Erklärungsansätze geboten,
um bildungspolitische und pädagogische
Handlungsalternativen aufzuzeigen.

Georg Auernheimer (Hrsg.)

**Interkulturelle Kompetenz und
pädagogische Professionalität**
2., akt. u. erw. Aufl. 2008. (Interkulturelle
Studien Bd. 13) Br. EUR 24,90
ISBN 978-3-531-15821-1

Ingrid Gogolin / Ursula Neumann (Hrsg.)

**Streitfall Zweisprachigkeit –
The Bilingualism Controversy**
2009. 338 S. Br. EUR 29,90
ISBN 978-3-531-15886-0

Die Frage, ob die Zweisprachigkeit von
Migranten eine positive, individuelle wie
gesellschaftlich nützliche Kompetenz ist,
war und ist umstritten. Der Band dokumentiert den interdisziplinären und internationalen Austausch über neueste Forschungsergebnisse zu dieser Frage – und
bietet die Chance zur Versachlichung der
Auseinandersetzungen über den ‚Streitfall Zweisprachigkeit'.

Sara Fürstenau / Mechtild Gomolla (Hrsg.)

**Migration und schulischer
Wandel: Elternbeteiligung**
2009. 182 S. Br. EUR 16,90
ISBN 978-3-531-15378-0

‚Elternbeteiligung' thematisiert die
Bedeutung der Zusammenarbeit mit
Eltern im sprachlich und sozio-kulturell
heterogenen Kontext. Es geht u.a. um
die strukturellen Rahmenbedingungen
des Verhältnisses von Schule und Familien, die Rolle der Eltern für Schulerfolg,
unterschiedliche Formen und professionelle Kompetenzen für eine erfolgreiche
Kooperation, Bildungsstrategien zugewanderter Eltern und den Wandel von
Elternpartizipation im Kontext aktueller
Bildungsreformen.

Sara Fürstenau / Mechtild Gomolla (Hrsg.)

**Migration und schulischer
Wandel: Unterrichtsqualität**
2009. 174 S. Br. EUR 16,90
ISBN 978-3-531-15376-6

Der Band ‚Unterrichtsqualität' konzentriert sich auf eine aktuelle Einführung zur
Unterrichtsentwicklung im Umgang mit
Heterogenität und gibt einen Überblick
über leistungsfördernde und egalisierende Unterrichtsformen.

Erhältlich im Buchhandel oder beim Verlag.
Änderungen vorbehalten. Stand: Juli 2009.

www.vs-verlag.de

VS VERLAG FÜR SOZIALWISSENSCHAFTEN

Abraham-Lincoln-Straße 46
65189 Wiesbaden
Tel. 0611.7878-722
Fax 0611.7878-400

MIX
Papier aus verantwortungsvollen Quellen
Paper from responsible sources
FSC® C105338

FSC
www.fsc.org
®

If you have any concerns about our products,
you can contact us on
ProductSafety@springernature.com

In case Publisher is established outside the EU,
the EU authorized representative is:
Springer Nature Customer Service Center GmbH
Europaplatz 3, 69115 Heidelberg, Germany

Printed by Libri Plureos GmbH
in Hamburg, Germany